SV

Jurek Becker

»Am Strand von Bochum ist allerhand los«

Postkarten

Herausgegeben von
Christine Becker

Suhrkamp

Abb. S. 321: Larry Towell, The Sydenham River, Ontario, Canada 1975, © Larry Towell/Magnum Photos/Agentur Focus. Abb. S. 358: George Brassaï, Kiki und ihr Akkordeonspieler im »Cabaret des Fleurs«, 1932, © bpk/RMN – Grand Palais/Estate Brassaï. Abb. S. 370: Joan Miró, Le sourire des ailes flamboyantes, 1953, © Successió Miró/VG Bild-Kunst, Bonn 2018.

Erste Auflage 2018

Druck: CPI – Ebner & Spiegel, Ulm
Printed in Germany
ISBN 978-3-518-42816-0

»Am Strand von Bochum ist allerhand los«

An: Ottilie und Manfred Krug[1], Berlin [West] **1978**

[15. 5. 1978, Niagara Falls, N.Y.[2]]

Geliebte Krugs, nun kann
ich auch die Niagara-
Fälle abhaken. Das Bild
ist Sozialistischer Realismus.
Direkt unterhalb der Fälle
beginnt eine 3m dicke braune
Dreckschicht, die bis zum
Horizont geht. Es ist kein
Quadratzentimeter Wasser
zu sehen. Eine Studentin,
mit der ich hier war, hat
herzzerreißend geweint. Jurek

1 Ottilie Krug, Lehrerin, und ihr Mann, der Schauspieler Manfred Krug (1937-2016). Manfred Krug war seit 1956 mit J.B. befreundet. Das Paar hatte 1977 die DDR verlassen und lebte seitdem in West-Berlin.

2 Auf Einladung von Richard Zipser, Professor am Oberlin College in Ohio, hatte Jurek Becker von West-Berlin aus seine erste Reise in die USA angetreten, um als Max Kade German Writer-in-Residence am Oberlin College zu unterrichten. Es war ein Writer-in-Residence-Kolloquium geschaffen worden, das er ein Mal wöchentlich mit Studenten abhielt zu Themen seiner Wahl.

An: Elisabeth Borchers[1], Frankfurt [am Main]

[Mai 1978, Oberlin]

Liebe Liese, daß ich nicht
so irrsinnig oft schreibe,
hat einen triftigen Grund:
Ich bin schließlich in
Amerika. Aber warum
schreibst Du so wenig?
Aus Gründen wachsenden
Heimwehs werde ich wohl
schon im Juni wieder
daheim sein. Aber wo
ist das.
Küsse von Jurek

1 Elisabeth Borchers (1926-2013), Lyrikerin und Übersetzerin, Lektorin im Suhrkamp Verlag von 1971 bis 1998. Sie war mit J.B. bekannt seit der Zeit, als er im Luchterhand Verlag die westdeutsche Ausgabe von *Jakob der Lügner* publiziert hatte.

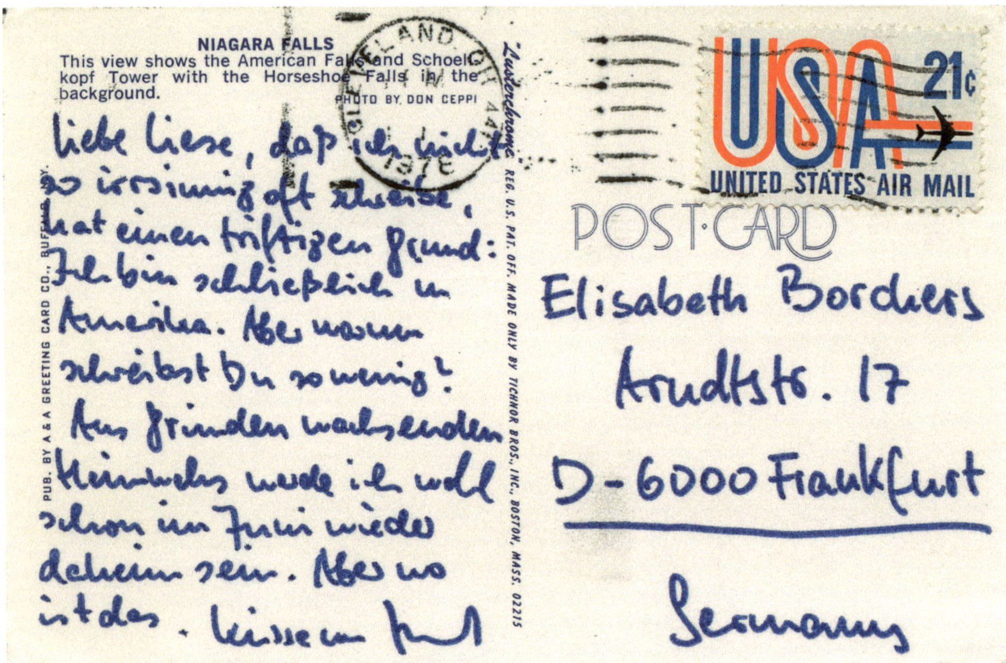

An: Elisabeth Borchers, Frankfurt [am Main]

[30. 5. 1978, Miami]

Nun bin ich doch noch in
Florida angekommen. Es ist mir
peinlich, aber in Maßen. Danach
kommt noch New Orleans, dann
New Mexico, dann San Franzisco.
Werde etwas später wieder zurück
sein, gegen den 16. Juli. Bin
aber jetzt schon neugierig, wie
Du dann den Kopf aus der
Schlinge ziehen willst. Bis
dahin küsse ich Dich erst
mal.
Jurek

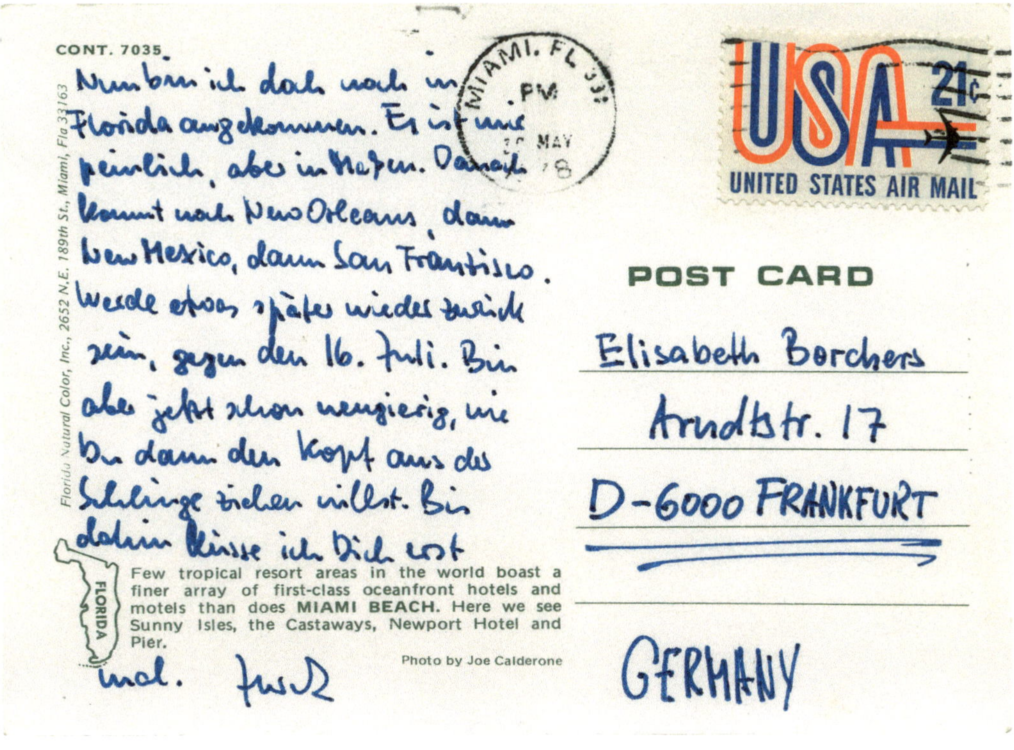

An: Elisabeth Borchers, Frankfurt [am Main]

[9. 6. 1978, New Orleans]

Jetzt bin ich in New Orleans und
fühl mich wohl. Dir kann ichs
ja sagen: Heute habe ich mal
eine Stunde darüber nachgedacht,
ob ich eine Studentin, die ich
seit 2 Monaten kenne, mit
nach Hause bringen soll. Sie
ist ungeheuer. Als ich sie fragte,
was sie am liebsten macht,
hat sie geantwortet: Woher
soll ich das wissen?
Mitte Juli, endgültig.
Küsse von Jurek

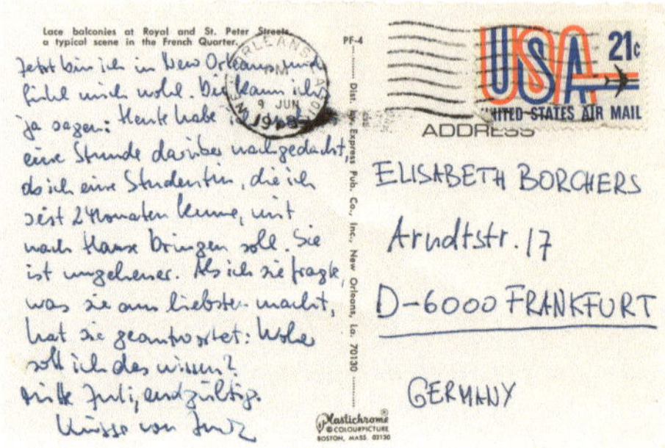
Lace balconies at Royal and St. Peter Streets
a typical scene in the French Quarter.
PF-4
Dist. by Express Pub. Co., Inc., New Orleans, La. 70130
Plastichrome® © COLOURPICTURE BOSTON, MASS. 02130
USA 21c UNITED STATES AIR MAIL
9 JUN
ADDRESS

Jetzt bin ich in New Orleans und
fühl mich wohl. Dir kann ichs
ja sagen: Heute habe ich mal
eine Stunde darüber nachgedacht,
ob ich eine Studentin, die ich
seit 2 Monaten kenne, mit
nach Hause bringen soll. Sie
ist ungeheuer. Als ich sie fragte,
was sie am liebsten macht,
hat sie geantwortet: Woher
soll ich das wissen?
Mitte Juli, endgültig.
Küsse von Jurek

ELISABETH BORCHERS
Arndtstr. 17
D-6000 FRANKFURT

GERMANY

Royal and St. Peter Sts., New Orleans, La.

An: Ottilie und Manfred Krug, Berlin [West]

[9. 6. 1978, New Orleans]

Jetzt bin ich tatsächlich in New Orleans, und mir geht durch den Kopf, daß es die alleinstehenden Schriftsteller mit gültigem Visum eigentlich ganz gut haben.
Überall machen sie hier Musik, und das hebt die Stimmung.
Ich bin jetzt froh, daß ich nicht dem dicken Krug seine Ohren habe, denn dann fände ich die Musik nicht gar so gut, wie ich sie jetzt finde. Küsse Jurek

Pontalba Building, New Orleans, La.

An: Becker[1], Berlin/DDR

[9. 6. 1978, New Orleans]

Jetzt bin ich doch tatsächlich
in New Orleans. Ist die erste
Stadt in Amerika, die mir von
Herzen gefällt. Heute Mittag saß ich
in einem Restaurant und unter-
hielt mich mit einer Frau. Sie
sagte: »Ich verstehe Sie manch-
mal so schlecht. Sind Sie
aus Kanada?« Nur damit
Ihr Bescheid wißt.
Küsse von Jurek

1 Erika Becker, »Rieke« (geb. Hüttig), sie war von 1961 bis 1977 mit J. B. verheiratet, und die gemeinsamen Söhne Nikolaus (geb. 1961) und Leonard (geb. 1964). Rieke Becker lebte mit den Söhnen in Mahlsdorf, einem Ortsteil Ost-Berlins.

An: Becker, Berlin/DDR

[Juni 1978, Taos[1]]

Ihr lieben Süßen, ich bin jetzt hoch in den Bergen, in einem Tal, das 3500 m hoch liegt. Am Tag sind es 35 Grad und nachts 0 Grad. Morgen fliege ich nach San Francisco. Von dort werdet Ihr wieder von mir hören, daß ich bald komme. Macht bis dahin alles richtig, auch wenn das ohne mich nicht einfach ist.
Liebe, Jurek

1 Auf Einladung von A. Leslie Willson, Professor an der University of Texas at Austin, war J.B. nach Taos gereist. Er beteiligte sich dort an einem der Kurse der Deutschen Sommerschule, einem akademischen Programm der University of New Mexico.

An: Borchers, Frankfurt [am Main]

[19. 6. 1978, San Francisco]

Liebste Beste, in San Francisco macht Amerika mir endlich Spaß und nur Spaß. Das Mädchen, von dem ich Dir erzählt habe, ist aus San Francisco. Sie heißt Hannah[1]. Ich komme mir ein bißchen komisch vor, aber nicht allzu sehr. Ich werde wohl <u>direkt</u> nach Berlin fliegen, aber sehr bald nach Frankfurt kommen. Küsse von Jurek

1 Hannah Zinn war von 1978 bis 1983 die Lebensgefährtin J. B. s.

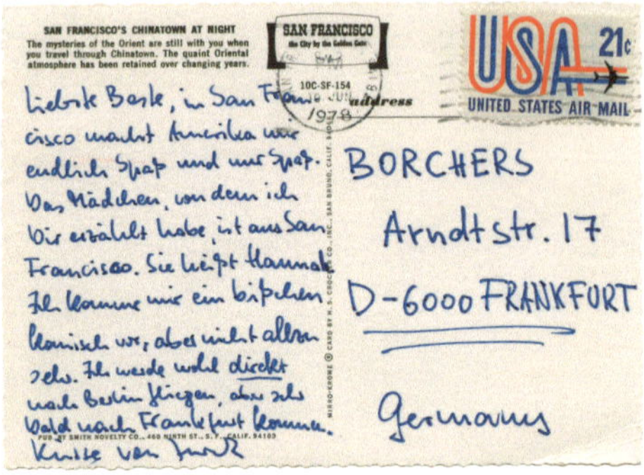
SAN FRANCISCO'S CHINATOWN AT NIGHT
The mysteries of the Orient are still with you when you travel through Chinatown. The quaint Oriental atmosphere has been retained over changing years.

Liebste Beste, in San Francisco macht Amerika mir endlich Spaß und nur Spaß. Das Mädchen, von dem ich Dir erzählt habe, ist aus San Francisco. Sie heißt Hannah. Ich komme mir ein bißchen komisch vor, aber nicht allzu sehr. Ich werde wohl direkt nach Berlin fliegen, aber sehr bald nach Frankfurt kommen. Küsse von Jurek

BORCHERS
Arndtstr. 17
D-6000 FRANKFURT
Germany

An: Kunert[1], Berlin/DDR

[19. 6. 1978, San Francisco]

Ihr Vorzüglichen, die Stadt
hier ist so beschaffen, daß
die Vorstellung, hier leben zu
müssen, sich durch das
Abhandensein von Schrecken
auszeichnet. Aber sicher
verdreht Ihr jetzt die Augen
und wißt das schon längst.
Bald sehe ich Euch und um-
arme Euch, und dann hebt
ein großes Erzählen an.
Jurek

1 Günter Kunert (geb. 1929), Schriftsteller, und seine Frau Marianne. Kunert war 1972/73 Gastdozent an der University of Texas at Austin. Das Paar verließ 1979 die DDR.

An: Becker, Berlin/DDR

[Juni 1978, San Francisco]

Ihr lieben Lieben, nun bin
ich an der letzten Station hier
angelangt. Ich habe zwar noch
Lesungen in Oregon und in
Nevada, aber das tue ich
von hier aus. Meine Augen
leisten nur noch eine Art
Notdienst. Mitte Juli bin
ich zurück, endgültig.
Oh was freu ich mich auf
Euch. Jurek

An: Becker, Berlin/DDR

[Juli 1978, Grand Canyon]

Meine Liebsten, ein
allerletzter Gruß, bevor
wir uns wiedersehen. Aus
einer Gegend, die, wie Ihr
seht[1], ganz schön schön ist.
Im Moment treibt mich nur
touristisches. Wenn ich zurück
bin, werde ich ziemlich gut
Bescheid wissen, was das ist:
Amerika. Bald umarmt
Euch life Jurek

1 Die Postkarte zeigt einen Abschnitt des Grand Canyon, einer bis 1800 Meter tiefen und etwa 450 Kilometer langen Schlucht im Bundesstaat Arizona.

An: Suhrkamp Verlag, Burgel Zeeh[1], Frankfurt [am Main]

[8. 8. 1979, Lognavatn[2]]

Beste Burgel, Ihr herrliches
Pilzbuch nützt mir nichts und
nützt mir wieder doch. Nichts
nützt es, weil ich bisher noch keinen
einzigen Pilz gefunden habe;
viel nützt es als Lektüre, denn
ich habe alle anderen mitgebrachten Bücher ausgelesen. Über
Pilze jedenfalls weiß ich jetzt
allerhand, und wenn wir
uns wiedersehen im Oktober,
haben wir endlich ein Thema,
über das wir uns lange unterhalten können.
Umarmung von Jurek Becker

1 Walburga Zeeh (1937-2009), genannt Burgel, war von 1967 bis 2002 die Sekretärin des Verlegers Siegfried Unseld.

2 J. B. war auf einer Urlaubsreise in Norwegen.

95521 Hilsen fra Åknes — Lognavatn.

Beste Burgel, Ihr herrliches
Pilzbuch nützt mir nichts und
nützt mir wieder doch. Nichts
nützt es, weil ich bisher noch keinen
einzigen Pilz gefunden habe;
viel nützt es als Lektüre, denn
ich habe alle anderen mitgebrachten Bücher ausgelesen. Über
Pilze jedenfalls weiß ich jetzt
allerhand, und wenn wir
uns wiedersehen im Oktober,
haben wir endlich ein Thema,
über das wir uns lange unterhalten können.
Umarmung von Jurek Becker

9. Aug. 1979

Suhrkamp Verlag
Burgel Zeeh
Lindenstr.
D 6000 Frankfurt 1
TYSKLAND

An: Ottilie und Manfred Krug, Berlin [West]

[18. 4. 1980, Kanada[1]]

Liebste Krugs, Kanada macht
auf mich irgendwie den Eindruck,
als wäre eine DDR-Firma beauftragt worden, USA-Verhältnisse
hier einzuführen. Das macht es
mir leicht, mich gut zu fühlen.
Wann fallen wir uns alle
bloß wieder um den Hals?
Liebste Grüße
Jurek
Ist die Karte nicht riesig?

1 J.B. war auf einer Urlaubsreise in Kanada.

An: Kerstin Bark[1], Berlin [West]

[26. 9. 1985, Port El-Kantaoui[2]]

Allahliebste Kerstin,
man hat mich der Urlaubsgrüßeschreibkompanie zugeteilt, und ich bin es gewohnt, Befehle zackig auszuführen. Zufällig fallen hier Befehl + Neigung zusammen, also sei von Christine umarmt, vor allem aber von MIR! ! !

1 Kerstin Bark ist seit 1970 mit Christine Becker befreundet. 1981 zog Kerstin Bark zum Studium nach West-Berlin.

2 J. B. war auf einer Urlaubsreise in Tunesien.

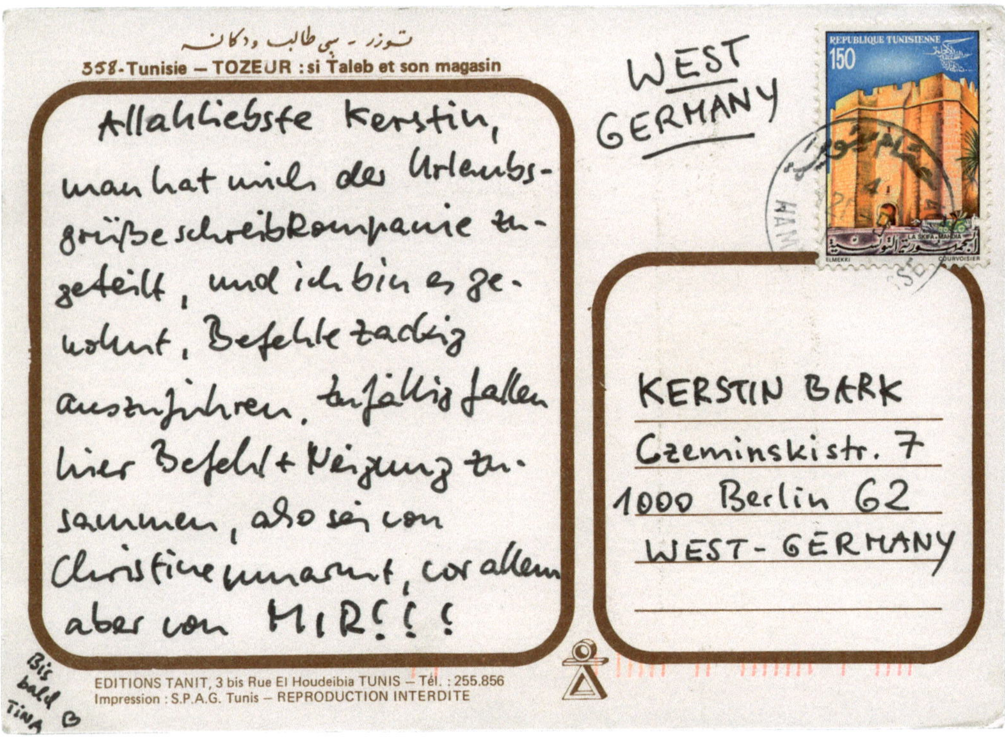

An: Christine Harsch-Niemeyer[1], Berlin [West]

[4. 12. 1985, Berlin]

Liebste,
nicht weil Weihnachten kommt, schreibe ich Dir, denn was ist schon Weihnachten, und nicht weil die Karte so hübsch ist, denn was ist schon eine Karte, sondern weil ich Dich liebe. Nun könnte man natürlich fragen: Was ist schon meine Liebe? Darauf würde ich antworten: Mehr als mancher glaubt.
Kuck doch mal rein zu Deinem
Jurek

1 J. B. und Christine Harsch-Niemeyer lernten sich 1983 kennen, lebten seitdem gemeinsam in West-Berlin und waren seit 1986 verheiratet. Es ist dies die erste von 380 Postkarten an die Empfängerin.

An: Kerstin Bark, Berlin [West]

[Dezember 1985, Teneriffa[1]]

Liebste Kerstin,
da Christine der Meinung
ist, daß ich bessere Kar-
ten als sie schreiben kann,
(was wohl zutrifft) mußt
Du es Dir gefallen lassen,
diesen flüchtigen Gruß, am
Abend eines ausgefüllten Regen-
tages geschrieben, von mir
entgegenzunehmen. Dein
lieber Freund
Jurek & Tina

1 J. B. war auf einer Urlaubsreise auf der Insel Teneriffa.

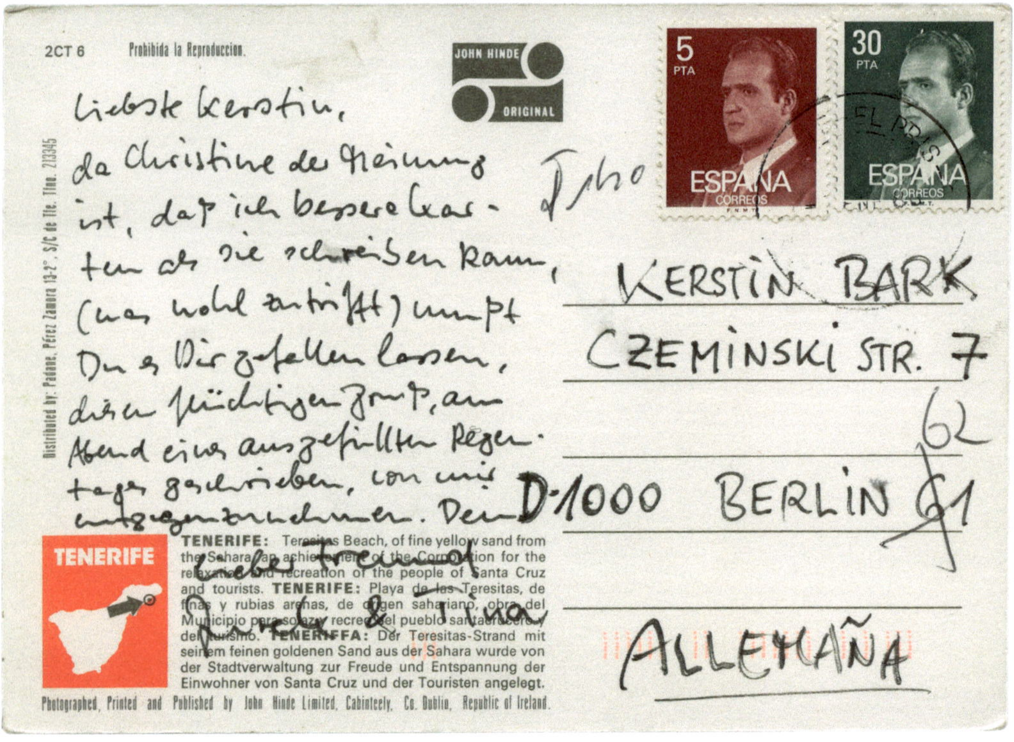

2CT 6 Prohibida la Reproduccion.

JOHN HINDE ORIGINAL

Liebste Kerstin,
da Christine der Meinung
ist, daß ich bessere Kar-
ten als sie schreiben kann,
(was wohl zutrifft) mußt
Du es Dir gefallen lassen,
diesen flüchtigen Gruß, am
Abend eines ausgefüllten Regen-
tages geschrieben, von mir
entgegenzunehmen. Dein
lieber Freund
Jurek & Tina

5 PTA ESPAÑA CORREOS

30 PTA ESPAÑA CORREOS

KERSTIN BARK
CZEMINSKI STR. 7
62
D-1000 BERLIN 61
ALLEMAÑA

Distributed by: Padano, Pérez Zamora 13-2°, S/C de Tfe. Tlno. 213345

TENERIFE

TENERIFE: Teresitas Beach, of fine yellow sand from the Sahara an achievement of the Corporation for the relaxation and recreation of the people of Santa Cruz and tourists. TENERIFE: Playa de las Teresitas, de finas y rubias arenas, de origen sahariano, obra del Municipio para solaz y recreo del pueblo santacrucero y del turismo. TENERIFFA: Der Teresitas-Strand mit seinem feinen goldenen Sand aus der Sahara wurde von der Stadtverwaltung zur Freude und Entspannung der Einwohner von Santa Cruz und der Touristen angelegt.

Photographed, Printed and Published by John Hinde Limited, Cabinteely, Co. Dublin, Republic of Ireland.

An: Frau Elisabeth Borchers, Frankfurt [am Main]

1986

[8. 8. 1986, Lissabon[1]]

Du Anbetungswürdige,
so ein Urlaub ist hübsch, wo Du
am Morgen noch nicht weißt, wo
Du abends landen wirst. Nun ist
es gerade Lissabon geworden. Das
nächste Ziel, das ich genau kenne:
am 15. September in Deinen
Armen.
Küsse von Jurek + Christine

1 J. B. war auf einer Urlaubsreise durch Frankreich, Spanien und Portugal.

An: Uli Hermann[1], Paris

[13. 8. 1986, Vila Real de Santo António]

Liebste Nicole[2], bester Uli,
wir haben zum Kartenschreiben alle Verwandten und Freunde in zwei Gruppen aufgeteilt: Christine schreibt an die geraden und ich an die ungeraden. Da Ihr eindeutig zu den ungeraden gehört, bin ich also dran. Wir sind an der Südküste Portugals gelandet, 4350 Kilometer von zu Hause entfernt. Wir haben die Kleider voll Sand, die Gesichter voll Sommersprossen und die Herzen voll Zuversicht.
Seid umarmt von
Jurek + Tina

1 Ulrich Hermann (geb. 1948), Schwager von J. B. (ältester Bruder von Christine Becker).

2 Nicole Mullier, Ehefrau von Ulrich Hermann. Sie leben in Paris und im Département Gironde.

Liebste Nicole, bester Uli,
wir haben zum Kartenschreiben alle Verwandten und Freunde in zwei Gruppen aufgeteilt: Christine schreibt an die geraden und ich an die ungeraden. Da Ihr eindeutig zu den ungeraden gehört, bin ich also dran. Wir sind an der Südküste Portugals gelandet, 4350 kilometer von zu Hause entfernt. Wir haben die Kleider voll Sand, die Gesichter voll Sommersprossen und die Herzen voll Zuversicht.
Seid umarmt von
Jurek + Tina

ULI HERMANN
3, RUE DU CANADA
F-75018 PARIS
FRANCIA

An: Harsch-Niemeyer[1], Tübingen

16. 8. 1986 [Vila Real de Santo António]

Ihr Lieben,
Christine sagt, ich soll Euch schreiben, wie gut es uns geht. Hiermit tu ich's. Wir haben ein ziemlich gutes Zimmer in einem ziemlich guten Hotel an einem ziemlich guten Strand und bleiben ziemlich genau zwei Wochen hier. Wir kommen ziemlich gut miteinander aus, was ganz eindeutig an mir liegt.
Die heftigsten Grüße von
Eurem Jurek + Tina

1 Das Verlegerpaar Lore Harsch-Niemeyer (1927-2014) und Robert Harsch-Niemeyer (1932-2011). Sie waren J. B. s Schwiegereltern.

An: Kerstin Bark, Berlin [West]

18. 8. 1986 [Tavira]

Du olles Herzblatt,
den halben Tag bedauert
Christine, daß nicht Du hier
bei ihr bist, sondern ich.
Ich gebe mir zwar alle Mühe,
dagegen anzukämpfen, aber
Du kannst mir glauben:
leicht ist es nicht. Höchstens
spätabends, so nach 11, gelingt
es mir manchmal, ihre Ge-
danken an Dich verblassen zu
lassen.
Es herzen Dich
Jurek + Tina

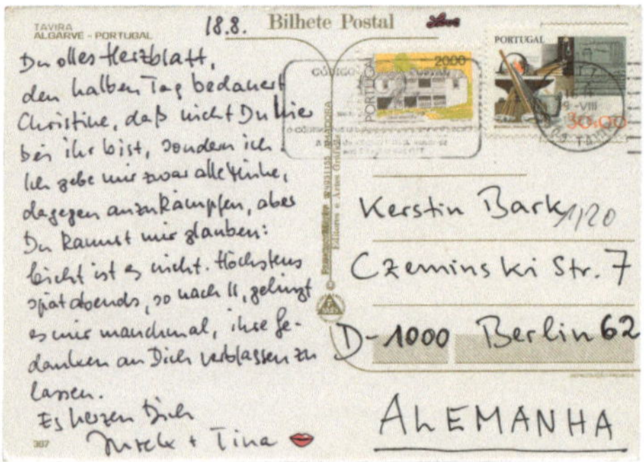
TAVIRA
ALGARVE - PORTUGAL
18.8. Bilhete Postal
PORTUGAL
Du olles Herzblatt,
den halben Tag bedauert
Christine, daß nicht Du hier
bei ihr bist, sondern ich
Ich gebe mir zwar alle Mühe,
dagegen anzukämpfen, aber
Du kannst mir glauben:
leicht ist es nicht. Höchstens
spätabends, so nach 11, gelingt
es mir manchmal, ihre Ge-
danken an Dich verblassen zu
lassen.
Es herzen Dich
Jurek + Tina

Kerstin Bark 1/20
Czeminski Str. 7
D-1000 Berlin 62
ALEMANHA

An: Manfred Krug, Berlin [West]

28. 8. 1986 [Toledo]

Lieber Manfred,
gestern abend hat in Granada
ein Kellner etwas zu mir
gesagt, was ich natürlich
nicht verstanden habe; es klang
aber nicht unfreundlich.
Christine hat es sich gemerkt,
und im Hotel haben wir im
Wörterbuch nachgesehen. Es
hieß: »Meine Fresse, sind SIE
braun!« Erschrick also nicht,
wenn wir wiederkommen,
denn für Christine gilt fast
dasselbe.
Es halten es kaum noch aus
vor Sehnsucht nach Euch
Jurek + Christine

An: Ottilie Krug, Berlin [West]

7. 10. 1986 [Aachen[1]]

Du Liebe,
am kommenden Wochen-
ende bin ich mal wieder
in Berlin. Wenn Manfred
da ist, würde ich Euch gern
treffen; wenn er nicht da
ist, würde ich Dich gern
treffen; wenn Ihr beide
nicht da seid, würde das
mich treffen aber
nicht gern.
Küsse von Jurek

1 Mit seinem im Sommer 1986 erschienenen Roman *Bronsteins Kinder* war J. B. vom 15. September bis zum 1. November 1986 auf Lesereise durch die Bundesrepublik.

An: Christine Becker, Berlin [West]

11. 11. 1986 [Berlin]

Sehr geehrtes Schätzchen,
nur einen schnellen
Gruß zum Faschingsbe-
ginn. Oder heißt das
Karneval? Wie auch
immer – Dein sich
verzehrender
Jurek
(Übrigens bringt mich das auf eine
Idee: ich geh jetzt in die Küche
und verzehre einen Apfel!)

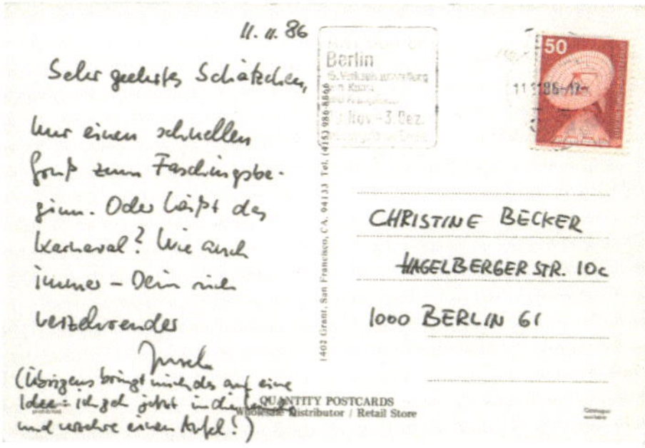
11. 11. 86

Sehr geehrtes Schätzchen,

nur einen schnellen
Gruß zum Faschingsbe-
ginn. Oder heißt das
Karneval? Wie auch
immer – Dein sich
verzehrender
Jurek
(Übrigens bringt mich das auf eine
Idee: ich geh jetzt in die Küche
und verzehre einen Apfel!)

CHRISTINE BECKER
HAGELBERGER STR. 10c
1000 BERLIN 61

QUANTITY POSTCARDS
Wholesale Distributor / Retail Store

An: Christine Becker, Berlin [West]

25. 11. 1986 [Berlin]

Hochverehrtes Schätzchen,
eben hatte ich eine Schreib-
idee, doch als ich zu
schreiben anfing, hat sie
mir nicht mehr gefallen. Da
denke ich lieber an Dich,
Du gefällst mir immer
Dein liebster
Serienschreiber[1]
J.

1 Im Frühjahr 1986 waren sechs Folgen der Fernsehserie *Liebling Kreuzberg*, für die J. B. die Drehbücher verfasst hatte, ausgestrahlt worden. Im Herbst 1986 hatte J. B. begonnen, weitere Drehbücher für die Serie zu schreiben.

An: Christine Becker, Berlin [West]

28. 11. 1986 [Berlin]

Mein prächtiges
Liebchen,
diese Karte ist das letzte,
das mir einfällt, um nicht
›Liebling‹ schreiben zu müs-
sen. Mit Riesenschritten
naht ihr Ende, ach lieb
ich Dich, ach mag ich
Dich, auch wenn Dir, wie
letzte Nacht, ganz schlecht
wird von mir, mein Gott,
es ist soweit!
Dein Jujeck

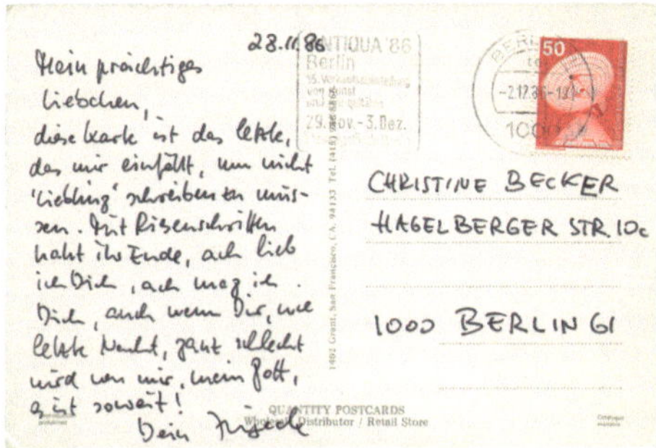

An: Christine Becker, Berlin [West]

9. 12. 1986 [Berlin]

Mein Pantinchen,
vor solchen Tieren[1] hast
Du Angst? Wenn ich mir
vorstelle, wie putzig es unter
unserer Badewanne zuge-
gangen ist, macht es mich
traurig, daß das bunte
Treiben nun zu Ende ist.
Jetzt hab ich nur noch Dich.
Dein Held.

1 In der Kreuzberger Wohnung hatten sich im Badezimmer Ratten eingenistet. Durch den Einbau mehrerer Gitter war das Problem gelöst worden.

9. 12. 86

Mein Pantinchen,
vor solchen Tieren hast
Du Angst? Wenn ich mir
vorstelle, wie putzig es unter
unserer Badewanne zuge-
gangen ist, macht es mich
traurig, daß das bunte
Treiben nun zu Ende ist.
Jetzt hab ich nur noch Dich.
Dein Held

Christine Becker
Hagelberger Str. 10c
1000 Berlin 61

Internationale Grüne Woche Berlin 1987 30.1.-8.2.

BERLIN 10.12.86-21 1000

An: Christine Becker, Berlin [West]

15. 12. 1986 [Berlin]

Hochgeehrtes Liebchen,
weißt Du eigentlich, daß
wir heute in einem Jahr
Austin/Texas[1] in Richtung
Nordwesten[2] verlassen werden,
weil dann das Semester zu Ende
ist? Wollte nur daran erinnern,
und darf ich mir erlauben
Dich bei dieser Gelegenheit
meiner ausdrücklichen
Weihnachtsliebe zu ver-
sichern.
Des Jurekle

1 J. B. hatte für das Herbstsemester 1987 eine Einladung an die University of Texas at Austin akzeptiert.

2 Es bestand der Plan, eine Einladung an die University of California, Los Angeles, anzunehmen. Der Aufenthalt in Kalifornien sollte sich an den in Texas anschließen.

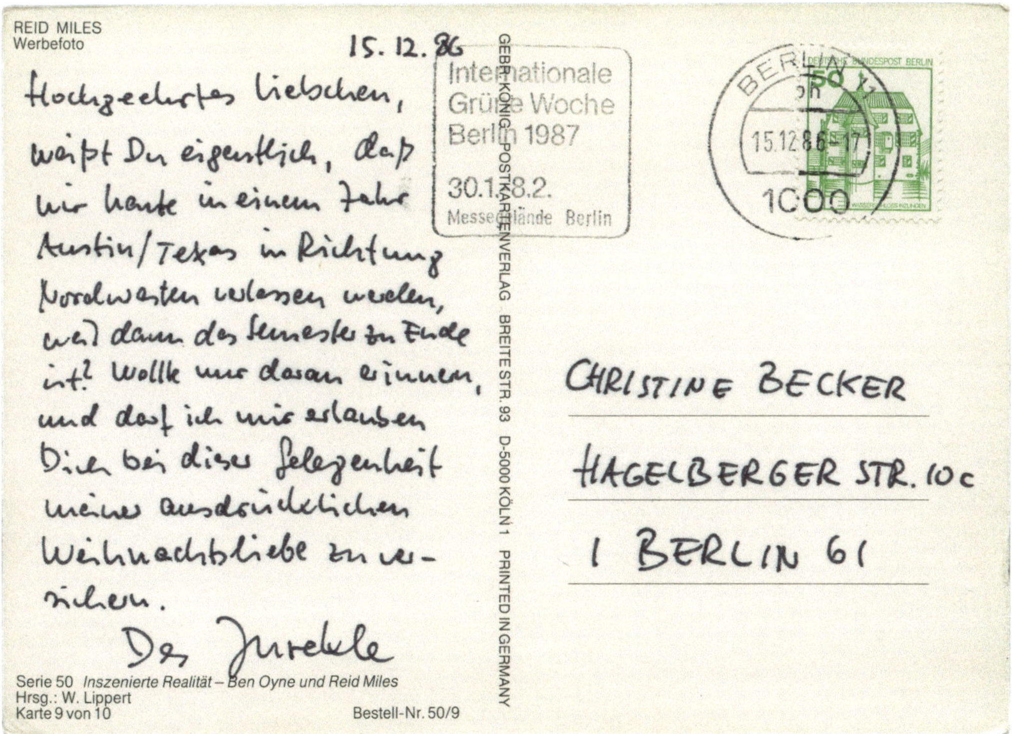
REID MILES
Werbefoto

15. 12. 86

Hochgeehrtes Liebchen,
weißt Du eigentlich, daß
wir heute in einem Jahr
Austin/Texas in Richtung
Nordwesten verlassen werden,
weil dann das Semester zu Ende
ist? Wollte nur daran erinnern,
und darf ich mir erlauben
Dich bei dieser Gelegenheit
meiner ausdrücklichen
Weihnachtsliebe zu ver-
sichern.
Des Jurekle

Internationale Grüne Woche Berlin 1987
30.1.–8.2. Messegelände Berlin

BERLIN 15.12.86 1000

DEUTSCHE BUNDESPOST BERLIN 50

CHRISTINE BECKER
HAGELBERGER STR. 10c
1 BERLIN 61

GEBR. KÖNIG POSTKARTENVERLAG BREITE STR. 93 D-5000 KÖLN 1 PRINTED IN GERMANY

Serie 50 *Inszenierte Realität – Ben Oyne und Reid Miles*
Hrsg.: W. Lippert
Karte 9 von 10
Bestell-Nr. 50/9

An: Ottilie Krug, Berlin [West]

19. 12. 1986 [Berlin]

Liebste Ottilie,
fast hätte ich vergessen, Dir herzliche Weihnachtsgrüße zu schicken, und Du kannst Dir vielleicht meine Erleichterung vorstellen, als es mir schließlich doch noch eingefallen ist. Wäre es vermessen, Dich zu bitten, auch an Manfred und die Kinder meine Komplimente weiterzugeben?
Dein Jurek
Hab doch bitte die Güte, Manfred auf die hübsche Brücke[1] im Vordergrund des Bildes aufmerksam zu machen. J.

1 Manfred Krug war Sammler alter Teppiche.

An: Christine Becker, Berlin [West]

3. 2. 1987 [Berlin]

Liebste Referentin,
für Dein Referat[1] wünsche
ich Dir das größte
Referentenglück,
obwohl Du es nicht
nötig haben wirst, denn
unter allen Referentinnen
bis Du die gescheiteste.
Und am Montag, beim
Referat, wirst Du das nicht
verbergen können.
Der Referent von
nebenan!

1 Ein Referat an der Universität. Christine Becker studierte damals Germanistik und Publizistik an der Freien Universität Berlin.

NORBERT LEONARD
Anzug »Television Set« von Gehringer & Glupp
Berlin 1953

3. 2. 87

Liebste Referentin,
für Dein Referat wünsche
ich Dir das größte
Referentenglück,
obwohl Du es nicht
nötig haben wirst, denn
unter allen Referentinnen
bist Du die gescheiteste.
Und am Montag, beim
Referat, wirst Du das nicht
verbergen können.
Der Referent von
nebenan!

Internationale Grüne Woche Berlin 1987 30.1.-8.2. Messegelände Berlin

Christine Becker
Hagelberger Str. 10c
1 Berlin 61

GEBR. KÖNIG – POSTKARTENVERLAG BREITE STR. 93 D-5000 KÖLN 1 PRINTED IN GERMANY

Serie 101 Deutsche Modefotografie der 50er Jahre
Hrsg.: PPS. Galerie F.C. Gundlach
Karte 1 von 10
Bestell-Nr. 1014

An: Familie Zeeh[1], Frankfurt/M.

20. 9. 1987 [Austin, Texas]

Ihr Vortrefflichen,
zuerst das Wichtigste – unsere Adresse[2]:
10926 JOLLYVILLE ROAD # 1212
AUSTIN, TEXAS 78759
Tel.: (512) 338-0948
Die Leute hier sind so dezent gekleidet, daß ich mit meiner neuen Badehose[3] doch ziemlich auffallen würde. Noch habe ich es allerdings nicht ausprobiert. Es gibt bisher kaum Neuigkeiten zu berichten – ich glaube, wir haben Texas noch nicht gefunden. Auf bald und zwei Umarmungen von
Jurek + Christine

1 Burgel Zeeh und ihr Ehemann Werner.

2 Auf Einladung von Walter D. Wetzels, Leiter der Abteilung für Germanische Sprachen, war J. B. als Gastprofessor an die University of Texas at Austin gekommen. Eine Wohnung wurde nicht gestellt, man suchte und fand sie auf dem freien Wohnungsmarkt.

3 Ein Geschenk von Burgel Zeeh.

20. 9. 87
HOOKED ON TEXAS
Ihr Vortrefflichen,
zuerst das Wichtigste - unsere Adresse:
10926 JOLLYVILLE ROAD # 1212
AUSTIN, TEXAS 78759
Tel.: (512) 338-0948
Die Leute hier sind so dezent gekleidet, daß ich mit meiner neuen Badehose doch ziemlich auffallen würde. Noch habe ich es allerdings nicht ausprobiert. Es gibt bisher kaum Neuigkeiten zu berichten - ich glaube, wir haben Texas noch nicht gefunden. Auf bald und zwei Umarmungen von
Jurek + Christine
POST CARD
AIR MAIL
FAMILIE ZEEH
OBERLINDAU 61
6000 FRANKFURT/M. 1
WEST-GERMANY

An: Ottilie und Manfred Krug, Berlin [West]

25. 9. 1987 [Austin, Texas]

Ach, Ihr,
keiner hier, mit dem man
in die Kneipe gehen kann,
dafür aber auch keine Knei-
pen. Dafür aber warm und
sauber und bequem. Unser
Auto ist ein Chevrolet. Er ist
so häßlich, daß wir nirgends
damit auffallen. Falsch parken
(die einzig mögliche Art zu parken)
kostet hier 12 Dollar
Küsse von Jurek + Christine

An: Siegfried Unseld[1], Frankfurt [am Main]

26. 9. 1987 [Austin, Texas]

Lieber Siegfried, wenn meine neue Badehose und ich – wenn wir also zu zweit am BARTON SPRINGS POOL[2] erscheinen, Christine neben uns, dann ist, wie soll ich sagen, die Neue Welt in Ordnung. Es hat Minuten gedauert, bis wir uns hier eingelebt haben, und auch umgekehrt wird es wohl kaum Probleme geben.
Umarmungen von Jurek + Christine

1 Siegfried Unseld (1924-2002) war seit 1959 der Verleger des Suhrkamp Verlags, des Insel Verlags und des Nomos Verlags. Ab 1973 mit *Irreführung der Behörden* erschienen die Bücher von J. B. im Suhrkamp Verlag.

2 Ein Swimmingpool in Austin, dessen Besuch Siegfried Unseld empfohlen hatte. Der in einem Park gelegene Pool wird ausschließlich mit dem Wasser nahe gelegener Quellen gefüllt.

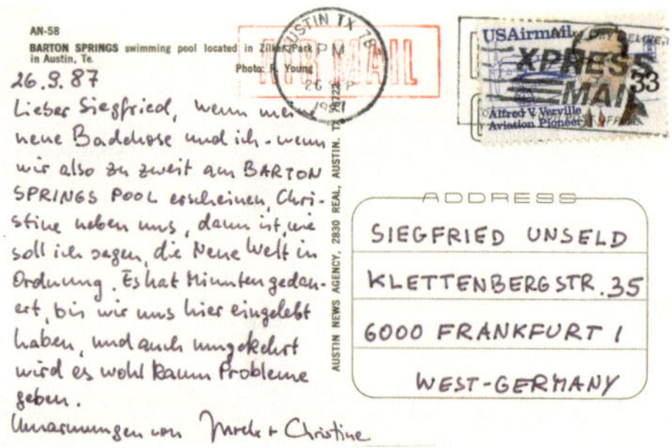
AN-58
BARTON SPRINGS swimming pool located in Zilker Park in Austin, Te.
Photo: R. Young
26. 9. 87
Lieber Siegfried, wenn meine neue Badehose und ich – wenn wir also zu zweit am BARTON SPRINGS POOL erscheinen, Christine neben uns, dann ist, wie soll ich sagen, die Neue Welt in Ordnung. Es hat Minuten gedauert, bis wir uns hier eingelebt haben, und auch umgekehrt wird es wohl kaum Probleme geben.
Umarmungen von Jurek + Christine
AUSTIN NEWS AGENCY, 2830 REAL, AUSTIN, TX
ADDRESS
SIEGFRIED UNSELD
KLETTENBERGSTR. 35
6000 FRANKFURT 1
WEST-GERMANY

An: Kerstin Bark, Berlin [West]

26. 9. 1987 [Austin, Texas]

Liebe Kerstin, da wir
nur einen Fernseher haben,
komme ich kaum zum Sport-
kucken: unentwegt hockt
Christine davor, weil irgendein
Dallas[1] oder Denver[2] läuft, stößt
kleine Schreie aus und haucht
dann und wann: ›Das muß
ich Kerstin schreiben!‹ Sie macht
ihre Termine nur noch bei
aufgeschlagener Fernsehzeitung,
auch die mit mir. So geht es
hier in Amerika zu!
Küsse von Jurek

1 *Dallas* war eine US-amerikanische Fernsehserie (1978-1991), benannt nach dem Schauplatz des Geschehens. Seit 1981 war die Serie auch in Deutschland zu sehen.

2 Gemeint ist die US-amerikanische Fernsehserie *Dynasty* (1981-1989), die in Deutschland seit 1983 unter dem Titel *Der Denver-Clan* ausgestrahlt wurde.

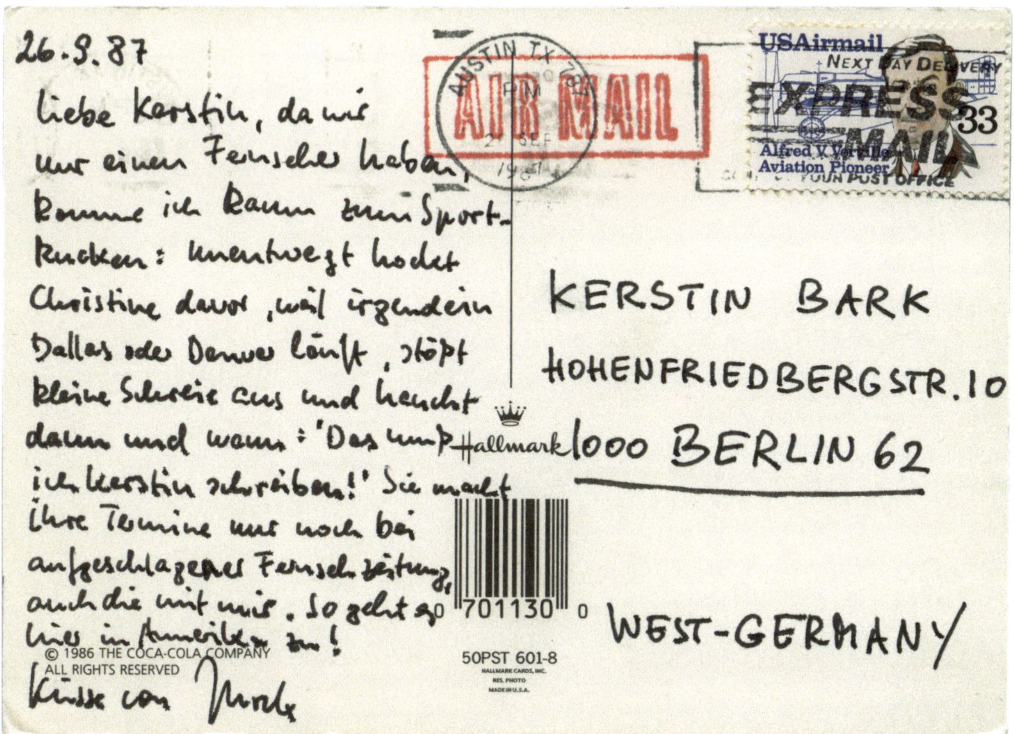
26. 9. 87

Liebe Kerstin, da wir
nur einen Fernseher haben,
komme ich kaum zum Sport-
kucken: unentwegt hockt
Christine davor, weil irgendein
Dallas oder Denver läuft, stößt
kleine Schreie aus und haucht
dann und wann: 'Das muß
ich Kerstin schreiben!' Sie macht
ihre Termine nur noch bei
aufgeschlagener Fernsehzeitung,
auch die mit mir. So geht es
hier in Amerika zu!
Küsse von Jurek

© 1986 THE COCA-COLA COMPANY
ALL RIGHTS RESERVED

AIR MAIL
AUSTIN TX
PM
1987

USAirmail
NEXT DAY DELIVERY
EXPRESS MAIL
33
Alfred V. Verville
Aviation Pioneer

KERSTIN BARK
HOHENFRIEDBERGSTR. 10
1000 BERLIN 62
WEST-GERMANY

Hallmark
701130 0
50PST 601-8
HALLMARK CARDS, INC.
RES. PHOTO
MADE IN U.S.A.

An: Heinz-Ludwig Arnold[1], Göttingen

28. 9. 1987 [Austin, Texas]

Lieber Lutz, gestern sind wir fast 500 km nach Fredericksburg und zurück gefahren, und warum? Der Hunger hat uns hingetrieben, die Sehnsucht nach Brot. Und was macht Gott in seiner Güte? Es gibt dort tatsächlich gutes deutsches Einwandererbrot zu kaufen. Wir haben 20 Laibe zum Einfrieren mitgebracht, womit das größte Problem unseres Austin-Aufenthalts aus der Welt ist. Umarmungen, auch für Christiane[2], auch von Christine – Jurek

1 Heinz-Ludwig Arnold (1940-2011), Publizist und u. a. Herausgeber des *Kritischen Lexikons der deutschsprachigen Gegenwartsliteratur*.

2 Christiane Freudenstein-Arnold, Literaturwissenschaftlerin und Ehefrau von Heinz-Ludwig Arnold.

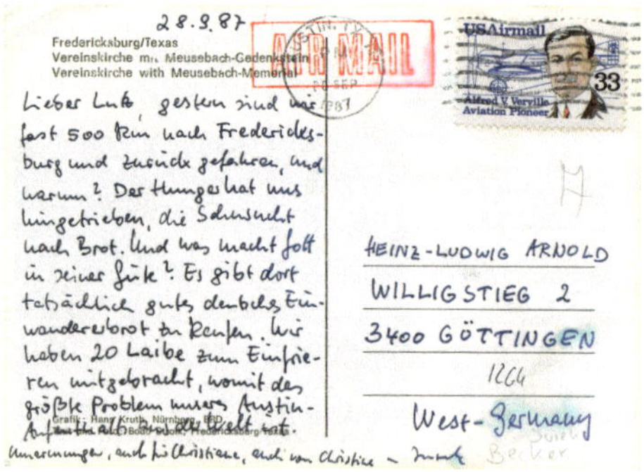

An: Burgel Zeeh, Frankfurt [am Main]

1. 10. 1987 [Austin, Texas]

Liebste Burgel,
gerade haben wir telefoniert, und Du hast mir versprochen, daß diese Karte noch rechtzeitig ankommt. Mir ist doch was eingefallen, was Ihr mitbringen könntet: die 2, 3 letzten ›Spiegel‹[1]. Ansonsten werdet Ihr ein Paar antreffen, zufrieden wie ein sattes Baby, vor allem dann, wenn es Euch gegenübersteht.
Küsse von
Jurek + Christine

1 Das deutsche Nachrichtenmagazin *Der Spiegel*.

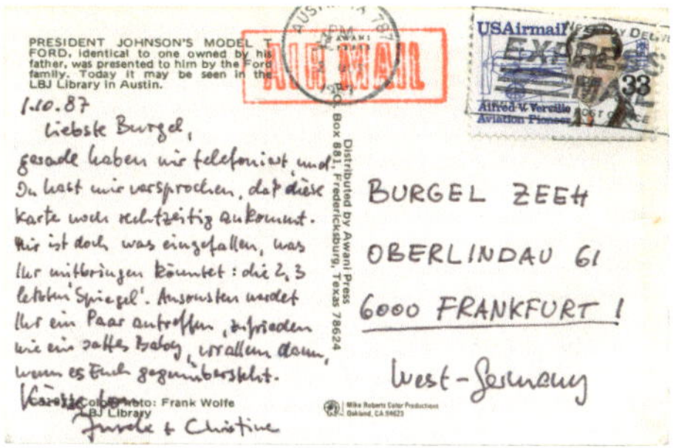
PRESIDENT JOHNSON'S MODEL T FORD, identical to one owned by his father, was presented to him by the Ford family. Today it may be seen in the LBJ Library in Austin.

AIR MAIL

1.10.87
Liebste Burgel,
gerade haben wir telefoniert, und Du hast mir versprochen, daß diese Karte noch rechtzeitig ankommt. Mir ist doch was eingefallen, was Ihr mitbringen könntet: die 2, 3 letzten 'Spiegel'. Ansonsten werdet Ihr ein Paar antreffen, zufrieden wie ein sattes Baby, vor allem dann, wenn es Euch gegenübersteht.
Küsse von
Jurek + Christine

Color Photo: Frank Wolfe
LBJ Library

Distributed by Awani Press
Box 881, Fredericksburg, Texas 78624

BURGEL ZEEH
OBERLINDAU 61
6000 FRANKFURT 1
West-Germany

An: Ottilie und Manfred Krug, Berlin [West]

7. 10. 1987 [Austin, Texas]

Ihr Lieben,
solange ich nicht auswen-
dig lerne:
minus 32
geteilt durch 5
mal 9[1]
– solange weiß Christine
nie, was sie anziehen soll.
Umarmungen von
Jurek

1 Die Formel zur Umrechnung von Grad Fahrenheit in Grad Celsius.

An: Lore + Robert Harsch-Niemeyer, Tübingen

10. 10. 1987 [Albuquerque[1]]

Liebe Lore, lieber Robert,
die Leute in Albuquerque haben uns erzählt, man müsse spätestens um 5 Uhr draußen auf dem Festival[2]-Gelände sein, um die volle Action zu erleben. Nach langem Zähneknirschen haben wir uns dazu durchgerungen. Allerdings haben wir verschlafen, was ein großes Glück war; denn als wir um halb sieben draußen waren, brauchten wir nur noch eine Stunde zu warten, bis es losging. Dann war es allerdings so umwerfend, daß Eure Tochter vor Ergriffenheit echte Tränen in den Augen hatte.
Ich umarme Euch
Euer Jurek

1 J.B. verbrachte einige Tage in New Mexico, einem Nachbarstaat von Texas.

2 Jährlich im Oktober wird in Albuquerque ein Heißluftballon-Festival veranstaltet.

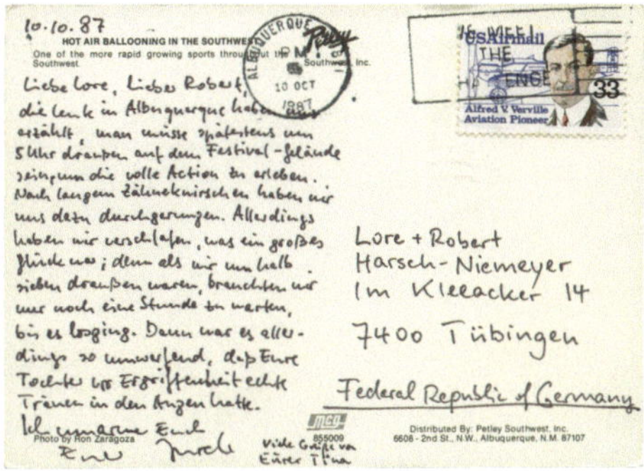

An: Kerstin Bark, Berlin [West]

17. 10. 1987 [Dallas]

Liebste Kerstin,
Christine bat mich, Dir diese
Karte zu schreiben, weil bei ihr
alles immer ein wenig länger dauert.
Nicht so bei mir, ich bin es gewohnt,
das erste beste hinzuklieren: daß
es hier genauso ist wie in Dallas,
daß wir an Dich denken (mal Christi-
ne, dann wieder ich), daß der Him-
mel über Texas eine Symphonie in
hellblau und weiß ist und daß wir
Dich lieben.
Jurek + Tina

An: Christine Becker, Berlin [West]

27. 10. 1987 [Austin, Texas]

Meine liebe Amibraut,
gerade sitze ich Dir an
unserem Tisch in Austin ge-
genüber. Du bereitest Dich
auf ein Seminar vor, das
Dich nicht interessiert, dafür
plagst Du Dich mit einem
Gedicht ab, das Dir nicht gefällt,
in einer Übersetzung, die Du
nicht verstehst. Ich liebe
Dich, und Du sammelst
doch diese Postkarten.
Jurek

LONGBOAT KEY, FLORIDA, 1958
PHOTOGRAPH BY JOE STEINMETZ STUDIO

27.10.87
Meine liebe Amibraut,
gerade sitze ich Dir an
unserem Tisch in Austin ge-
genüber. Du bereitest Dich
auf ein Seminar vor, das
Dich nicht interessiert, dafür
plagst Du Dich mit einem
Gedicht ab, das Dir nicht gefällt,
in einer Übersetzung, die Du
nicht verstehst. Ich liebe
Dich, und Du sammelst
doch diese Postkarten.
Jurek

AIR MAIL

AUSTIN TX 787 PM 28 OCT 1987

14 USA Julia Ward Howe

LOVE USA 22

Haus verschlossen
auf Klingeln nicht geöffnet
-2. NOVEMBER 1987

Christine Becker
Hagelberger Str. 10c
D-1000 Berlin 61

West-Germany

fotofolio

©1982 JOE STEINMETZ STUDIO. THE PHOTOGRAPHY ARCHIVE,
CARPENTER CENTER FOR THE VISUAL ARTS, HARVARD UNIVERSITY
© FOTOFOLIO, BOX 661 CANAL STA. NY, NY 10013
A58

An: Nicki + Rieke Becker, Berlin/DDR

29. 10. 1987 [Austin, Texas]

Ihr zwei Lieben,
seit drei Tagen ist hier die Baseball-Saison zuende, und so ist in mir ein Gefühl der Leere entstanden. Solange abend für abend die Übertragungen liefen, wußte ich, wo mein Platz auf der Welt ist. Doch plötzlich taucht mir die Frage auf: Was will ich überhaupt hier? Meine liebe Frau hilft mir nach besten Kräften, über den Verlust hinwegzukommen, doch leicht hat sie es nicht. Ich schwanke, ob ich mich nun in Arbeit stürze oder dem Football zuwende, denn da fängt die Saison gerade an.
Umarmungen von Jurek

An: Dr. Dr. h. c. Siegfried Unseld, Frankfurt [am Main][1]

29. 10. 1987 [Austin, Texas]

Lieber Siegfried,
in dieser Runde hält man mich für den Schreibkundigsten – also muß ich ran. Die wildesten und ausschweifendsten Vergnügungen lassen uns kaum Zeit zum Schreiben, den Gedanken an Dich sind sie aber nur förderlich.
Sei umarmt von Jurek & Christine & Burgel + Werner
Zeeh

1 Das Adressfeld der Postkarte wurde von Burgel Zeeh beschrieben.

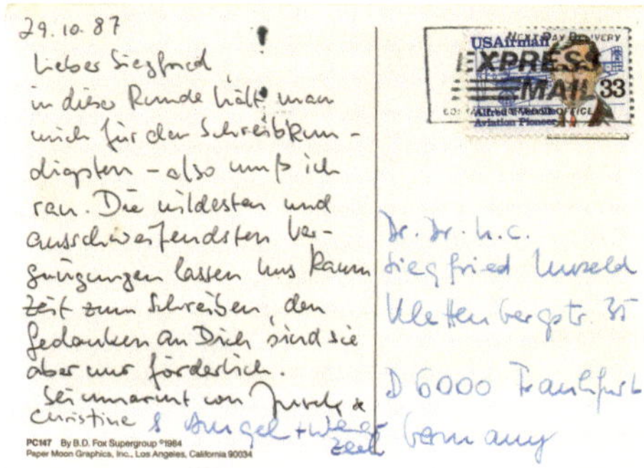
29. 10. 87
Liebes Siegfried
in dieser Runde hält man
mich für den Schreibkun-
digsten – also muß ich
ran. Die wildesten und
ausschweifendsten Ver-
gnügungen lassen uns kaum
Zeit zum Schreiben, den
Gedanken an Dich sind sie
aber nur förderlich.
Sei umarmt von Jurek &
Christine & Burgel + Werner
Zeeh

Dr. Dr. h. c.
Siegfried Unseld
Klettenbergstr. 35
D 6000 Frankfurt
Germany

An: Kerstin Bark, Berlin [West]

7. 11. 1987 [Mexico City[1]]

Liebste Kerstin,
diese Karte darf ich Dir
schreiben, allerdings bin
ich verpflichtet worden, Dir
zu sagen, daß es hier nicht
nur schön ist, sondern
auch traurig. Wir sind also
in Mexico. Wir kommen
direkt aus dem reichsten
Land der Welt in eins der
ärmsten. Wir sind nicht
unsensibel genug für solche
großen Schritte, vor allem
Christine nicht. Aber ein bißchen
toll und wahnsinnig ist es
trotzdem. Küsse von Jurek
\+ Tina

1 J.B. war auf einer Urlaubsreise in Mexico City und Umgebung.

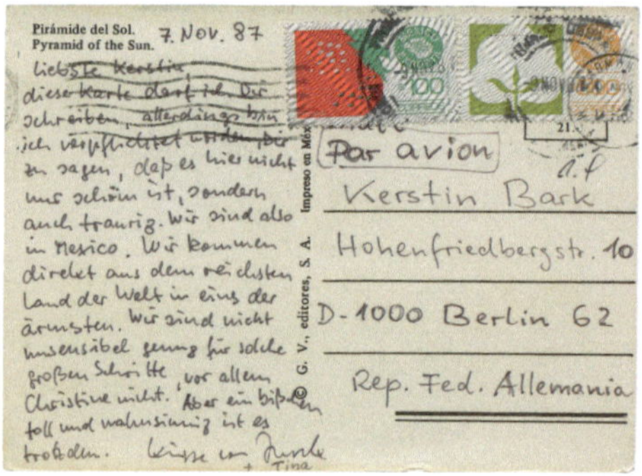

An: Christine Becker, Berlin [West]

9. 11. 1987 [Mexico City]

Liebe Liebste,
es ist ja schon etwas
merkwürdig, neben Dir
zu sitzen und eine Karte
an Dich zu schreiben.
Will nur sagen, daß Mexico
ohne Dich nur die Hälfte
wert gewesen wäre. Vielleicht
sogar nur ein Drittel.
Dein Dich liebender
Hausmann

An: Christine Becker, Berlin [West]

14. 11. 1987 [Austin, Texas]

Liebste,
bestimmt erinnerst Du Dich
nicht mehr, daß wir in einer
Stunde nach Fredericksburg
fahren. Hinter uns eine kleine
Herde Studenten, die sonst
ja nichts vom Leben haben hier;
vor uns die Aussicht auf gutes
richtiges Brot, das mir das
zweitwichtigste Lebensmittel
in Austin ist, weit nach Dir.
Während ich unterschreibe, sehe
ich, wie Du Dich schminkst.
Jurek

An: Lore + Robert Harsch-Niemeyer, Tübingen

16. 11. 1987 [Austin, Texas]

Ihr Lieben, in der letzten Nacht ist recht nah bei uns ein Tornado vorbeigezogen. Andauernd haben sie im Fernsehen die Football-Übertragung unterbrochen, Bilder von den zerstörten Häusern gezeigt und die Zahl der Toten und Verletzten genannt. Schließlich wurden wir aufgefordert, in unsere Shelter zu gehen. Wir haben im Wörterbuch nachgesehen, was ›shelter‹ bedeutet (Schutzraum) und dann festgestellt, daß wir keinen haben. Da haben wir den Fernseher ausgemacht und die halbe Nacht Backgammon gespielt. Christine hat gewonnen. Ihr seht, es ist nicht alles erfreulich, was in Amerika geschieht.
Die liebsten Grüße – Jurek + Tina

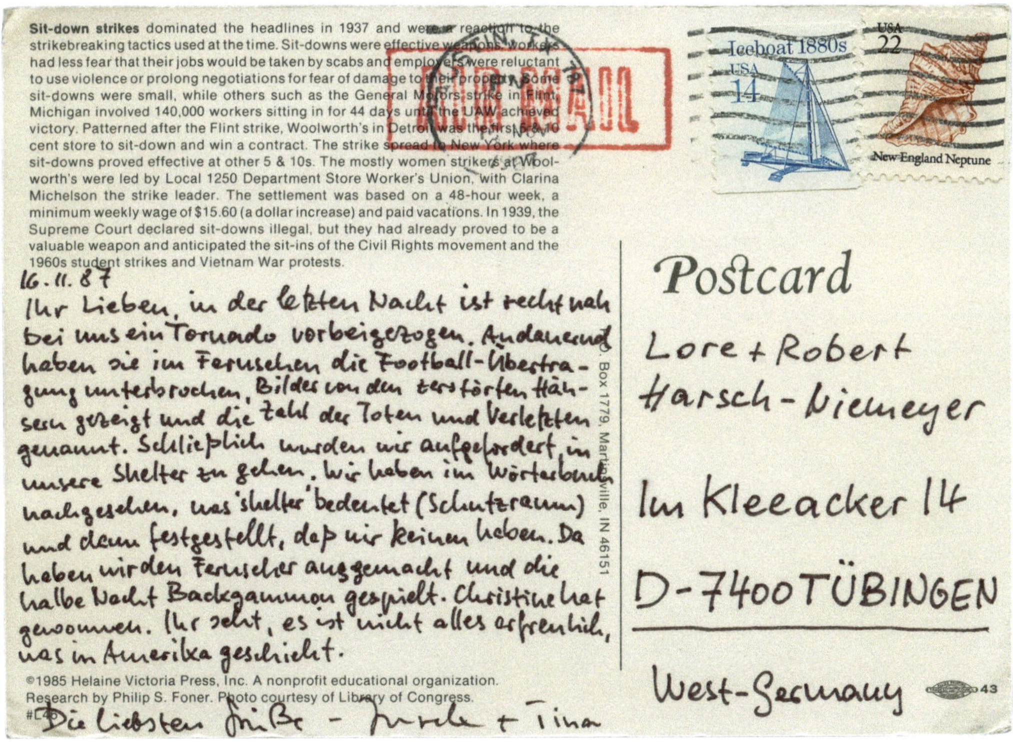

Sit-down strikes dominated the headlines in 1937 and were a reaction to the strikebreaking tactics used at the time. Sit-downs were effective weapons: workers had less fear that their jobs would be taken by scabs and employers were reluctant to use violence or prolong negotiations for fear of damage to their property. Some sit-downs were small, while others such as the General Motors strike in Flint, Michigan involved 140,000 workers sitting in for 44 days until the UAW achieved victory. Patterned after the Flint strike, Woolworth's in Detroit was the first 5 & 10 cent store to sit-down and win a contract. The strike spread to New York where sit-downs proved effective at other 5 & 10s. The mostly women strikers at Woolworth's were led by Local 1250 Department Store Worker's Union, with Clarina Michelson the strike leader. The settlement was based on a 48-hour week, a minimum weekly wage of $15.60 (a dollar increase) and paid vacations. In 1939, the Supreme Court declared sit-downs illegal, but they had already proved to be a valuable weapon and anticipated the sit-ins of the Civil Rights movement and the 1960s student strikes and Vietnam War protests.

16. 11. 87
Ihr Lieben, in der letzten Nacht ist recht nah bei uns ein Tornado vorbeigezogen. Andauernd haben sie im Fernsehen die Football-Übertragung unterbrochen, Bilder von den zerstörten Häusern gezeigt und die Zahl der Toten und Verletzten genannt. Schließlich wurden wir aufgefordert, in unsere Shelter zu gehen. Wir haben im Wörterbuch nachgesehen, was 'shelter' bedeutet (Schutzraum) und dann festgestellt, daß wir keinen haben. Da haben wir den Fernseher ausgemacht und die halbe Nacht Backgammon gespielt. Christine hat gewonnen. Ihr seht, es ist nicht alles erfreulich, was in Amerika geschieht.

©1985 Helaine Victoria Press, Inc. A nonprofit educational organization.
Research by Philip S. Foner. Photo courtesy of Library of Congress.

Die liebsten Grüße – Jurek + Tina

P.O. Box 1779, Martinsville, IN 46151

Postcard

Lore + Robert
Harsch-Niemeyer
Im Kleeacker 14
D-7400 TÜBINGEN
West-Germany

An: Burgel Zeeh, Frankfurt [am Main]

19. 11. 1987 [Austin, Texas]

Ihr Lieben,
gerade habe ich mit Dir, Burgel, telefoniert, und da ist mir etwas Seltsames klargeworden. Du sagtest, es sei noch keine Post von mir da, und mir war zumute, als hätte ich schon hundertmal geschrieben. Das liegt an meiner ausgeprägten Phantasie: Weil ich schon so oft mit dem Schreiben an Euch in Gedanken beschäftigt war, habe ich mir eingebildet, es wäre schon getan. Für einen Schriftsteller mag diese Einbildungskraft gut sein, für einen Freund ist sie es nicht.
In Liebe – Jurek

Paper Moon

19. 11. 87

Ihr Lieben,
gerade habe ich mit Dir, Burgel, telefoniert, und da ist mir etwas Seltsames klargeworden. Du sagtest, es sei noch keine Post von mir da, und mir war zumute, als hätte ich schon hundertmal geschrieben. Das liegt an meiner ausgeprägten Phantasie: Weil ich schon so oft mit dem Schreiben an Euch in Gedanken beschäftigt war, habe ich mir eingebildet, es wäre schon getan. Für einen Schriftsteller mag diese Einbildungskraft gut sein, für einen Freund ist sie es nicht.
In Liebe – Jurek

Auch ich habe darunter zu leiden. Eure Christine

AIR MAIL

BURGEL ZEEH
OBERLINDAU 61
D-6000 FRANKFURT 1
FRG

An: Lore & Robert Harsch-Niemeyer, Tübingen

22. 11. 1987 [St. Louis[1]]

Ihr Lieben,
an der Washington-University in St. Louis hat Christine gestern Professor Egon Schwarz[2] getroffen, einen höchst imposanten Mann, der uns erzählte, daß er kürzlich wegen einer Festschrift bei Dir, Robert, in Tübingen gewesen ist. Überhaupt kennen alle hier Niemeyer[3] und keiner Becker, und allmählich stelle ich mir die Frage, wo das einmal enden wird. Ansonsten sind wir gezwungen, eine Million Sehenswürdigkeiten in einer Stunde zu besichtigen, was Eurer Tochter erstaunlich gut gelingt.

Mit viel Herz – Jurek + Eure Tina

1 Auf Einladung von Paul Michael Lützeler, Professor an der Washington University in St. Louis/Missouri, war J.B. nach St. Louis gereist. Er las an der Universität aus seinem Roman *Bronsteins Kinder*.

2 Egon Schwarz (1922-2017) emigrierte aus Österreich nach Bolivien, Chile und Ecuador. Er lehrte seit 1961 als Professor für deutsche Literatur an der Washington University in St. Louis.

3 Gemeint ist der damals in Tübingen ansässige Max Niemeyer Verlag.

An: Walburga Zeeh, Frankfurt [am Main]

25. 11. 1987 [Austin, Texas]

Ihr Lieben,
die ständigen Briefe und Karten und Päckchen und Anrufe Burgels haben mir schlagartig klargemacht, was im Jahre 48 die Luftbrücke für die West-Berliner bedeutet hat. Seitdem kann doch passieren, was will – die Berliner werden den Amis immer dankbar sein und sie lieben. Genauso geht es nun auch uns, bloß daß es sich nicht um die Amis handelt, sondern um das Burgelschätzchen. Kann es einen schöneren Unterschied geben?
Umarmungen v. Jurek + Christine
Übrigens kam die Reinemachefrau nicht kurz nach dem Brief, sondern sie war kurz vorher da.[1]

1 Der Brief von Burgel Zeeh enthielt Konfetti.

25. 11. 87
Ihr Lieben.
die ständigen Briefe und Karten und Päckchen und Anrufe Burgels haben mir schlagartig klargemacht, was im Jahre 48 die Luftbrücke für die West-Berliner bedeutet hat. Seitdem kann doch passieren, was will – die Berliner werden den Amis immer dankbar sein und sie lieben. Genauso geht es nun auch uns, bloß daß es sich nicht um die Amis handelt, sondern um das Burgelschätzchen. Kann es einen schöneren Unterschied geben?
Umarmungen v. Jurek + Christine ♡
Übrigens kam die Reinemachefrau nicht kurz nach dem Brief, sondern sie war kurz vorher da.

WALBURGA ZEEH
OBERLINDAU 61
D-6000 FRANKFURT 1
Fed. Rep. of Germany

An: Leonard Becker, Berlin/DDR

26. 11. 1987 [Austin, Texas]

Lieber Lonni,
unsere Zeit in Texas nähert sich dem Ende. Wenn Du mich fragst: So schrecklich kann ich das nicht finden. Seit es hier kühl geworden ist und regnerisch, und seit ich selbst nicht mehr hören mag, was ich den Studenten erzähle, ist doch ein wenig der Lack runter. Nach Texas werden wir noch eine ganze Weile herumfahren, bevor die Sache am 25. Januar vorüber ist. Aber immer öfter geht mir durch den Sinn: Welch ein Jammer, daß ich jetzt nicht zu Hause sein und Weihnachtseinkäufe für meine Liebsten machen kann.

In Liebe Dein Jurek + Christine

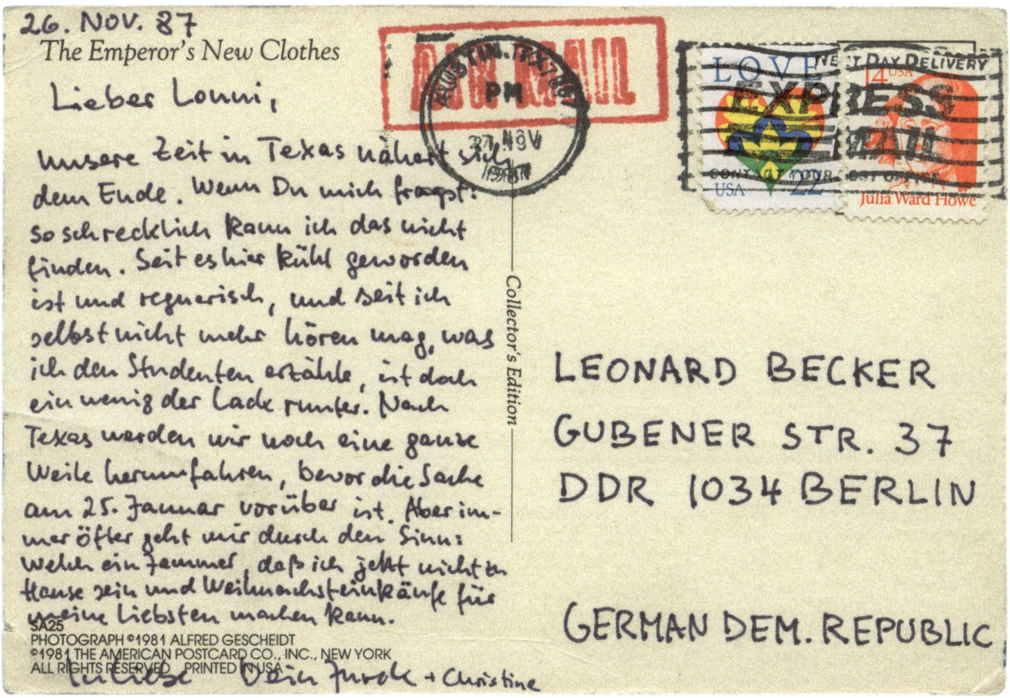

26. NOV. 87

The Emperor's New Clothes

AIR MAIL

AUSTIN, TX 787 PM 27 NOV 1987

Lieber Lonni,

unsere Zeit in Texas nähert sich dem Ende. Wenn Du mich fragst: so schrecklich kann ich das nicht finden. Seit es hier kühl geworden ist und regnerisch, und seit ich selbst nicht mehr hören mag, was ich den Studenten erzähle, ist doch ein wenig der Lack runter. Nach Texas werden wir noch eine ganze Weile herumfahren, bevor die Sache am 25. Januar vorüber ist. Aber immer öfter geht mir durch den Sinn: Welch ein Jammer, daß ich jetzt nicht zu Hause sein und Weihnachtseinkäufe für meine Liebsten machen kann.

In Liebe Dein Jurek + Christine

Collector's Edition

LEONARD BECKER
GUBENER STR. 37
DDR 1034 BERLIN

GERMAN DEM. REPUBLIC

SA25
PHOTOGRAPH ©1981 ALFRED GESCHEIDT
©1981 THE AMERICAN POSTCARD CO., INC., NEW YORK
ALL RIGHTS RESERVED PRINTED IN USA

An: Suhrkamp Verlag, Walburga Zeeh, Frankfurt [am Main]

28. 11. 1987 [Austin, Texas]

Liebstes Burgel,
die Ereignisse hier überstürzen sich: vorgestern war Thanksgiving[1] – und wir zum Truthahnessen bei Leslie[2]; gestern kam Deine Fußballtabelle; heute will Christine zum erstenmal kochen; morgen spielen die Washington Redskins im Fernsehen!
Wir sind beide sehr erleichtert, daß unsere Klimaanlage genauso gut heizen kann, wie sie zuvor gekühlt hat. Bald ist Weihnachten, und weil Christine (wie Du weißt) noch an den Weihnachtsmann glaubt, muß ich mich allmählich nach Bart und Rute und Sack und all diesem Zeug umsehen. Aber ich habe ja zum Glück Zeit dafür.
In Liebe – Jurek

1 Am vierten Donnerstag im November wird in den USA *Thanksgiving* gefeiert.
2 A. Leslie Willson (1923-2007), Germanist und Übersetzer und seit 1966 Professor an der University of Texas at Austin.

28.11.87
Liebstes Burgel,
die Ereignisse hier überstürzen sich:
vorgestern war Thanksgiving – und wir
zum Truthahnessen bei Leslie; gestern
kam Deine Fußballtabelle; heute will
Christine zum erstenmal kochen;
morgen spielen die Washington Redskins
im Fernsehen!
Wir sind beide sehr erleichtert, daß
unsere Klimaanlage genauso gut hei-
zen kann, wie sie zuvor gekühlt
hat. Bald ist Weihnachten, und weil
Christine (wie Du weißt) noch an den
Weihnachtsmann glaubt, muß ich
mich allmählich nach Bart und Rute
und Sack und all diesem Zeug umsehen.
Aber ich habe ja zum Glück Zeit dafür.
In Liebe – Jurek
Küsse von Christine

SUHRKAMP VERLAG
WALBURGA ZEEH
LINDENSTRASSE
D-6000 FRANKFURT 1
FED. REP. OF GERMANY

An: Harsch-Niemeyer, Tübingen

4. 12. 1987 [Houston]

Ihr Lieben,
an diesem Wochenende hat
es Eure Tochter nach Houston
verschlagen, und ich begleite
sie natürlich. Ich nutze die Ge-
legenheit, um am Goethe-Insti-
tut und an der Rice-Universität
zwei Veranstaltungen zu machen.
Eigentlich ist die Zeit zu schade
dafür, man könnte sie viel sinn-
voller in den phantastischen
Shopping-Centres verbringen.
Alles Liebe Jurek + Eure Tina

An: Zeeh, Frankfurt [am Main]

4. 12. 1987 [Houston]

Ihr Lieben,
nun sind wir also in Houston.
Hier erweist sich meine Muskelverletzung am Bein als besonders verhängnisvoll: Im GALERIA-Shopping-Centre kommen wir nur sehr langsam von Geschäft zu Geschäft und können so nicht in dem Maße vom Währungsgefälle profitieren, wie es sonst möglich wäre. Aber Christine stützt (und zieht!) mich aus ganzer Kraft, und wir tun unser Bestes.
In Liebe   Jurek + Christine

4. 12. 87
AC-105
The space shuttle Columbia and its crew leave the launch pad at the Kennedy Space Center.
Ihr Lieben,
nun sind wir also in Houston. Hier erweist sich meine Muskelverletzung am Bein als besonders verhängnisvoll: Im GALERIA-Shopping-Centre kommen wir nur sehr langsam von Geschäft zu Geschäft und können so nicht in dem Maße vom Währungsgefälle profitieren, wie es sonst möglich wäre. Aber Christine stützt (und zieht!) mich aus ganzer Kraft, und wir tun unser Bestes.
NASA National Aeronautics and Space Administration
In Liebe Jurek + Christine
ZEEH
OBERLINDAU 61
D-6000 FRANKFURT 1
Fed. Rep. of Germany
©Astrocard Company, Inc., Houston, Texas
Printed in Australia by Colorscans

An: Kerstin Bark, Berlin [West]

6. 12. 1987 [Houston]

Liebe Kerstin,
die Karte, die ich nun beschreibe,
hat Christine ausgesucht – das aus
ihrer Sicht wichtigste Gebäude der Stadt.
Für mich war es das Goethe-Institut, wo
ich empörenderweise eine Lesung und
eine lange Diskussion auf englisch halten mußte.
Ich habe nicht alle Fragen verstanden,
und so ist es nur gerecht, daß die Zu-
hörer auch nicht alle Antworten ver-
standen haben. Im Übrigen kriegt
Houston ein Sternchen mehr
von mir als Dallas.
We love You, God bless you[1] – Jurek

1 Wir lieben dich, Gott segne dich.

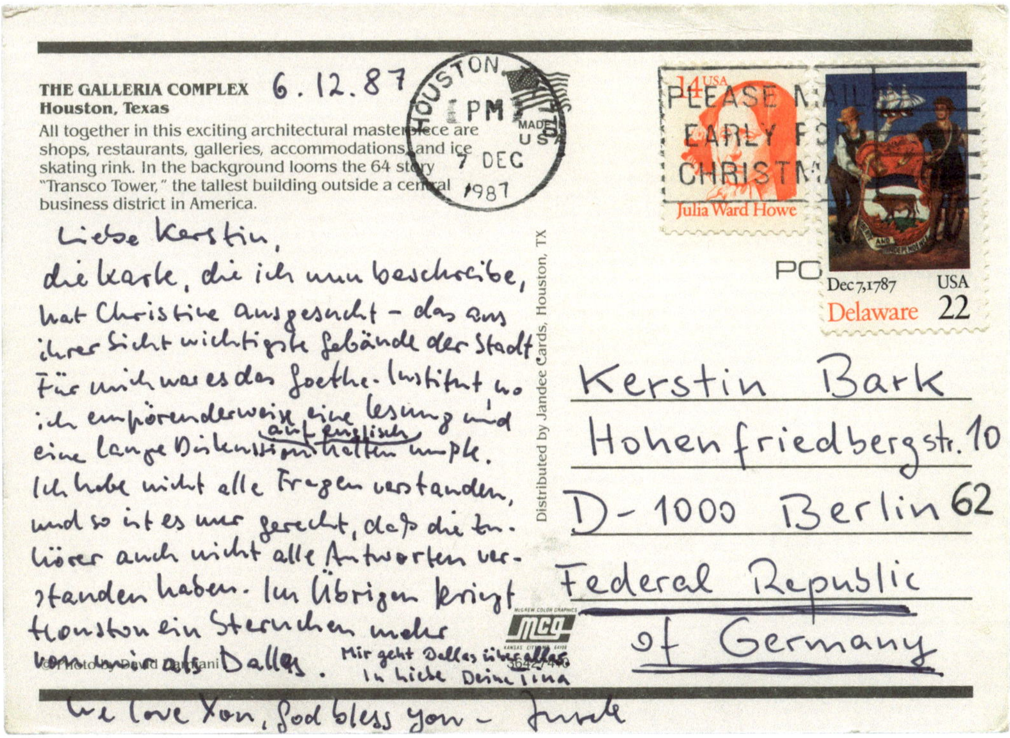

An: Ottilie und Manfred Krug, Berlin [West]

7. 12. 1987 [Austin, Texas]

Hello!
Nun sind wir schon
wieder aus Houston zurück,
wie schnell doch manchmal die
Tage vergehen! Houston gehört
zu den 5000 schönsten Städten,
die ich kenne. Es gibt dort den
größten Parkplatz der Welt,
und wer einmal darauf geparkt hat,
vergißt es sein Leben lang nicht.
Ich hatte eine Lesung an der Uni. Danach kam ein junger Mann zu mir und
fragte: Wer war der Autor dieses vergnüglichen Werkes?
God bless you! Jurek + Christinchen

An: Leonard Becker, Berlin/DDR

7. 12. 1987 [Austin, Texas]

Lieber Lonni,
unsere Zeit hier
geht zu Ende, und
wir sind jetzt doch
ganz schön rampo-
nierte Touristen. Nächste Wo-
che brechen wir auf nach LA,
wo die letzten Aufgaben auf
den Künstler warten[1]. Du
weißt noch, daß wir erst Ende
Januar wieder zu Hause sind?
Ich hoffe, es beruhigt Dich, daß Dir
aus unserer weihnachtlichen Abwesen-
heit keine Nachteile erwachsen sollen.
Und ich hoffe, daß ich auf meine Frage, wie
es Dir geht, nur Gutes
hören werde.
Viele Umarmungen – Jurek

1 J. B. hatte die Einladung von Professor Hans Wagener (1940-2013) an die University of California in Los Angeles zu einer Kurzzeitgastdozentur für Januar 1988 angenommen.

An: Ottilie und Manfred Krug, Berlin [West]

10. 12. 1987 [Austin, Texas]

Geliebtes Paar, nun naht sie wieder, die süße Zeit der Weihnachtsvorbereitungen, des Gewispers und Getuschels, der Heimlichkeiten. Was tut es uns leid, in diesem Jahr all unsere vielen Lieben nicht mit Geschenken erfreuen zu können! Aber was hilft's, wir müssen uns damit bescheiden, nur in Gedanken mit ihnen zu sein.
Christine und ich haben ein Geschenkabkommen geschlossen: Ich schenke ihr 800 Dollar und sie schenkt mir 500 Dollar, womit wir beide, wie ich finde, sehr zufrieden sein können. Macht es uns doch einfach nach!
Viele Küsse, Jurek + Christine

An: Christine Becker, Berlin [West]

13. 12. 1987 [Austin, Texas]

Liebste,
unser letzter Austin-Sonntag
ist gekommen. Du bist aus-
gegangen, um Dich mit einer
Soraya[1] zu treffen, und ich liege
auf dem Sofa und sehe Football.
Aber eben nicht nur, wie Du
siehst.
Soeben habe ich entschieden,
daß Austin eine schöne Zeit
für uns gewesen ist. Und
trotzdem freue
ich mich, daß wir
nun wieder zu Hause sind.
Jurek

1 Soraya de Chadarevian, Wissenschafts-historikerin, lebte vorübergehend in Austin und war an der dortigen Universität beschäftigt.

"Park Avenue Bums"
13. Dezember 87
Liebste,
unser letzter Austin-Sonntag
ist gekommen. Du bist aus-
gegangen, um Dich mit einer
Soraya zu treffen, und ich liege
auf dem Sofa und sehe Football.
Aber eben nicht nur, wie Du
siehst.
Soeben habe ich entschieden,
daß Austin eine schöne Zeit
für uns gewesen ist. Und
trotzdem freue
ich mich, daß wir
nun wieder zu Hause sind.

Flashcards™
"One is worth a thousand words"
Photographic Postcards
© Flashcards, Inc. 1982
781 West Oakland Park Blvd.
Fort Lauderdale, Fla. 33311

CHRISTINE BECKER
HAGELBERGER STR. 10c
D-1000 BERLIN 61
West-Germany

An: Becker, Berlin/DDR

18. 12. 1987 [San Francisco[1]]

Ihr Süßen,
nun, nachdem ich die Austin-Sache erledigt habe, ist der eher touristische Teil der Reise angesagt, bevor ich im Januar den Jungs und Mädels in Los Angeles das Nötigste erzähle. An unserem LETZTEN Tag in Austin (16. Dec.) ist Euer Päckchen angekommen. Voll Dankbarkeit haben wir jeder sofort die gesamte Marzipankartoffel eingepfiffen, was zu einem Ungleichgewicht im Kalorienhaushalt geführt hat. Jedenfalls denken wir unentwegt an Euch und sind fest entschlossen, Euch nach unserer Rückkehr die Sache mit der Kartoffel heimzuzahlen.
Liebstens Jurek + Chrissie

1 J. B. war auf Urlaubsreise in Kalifornien.

An: Suhrkamp Verlag, Zeeh, Burgel, Frankfurt [am Main]

22. 12. 1987 [San Francisco]

Liebste Burgel,
so auf Reisen, ohne
eigenen Schreibtisch und geregelten Tagesablauf, fällt das Briefeschreiben und Zeichengeben etwas schwerer. Egal, wir sind jetzt in San Francisco. Auch hier gibt es Nieman + Marcus[1], aber auch so viel zu sehen, daß Christine die Zeit dafür bis jetzt zu schade war. Gestern waren wir zu einer Dinner-Party, auf der es zum Nachtisch Arien von Puccini, Verdi und Paul Lincke[2] gab. Nur damit Du nicht neidisch wirst.
Sei umarmt von
Jurek + Christine

1 *Neiman Marcus*, eine in Dallas gegründete Luxuskaufhauskette.
2 Paul Lincke (1866-1946), Berliner Komponist, wurde vor allem durch seine Operetten bekannt.

An: Chr. Becker, Berlin [West]

28. 12. 1987 [Santa Barbara]

Liebste Chrissie,
in Santa Barbara, wo wir
wegen meiner Raserei einen
ganzen Abend Zeit haben,
schreibe ich Dir diese Karte.
Eigentlich ist alles gesagt,
und mir sei der Ausspruch
erlaubt, daß, wenn alles
gesagt ist, nichts geschrie-
ben zu werden braucht. Das
ändert aber nichts daran,
daß solche Erkenntnisse Karte
für Karte neu gewonnen werden
müssen.
Dein lieber Jurek

An: Ottilie und Manfred Krug, Berlin [West]

28. 12. 1987 [Santa Barbara]

Ihr Lieben,
wir sind in einem Ort, der Santa
Barbara heißt. Brecht soll hier im
amerikanischen Exil gewesen sein.
Wenn er sich dasselbe Hotel wie wir
hätte leisten können, dann wäre
es ihm ziemlich gut gegangen, aber
er war sich ja zu schade zum
Serienschreiben.
Wenn nichts dazwischen kommt,
werden wir morgen in unsere vor-
letzte Station einreiten, Los Angeles.
Im Radio hörten wir, daß heute
dort der kälteste Tag seit 103 Jahren
gemessen wurde – 1 Grad Celsius.
Das wird uns die Anpassung sehr
erleichtern.
In Liebe zuhauf Jurek + Chrissie

An: Nicki + Rieke Becker, Berlin/DDR

29. 12. 1987 [Los Angeles]

Ihr Lieben,
seit gestern sind wir in
Los Angeles, der vorletzten
Station unserer Reise. Es ist knapp
über null Grad warm und regnet
rund um die Uhr, worüber wir uns
zuerst ein bißchen wunderten. Dann
lasen wir in der Zeitung, daß es sich
um die kälteste Temperatur in Süd-
kalifornien seit 103 Jahren handelt, und
da war alles klar. Wir haben den
Pazifik-Strand vor dem Fenster,
was im Sommer eine wahre Pracht
sein muß. Alle erzählen uns, daß
man in anderen Jahren um diese
Zeit baden kann, das beruhigt uns
doch sehr. And a happy New Year.
In Liebe Jurek + Christine

An: Tina Becker, Berlin [West]

29. 12. 1987 [Los Angeles]

Du Süße,
schnell vom Festland noch
einen Gruß, weil wir morgen
nach Hawaii fliegen. Die ganze
Nacht haben wir hier in Santa
Monica die Pacific-Brandung
gehört, die aber nicht laut genug
war, um den Hotel-Fahrstuhl zu
übertönen. Zum Glück lagst Du
neben mir.
Jurek

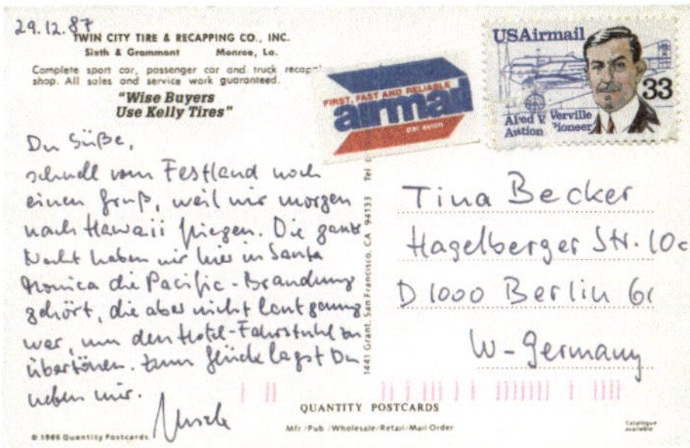
29.12.87
TWIN CITY TIRE & RECAPPING CO., INC.
Sixth & Grammont Monroe, La.
Complete sport car, passenger car and truck recap- shop. All sales and service work guaranteed.
"Wise Buyers Use Kelly Tires"

Du Süße,
schnell vom Festland noch
einen Gruß, weil wir morgen
nach Hawaii fliegen. Die ganze
Nacht haben wir hier in Santa
Monica die Pacific-Brandung
gehört, die aber nicht laut genug
war, um den Hotel-Fahrstuhl zu
übertönen. Zum Glück lagst Du
neben mir.
Jurek

Tina Becker
Hagelberger Str. 10c
D 1000 Berlin 61
W-Germany

QUANTITY POSTCARDS

An: Kerstin Bark, Berlin [West]

31. 12. 1987 [Kailua-Kona[1]]

Du Süße,
während Christine damit beschäftigt ist, sich für eine Sylvesterparty (von der ich jetzt schon weiß, daß sie tödlich wird) zu verunstalten, schreibe ich Dir die endgültig letzte Karte des Jahres, von der umseitigen Insel. Es ist hier nicht ganz so schön wie in den Prospekten, aber auch nicht so schrecklich, daß man sich wünschte, man wäre woanders. Jedenfalls sind wir bald wieder bei Dir, und wünschen Dir, ersteinmal bis
zum
25. Januar,
ein tolles
Neues Jahr. Dann
sehen wir weiter.
In Liebe – Jurek + Tina

1 Urlaubsort auf der Insel Hawaii, der größten Insel der gleichnamigen Inselkette. Die von J. B. gewählte Unterkunft liegt im Distrikt Kona außerhalb des Ortes Kailua.

31. 12. 87.
Du Süße,
während Christine damit beschäftigt ist, sich für eine Sylvesterparty (von der ich jetzt schon weiß, daß sie tödlich wird) zu verunstalten, schreibe ich Dir die endgültig letzte Karte des Jahres, von der umseitigen Insel. Es ist hier nicht ganz so schön wie in den Prospekten, aber auch nicht so schrecklich, daß man sich wünschte, man wäre woanders. Jedenfalls sind wir bald wieder bei Dir, und wünschen Dir, ersteinmal bis zum 25. Januar, ein tolles Neues Jahr. Dann sehen wir weiter.
In Liebe – Jurek + Tina

HAWAIIAN SUNSET SKIES
The relaxing sunsets of Hawaii can be enyoyed year-round as the weather remains warm. The soft blush of eventide lights Hawaii's skies with some of the msot spectacular sunsets in the world.
Photo by Veronica Carmona

ISLAND HERITAGE HONOLULU, HAWAII
Published by
© ISLAND HERITAGE . . . your assurance of quality.

FIRST, FAST AND RELIABLE airmail par avion
USAirmail 33 Alfred V. Verville Aviation Pioneer
HONOLULU, HI PM 2 JAN 198

Kerstin Bark
Hohenfriedbergstr. 10
D 1000 Berlin 62
Fed. Rep. of Germany

An: Zeeh, Frankfurt [am Main]

1. 1. 1988 [Kailua-Kona]

Ihr Liebsten,
also da kommen wir mitten
in einer Nacht in ein abgelegenes
Hotel auf Hawaii – und was gibt
uns die Tante an der Rezeption?
Ein Päckel von Burgel! Also wem
DAS nicht das Herz erwärmt, der
muß schon ganz schön abgebrüht
sein, ich bins jedenfalls nicht.
Dank Eurer Fürsorge fühlen wir uns
überhaupt nicht am Arsch der Welt,
sondern umhegt und umturtelt.
E heppie Nu Jier[1] und ein
herzliches ALOHA HE!! Jurek + Christine

1 A happy New Year.

1.1.88
Ihr Liebsten,
also da kommen wir mitten
in einer Nacht in ein abgelegenes
Hotel auf Hawaii – und was gibt
uns die Tante an der Rezeption?
Ein Päckel von Burgel! Also, wem
DAS nicht das Herz erwärmt, der
muß schon ganz schön abgebrüht
sein, ich bins jedenfalls nicht.
Dank Eurer Fürsorge fühlen wir uns
überhaupt nicht am Arsch der Welt,
sondern umhegt und umturtelt.
E heppie Nu Jier und ein
herzliches ALOHA HE!! Jurek + Christine

SUMMIT OF MAUNA KEA
The sun sets over the beautiful slopes of Mauna Kea, where many ski the 14,000 foot level of this world famous volcanic cone.
Photo by P. French

Published by
©ISLAND HERITAGE . . . your assurance of quality.
ISLAND HERITAGE HONOLULU, HAWAII

FIRST, FAST AND RELIABLE airmail par avion
USAirmail 33 Alfred V. Verville Aviation Pioneer
HONOLULU 2 JAN 1988

Zeeh
Oberlindau 61
D 6000 Frankfurt 1
Fed. Rep. of Germany

An: Christiane + Lutz Arnold, Göttingen

2.1.1988 [Kailua-Kona]

Ihr Lieben,
weil zwischen Austin und
einigen Veranstaltungen in Los
Angeles drei Wochen Zeit liegen,
sind wir kurz mal nach Hawaii
rüber. Na ja, man lacht.
Seit wir hier angekommen sind,
regnet es so schrecklich, daß
die Hauptattraktion der Insel, ein
riesiger Vulkan, zu erlöschen droht.
Man sagt, die hiesige Landwirtschaft
habe Nutzen von dem Regen, nur
fürchte ich, wir werden nicht lange
genug bleiben, um auch davon zu profi-
tieren. Aloha and a Happy New Year – Jurek + Christine

2.1.88
Ihr Lieben,
weil zwischen Austin und
einigen Veranstaltungen in Los
Angeles drei Wochen Zeit liegen,
sind wir kurz mal nach Hawaii
rüber. Na ja, man lacht.
Seit wir hier angekommen sind,
regnet es so schrecklich, daß
die Hauptattraktion der Insel, ein
riesiger Vulkan, zu erlöschen droht.
Man sagt, die hiesige Landwirtschaft
habe Nutzen von dem Regen, nur
fürchte ich, wir werden nicht lange
genug bleiben, um auch davon zu profi-
tieren. Aloha and a Happy New Year – Jurek + Christine

CHRISTIANE + LUTZ
ARNOLD
Willigstieg 2
D 3400 GÖTTINGEN
Fed. Rep. of Germany

An: Christine Becker, Berlin [West]

2. 1. 1988 [Kailua-Kona]

Du alte Brummfiedel,
heute sind wir den halben
Tag durch Hawaii gefahren,
und es hat irrsinnig gereg-
net. Du hast Dich nicht
wohl gefühlt und pausenlos
so getan, als ob ich regne.
Ich liebe Dich trotzdem.
Jurek I.

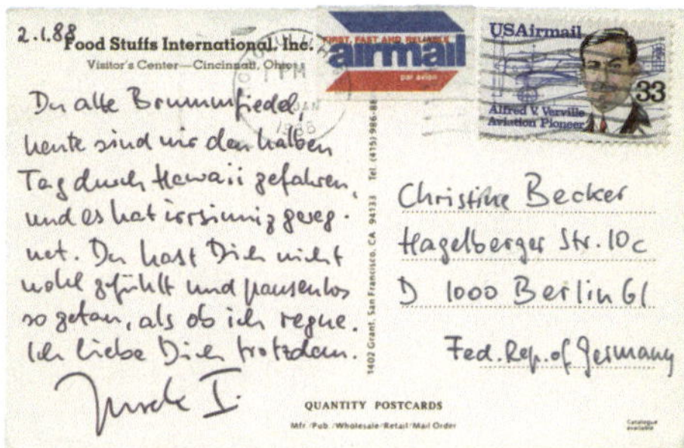

An: Harsch-Niemeyer, Tübingen

6.1.1988 [Kailua-Kona]

Ihr Lieben,
nachdem wir gestern Schnorcheln und Tauchen waren und zeitweilig dachten, wir wären ins Exoten-Becken einer Zoohandlung gefallen, fahren wir heute (Christine schminkt sich gerade) in die Vulkane. Dafür kann man in unserem Hotel einen Picknick-Korb mit tausenderlei Zeug bestellen, und genau das haben wir getan. Ihr seht – Eurer Tochter geht es wieder irrsinnig gut, nicht anders als mir.
Euer Jurek und Tina

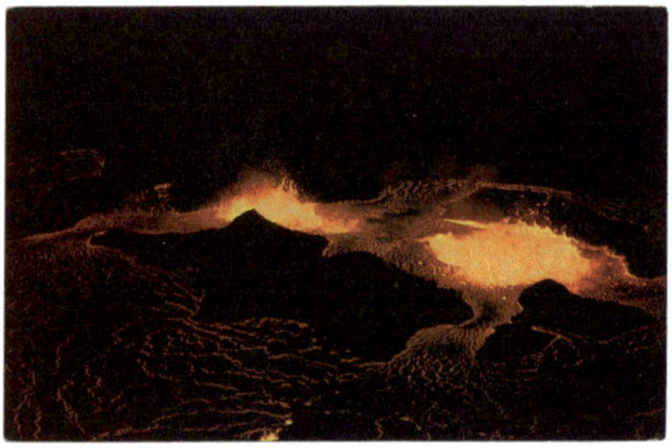

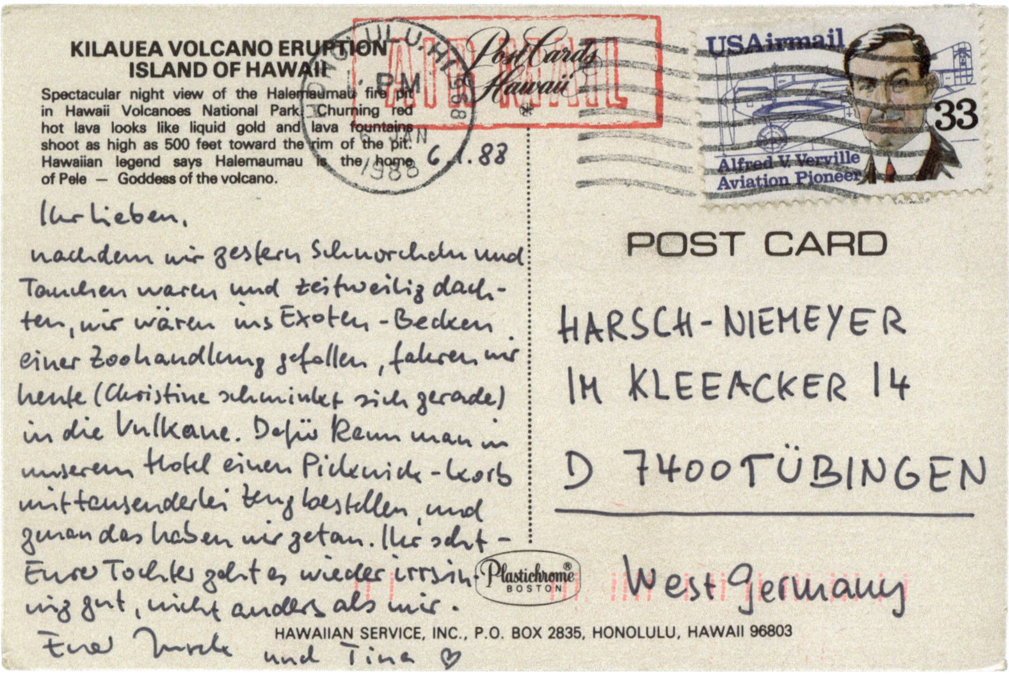

An: Ottilie und Manfred Krug, Berlin [West]

6. 1. 1988 [Kailua-Kona]

Ihr Lieben,
wollt Ihr mal hören, ob man sich in unserem Hotel einen Picknick-Korb für 38 Dollar bestellen kann, mit Fleisch, Huhn, Käse, Brot, Obst, Gemüse, Kuchen, Wein, Geschirr und einem Korkenzieher als Souvenir, damit man einen Ganztagsausflug in die Vulkane machen kann? Ja, genau das kann man.
Und diesen Ausflug unternehmen wir in 20 Minuten und sagen es Euch lieber vorher, damit Ihr Euch über ein mögliches endgültiges Schweigen unsererseits nicht wundert.
Auf ewig die Euren Jurek + Christine

An: Suhrkamp Verlag, Burgel Zeeh, Frankfurt [am Main]

7. 1. 1988 [Kailua-Kona]

Liebste Burgel,
wir sind einem großen Schwindel auf die Schliche gekommen: es gibt auf Hawaii überhaupt keine Vulkane! Die glühende Lava, die man auf Postkarten sieht, ist dort reinretouschiert, und für die Touristen, die nicht näher als 300 m an die Kraterränder randürfen, werden von arbeitslosen Hawaianern Unmengen von Räucherstäbchen abgebrannt. Vielleicht schreib ich drüber. In Liebe –
Jurek + Christine

An: Ottilie und Manfred Krug, Berlin [West]

13. 1. 1988 [Los Angeles]

Ihr Lieben, heute muß ich ein paar Worte in eigener Sache schreiben. Ihr habt Euch sicher schon gefragt, da Christine und ich seit Monaten ja förmlich aufeinanderhocken, worüber wir den ganzen Tag reden. Ich kann Euch da beruhigen, macht Euch nur keine Sorgen. Das einemal bringe ich Christine die Football-Regeln bei (wofür allein die Zeit nicht ausreicht), das anderemal klärt sie mich über die neueste Entwicklung auf dem Film- und Modemarkt auf. Und wenn uns der Sinn nach beidem nicht steht, führen wir auch schon mal ein philosophisches Gespräch, die Verschiedenartigkeit der Menschen, den Verfall unserer Ideale oder die Konsequenzen der platonischen Liebe betreffend. Dies sind natürlich nur Beispiele.
Es grüßen Euch in
Liebe Jurek + Chrissie

An: Lore & Robert Harsch-Niemeyer, Tübingen

15. 1. 1988 [Los Angeles]

Ihr Lieben, bei einem Bummel durch Hollywood hat Eure Tochter diese Postkarte[1] entdeckt. Sie meint, die müßte Euch unbedingt geschickt werden, und ich sitze da.
Also: Den Verpflichtungen an den Universitäten hier nachzukommen ist doch recht einfach. Ich komme mir vor wie einer, der ständig unterhalb seiner Kapazität eingesetzt wird. Andererseits ist das vielleicht ganz gut; denn Christine fällt immer wieder ein, was mit der ungenutzten Kraft anzufangen wäre. So arbeiten wir uns gegenseitig in die Hand und haben eine ziemlich gute Zeit.
Seid herzlich umarmt von Jurek
+ Eurer Tina

1 J. B. hatte damals Tony Curtis (1925-2010) kennengelernt. Anlass waren die Dreharbeiten zu dem Film *Der Passagier – Welcome to Germany*, in dem Tony Curtis die Hauptrolle spielte. Regie: Thomas Brasch. Drehbuch: J. B. und Thomas Brasch.

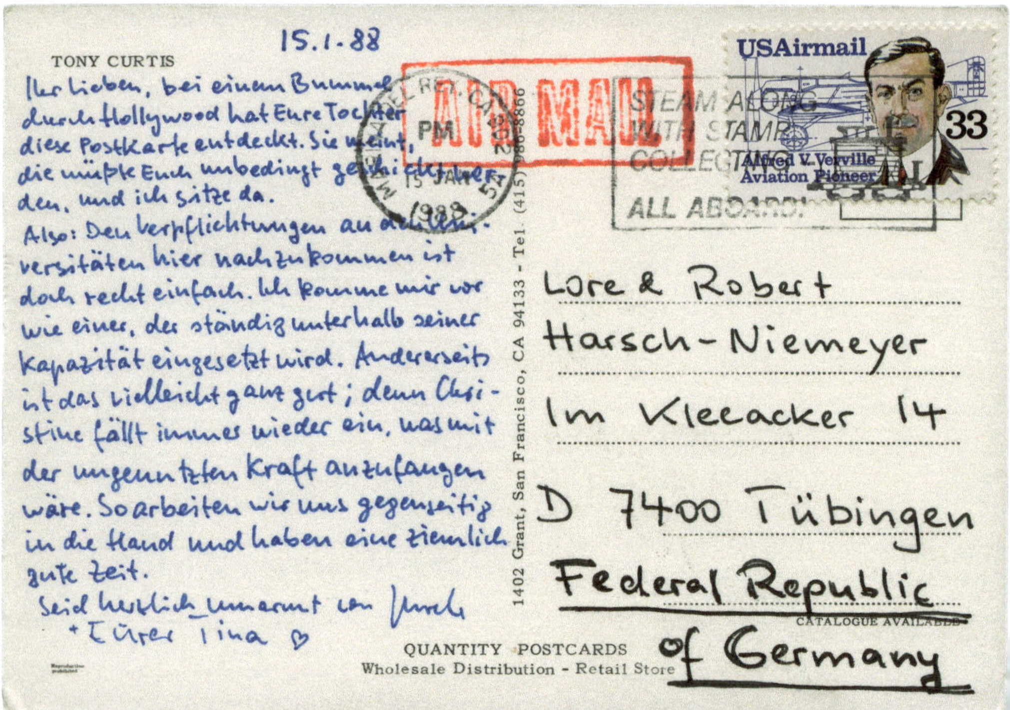

TONY CURTIS

15.1.88

Ihr Lieben, bei einem Bummel durch Hollywood hat Eure Tochter diese Postkarte entdeckt. Sie meint, die müßte Euch unbedingt geschickt werden, und ich sitze da.
Also: Den Verpflichtungen an den Universitäten hier nachzukommen ist doch recht einfach. Ich komme mir vor wie einer, der ständig unterhalb seiner Kapazität eingesetzt wird. Andererseits ist das vielleicht ganz gut; denn Christine fällt immer wieder ein, was mit der ungenutzten Kraft anzufangen wäre. So arbeiten wir uns gegenseitig in die Hand und haben eine ziemlich gute Zeit.
Seid herzlich umarmt von Jurek
+ Eurer Tina

AIR MAIL

15 JAN 1988

STEAM ALONG WITH STAMP COLLECTING ALL ABOARD!

USAirmail 33 Alfred V. Verville Aviation Pioneer

Lore & Robert
Harsch-Niemeyer
Im Kleeacker 14
D 7400 Tübingen
Federal Republic
of Germany

1402 Grant, San Francisco, CA 94133 - Tel. (415) 986-8866

CATALOGUE AVAILABLE

QUANTITY POSTCARDS
Wholesale Distribution - Retail Store

An: Zeeh, Frankfurt [am Main]

4. 7. 1988 [Xian[1]]

Liebste Burgel,
da wir dieselbe Tour[2] machen, wie Ihr sie hinter Euch habt, genießen wir ein zusätzliches Erlebnis: Alle schwärmen von der großen schönen blonden deutschen Frau, die vor einem Jahr hiergewesen ist. Und unser kleiner Hinweis darauf, daß wir diese Frau persönlich kennen, steigert unser Ansehen nicht wenig und öffnet uns so manche Türen.
Christine kauft zwar täglich Seidenwäsche, aber bis jetzt haben wir nix in Erwachsenengröße gefunden. Wie soll man hier nicht Tag und Nacht an Euch denken!
Liebstens + sehnlichst
Jurek + Christine

1 J. B. befand sich auf einer zweiwöchigen Reise durch China.

2 Das Ehepaar Zeeh hatte im Jahr zuvor eine Reise durch China unternommen und begeistert davon berichtet, so dass J. B. eine Reise mit dem gleichen Programm gebucht hatte.

An: Nicki + Rieke Becker, Berlin/DDR

8. 7. 1988 [Suzhou]

Ihr Lieben,
im Moment wohnen wir im
Hotel DER GROSSE SPRUNG NACH
VORN und sind entzückt von
der Lieblichkeit der chinesischen
Umgangsformen. Unsere Gastgeber
sind wirklich unendlich auf-
merksam und freundlich,
außer wenn wir irgend etwas von
ihnen wollen. Aber wir werden
uns hüten, hier als Nachfolger der
Kolonialherren aufzutreten.
Seid umarmt von
Jurek + Christine

An: Kerstin Bark, Berlin [West]

8. 7. 1988 [Suzhou]

Du Liebe,
Christine sagt: »Du kannst Ihr auch schreiben, ist ja schließlich auch Deine Freundin!« Und sie ist fein raus.
Also: China ist sehr groß, sehr voll, sehr heiß, sehr feucht, sehr reisig und sehr langsam. Wenn einer mal ungeduldig wird (wie es leider mir hin und wieder passiert), dann sucht man ihm gleich die knorpeligsten Fleischstücke und die angefaulten Pfirsiche raus. Und selbst dann denke ich an Dich, ebenso wie meine Frau. Herzlichst Jurek +
Tina

An: Ottilie und Manfred Krug, Berlin [West]

10. 7. 1988 [Wuxi]

Ihr Tautropfen an
unseren Lotosblüten,
wer hätte gedacht, daß wir je in
unserem Leben nach WUXI
kommen! Nun haben wir es ge-
schafft und erleben die Mühen
der Ebene aus nächster Nähe.
Nach einem Spaziergang im
PARK DER ANSPRUCHSLOSEN AMTS-
PERSON, am Ufer des Thei-Sees
gelegen, an dem chinesische Mütter
ihren Söhnen die Schniepelchen wa-
schen, tut es uns doch ein wenig
leid, daß Ihr nicht hier seid. Ob das
je aufhört?
In Liebe Jurek + Christine

An: Burgel Zeeh, Frankfurt [am Main]

13. 7. 1988 [Shanghai]

Ach, Du Liebe,
was hast Du uns für eine
schöne Reise eingebrockt! Es
macht so viel Spaß, daß wir
gar nicht wußten, daß es so viel
Spaß überhaupt gibt. Allerdings:
Der Chinese
macht um Hygiene kein Gewese!
Und:
Der Chinese
ißt zu viel Reis und kennt kein Käse.
Es lieben Dich
Jurek + Christine
Herzl. Gr. an W.

An: Zeeh, Frankfurt [am Main]

26. 7. 1988 [Georgetown[1]]

Liebste Burgel, bester Werner,
jetzt haben wir Euch in einer ganzen Woche Malaysia keine einzige Karte der Liebe geschrieben. Christine schlägt vor, wir sollten einfach behaupten, wir hätten es getan, und die Karte sei unterwegs verlorengegangen. Aber ich bin strikt dagegen – Ihr wißt ja, wie Lügerei mir zuwider ist! Jedenfalls denken wir fast pausenlos an Euch. Umarmungen von Jurek +

1 Im Anschluss an die Chinareise verbrachte J.B. eine Urlaubswoche auf der Insel Penang.

28920 – HAWKER STALLS OF PENANG
Malaysians love food Outdoor eating is a favourite pastime in Penang where you can choose from a wide selection of local delicacies from the wide array of hawker stalls that line up in their favourite location.

26.7.88

Liebste Burgel, bester Werner,
jetzt haben wir Euch in einer ganzen Woche Malaysia keine einzige Karte der Liebe geschrieben. Christine schlägt vor, wir sollten einfach behaupten, wir hätten es getan, und die Karte sei unterwegs verlorengegangen. Aber ich bin strikt dagegen – Ihr wißt ja, wie Lügerei mir zuwider ist! Jedenfalls denken wir fast pausenlos an Euch. Umarmungen von Jurek +

Zeeh
Oberlindau 61
D-6000 Frankfurt 1
West-Germany

Malaysia
Copyright reserved
THREE BOND CO

An: Zeeh, Frankfurt [am Main]

15. 9. 88 [Seoul[1]]

Ihr Süßen,
ich bin einem heißen Geheimnis auf die Spur gekommen: die Koreaner sind mit Ginseng gedopt! Weil Ginseng aber noch nicht auf der Liste steht, werden sie mehr Medaillen gewinnen, als viele für möglich halten.
Ich für mein Teil habe gestern abend so ein Wurzelchen eingepfiffen, und ich kann Euch gar nicht beschreiben, wie mir zumute war und ist.
Liebstens, Euer Jurek

1 J.B. besuchte für den *Spiegel* die Olympischen Sommerspiele in Seoul, um darüber zu schreiben.

15.9.88
POSTCARD
Ihr Süßen,
ich bin einem heißen Geheimnis
auf die Spur gekommen: die
Koreaner sind mit Ginseng ge-
dopt! Weil Ginseng aber noch nicht
auf der Liste steht, werden sie
mehr Medaillen gewinnen, als
viele für möglich halten.
Ich für mein Teil habe gestern
abend so ein Wurzelchen
eingepfiffen, und ich kann
Euch gar nicht beschreiben,
wie mir zumute war und ist.
Liebstens, Euer Jurek

ZEEH
OBERLINDAU 61
D-6000 FRANKFURT 1
WEST-GERMANY

An: Unseld, Frankfurt [am Main]

16. 9. 1988 [Seoul]

Liebste Ulla[1], bester Siegfried,
falls Ihr je eine Frage in Zusammenhang mit Seoul oder den Olympischen Spielen hier haben solltet – wendet Euch getrost an mich. Ich häufe zur Zeit beträchtliches Wissen darüber an und werde langsam von der Furcht geplagt, daß es mein Leben lang brach herumliegen könnte. Anyway – selbst hier denke ich an Euch, und das will bei einem wie mir während der Olympiade was heißen. Fragt Christine.
Die herzlichsten Grüße
Euer Jurek

1 Ulla Berkéwicz, Schauspielerin, Schriftstellerin und Verlegerin. Sie war seit 1990 mit Siegfried Unseld verheiratet und übernahm nach dessen Tod im Jahr 2002 die Leitung des Suhrkamp Verlages.

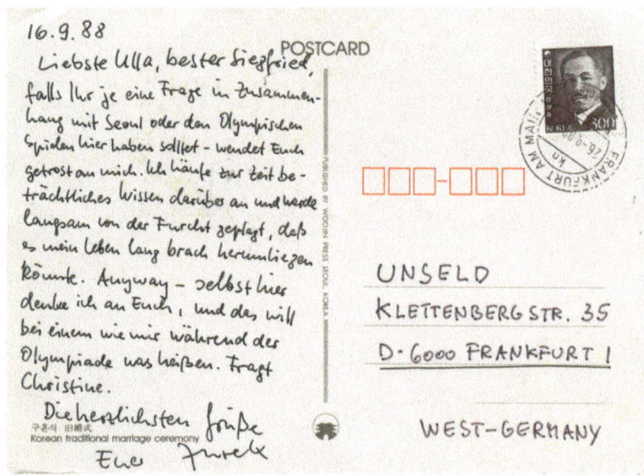
16.9.88
Liebste Ulla, bester Siegfried,
falls Ihr je eine Frage in Zusammenhang mit Seoul oder den Olympischen Spielen hier haben solltet – wendet Euch getrost an mich. Ich häufe zur Zeit beträchtliches Wissen darüber an und werde langsam von der Furcht geplagt, daß es mein Leben lang brach herumliegen könnte. Anyway – selbst hier denke ich an Euch, und das will bei einem wie mir während der Olympiade was heißen. Fragt Christine.
Die herzlichsten Grüße
Euer Jurek
POSTCARD
Korean traditional marriage ceremony
UNSELD
KLETTENBERGSTR. 35
D-6000 FRANKFURT 1
WEST-GERMANY

An: Becker, Berlin/DDR

16. 9. 1988 [Seoul]

Ihr Lieben (womit auch Lonni gemeint ist),
nun sitze ich also hier vor dem großen Futtertrog und darf bald (übermorgen) anfangen zu fressen, bis es mir aus den Ohren rauskommt[1]. Ich habe beschlossen, doch nicht vor dem Fernseher zu bleiben und mir die einzelnen Veranstaltungen original anzusehen; aber wenn ich bedenke, wieviel ich deshalb versäumen werde, muß ich jetzt schon weinen[2].
Es grüßt und umarmt Euch
vor seinem
ersten Kindergeburtstag
Euer aller Jurek

1 J.B. war bereits am 11. September in Seoul eingetroffen, die Spiele wurden am 17. September eröffnet.

2 Neben der Gelegenheit, einzelne Sportveranstaltungen zu besuchen, gab es die Möglichkeit, Übertragungen mehrerer Veranstaltungen gleichzeitig am Bildschirm zu verfolgen.

An: Arnold, Göttingen

16. 9. 1988 [Seoul]

Ihr Lieben,
zugegeben, der Umweg ist ein wenig weit, um Euch zu Eurem Glück[1] zu gratulieren, aber auch er führt zum Ziel. Hannah klingt riesig! Und wenn das gute Kind nur halb so zutraulich und liebreizend wird wie Lutz, und nur ein Viertel so zupackend und energisch wie Christiane – was sollte da schief laufen? Drückt dem Baby einen Kuß von mir auf den Bauchnabel und seid neidisch und herzlich umarmt von Eurem Jurek

1 Die Geburt der Tochter.

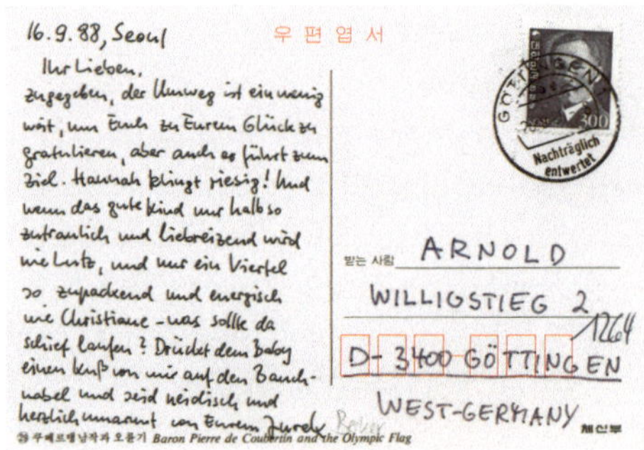

An: Ottilie und Manfred Krug, Berlin [West]

20. 9. 1988 [Seoul]

Ihr Liebsten,
hier auf die Schnelle einen (letzten) Herzensgruß. Wir sind hier alle eine fröhliche olympische Familie, wir lauschen der Symphonie des Sports und atmen die Luft des Friedens und der Völkerverständigung in vollen Zügen. Auf der Rückseite seht Ihr die Siegerehrung im Stabhochsprung, ach wärt Ihr doch dabei!
Halleluja – Jurek

An: Frau Christine Becker, Berlin [West]

26. 10. 1988 [Berlin]

Du süße Blutwurst,
weiß Du eigentlich, daß ich
Dir nicht nur deswegen Karten
schreibe, um D i r eine Freude
zu machen? Denn gewöhnlich,
wenn ich Dir schreibe, bist Du
ja nicht hier; und wenn ich
Dir schreibe, bist Du eben
doch ein bißchen hier. So sieht's
aus.
Dein Ogurek[1]

1 Eine Anspielung auf den polnischen Reim: »Jurek, ogórek, kiełbasa i sznurek.« Zu Deutsch: Jurek, Gurke, Wurst und Schnur.

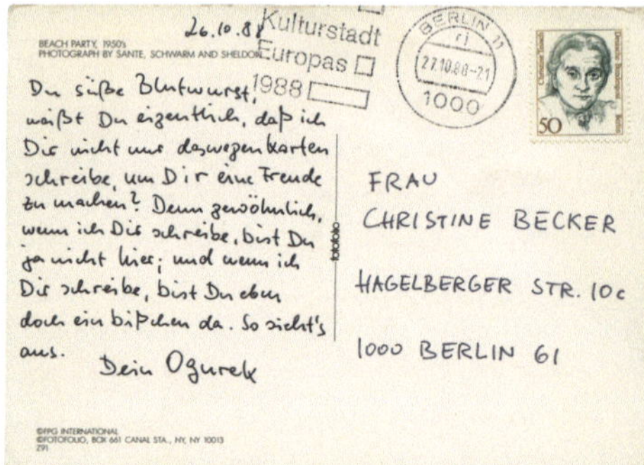
BEACH PARTY, 1950's
PHOTOGRAPH BY SANTE, SCHWARM AND SHELDON

26.10.88

Kulturstadt Europas 1988

BERLIN 11 27.10.88-21 1000

Du süße Blutwurst,
weißt Du eigentlich, daß ich
Dir nicht nur deswegen Karten
schreibe, um D i r eine Freude
zu machen? Denn gewöhnlich,
wenn ich Dir schreibe, bist Du
ja nicht hier; und wenn ich
Dir schreibe, bist Du eben
doch ein bißchen da. So sieht's
aus.
Dein Ogurek

FRAU
CHRISTINE BECKER
HAGELBERGER STR. 10c
1000 BERLIN 61

©FPG INTERNATIONAL
©FOTOFOLIO, BOX 661 CANAL STA., NY, NY 10013
Z91

An: Ottilie Krug, Berlin [West]

2. 11. 1988 [Berlin]

Liebes Ottilchen,
bevor Du anfängst zu glauben,
ich hätte Deine Postkartensamm-
lung vergessen, schnell was Herz-
liches. Eines Tages, wenn man
die letzte Karte geschrieben hat,
wird man sich vorwerfen, daß
es viel mehr hätten sein
können. Und das soll mir
so klein wie möglich passieren.
Dein herzlicher Jurek

An: Christine Becker, Berlin [West]

3. 11. 1988 [Berlin]

Mein liebes Murmeltier,
wenn ich am Schreibtisch sitze und Du nebenan noch schläfst, ist es sehr still in der Wohnung. Zu still, wenn Einfallslosigkeit mich plagt, doch gerade richtig, wenn die Ideen sich drängeln. Eine Karte an Dich schreib ich hin und wieder, wenn ich mich im Niemandsland zwischen beidem wähne.
Dein dicker Liebster
J.

Jacques-Henri Lartigue
1911, Rouzat
Jean
3. 11. 88
Mein liebes Murmeltier,
wenn ich am Schreibtisch sitze
und Du nebenan noch schläfst, ist
es sehr still in der Wohnung. Zu
still, wenn Einfallslosigkeit mich
plagt, doch gerade richtig, wenn
die Ideen sich drängeln. Eine
Karte an Dich schreib ich hin
und wieder, wenn ich mich im
Niemandsland zwischen bei-
dem wähne.
Dein dicker Liebster
J.
Musée de l'Elysée, Lausanne
© Association des amis de Jacques-Henri Lartigue, Paris
© News Productions, CH-1446 Baulmes
55340
Berlin – Kulturstadt Europas 1988
Christine Becker
Hagelberger Str. 10c
1000 Berlin 61

An: Christine ›Liebling‹ Becker, Berlin [West]

2. 12. 1988 [Berlin]

Meine Marzipankartoffel,
eben sitze ich, kucke Football,
sehe einen verträumt daliegen –
er macht überhaupt keine Anstalten aufzustehen – und an
wen denke ich da? Richtig!
Das ist aber insofern auch kein
Wunder, weil ich so gut wie
immer an Dich denke.
Dein
Rumtrüffel

Heinkel-Tourist, Heinkel-Kabine und Heinkel-Roller 112
(Foto: Heinkel Management GmbH)

2. 12. 88
Meine Marzipankartoffel,
eben sitze ich, kucke Football,
sehe einen verträumt daliegen –
er macht überhaupt keine Anstalten aufzustehen – und an
wen denke ich da? Richtig!
Das ist aber insofern auch kein
Wunder, weil ich so gut wie
immer an Dich denke.
Dein
Rumtrüffel

Internationale Grüne Woche Berlin 1989 27.1.–5.2.

Christine 'Liebling' Becker
Hagelberger Str. 10c
1000 Berlin 61

Elefanten Press Verlag
Lützowstraße 105
1000 Berlin 30

Entnommen aus dem Buch: Ulrich Kubisch, „MotorROLLERmobil – Vom zivilisierten Zweirad zum Fast-Automobil – Eine Geschichte der Massenmotorisierung", Elefanten Press Verlag 1985

An: Rieke Becker, Berlin/DDR

19. 12. 1988 [Berlin]

Du Liebe,
jetzt habe ich vergessen –
haben wir Dir voriges Jahr
eine Weihnachtskarte ge-
schickt oder nicht? Falls
ja, dann entschuldige bitte
die Wiederholung. Man hat
einfach zu viel am Hals.
Jedenfalls grüßen wir Dich
so herzlich, als hätten wir's
noch nie getan, und kommen
obendrein gleich selbst vorbei.
Weihnachtsjurek + Chrissie

An: Christine Becker, Berlin [West]

7. 3. 1989 [Berlin]

Liebste,
dies ist also eine
Hochzeitstagsglückwunschkarte:
Von heute an sollst Du weiter so geliebt werden, wie ich es (im Prinzip) schon immer getan habe, und auch sonst möge sich nicht allzu viel ändern. Bis auf das natürlich, was Du anders haben möchtest.
Dein Hochzeitstagspartner
Schoschi[1]

1 J. B. führte in seiner Kindheit und Jugend in der DDR den Namen Georg. Sein Vater, Max Becker (1906-1972), hatte den polnischen Namen Jerzy (Jurek ist die Koseform für Jerzy) ins Deutsche übersetzt. Manfred Krug nannte J. B. deshalb mitunter »Schorsch«, eine mundartliche Version des Namens Georg.

BIRTHDAY PARTY, 1950's
PHOTOGRAPHER UNIDENTIFIED

7. 3. 89

Liebste,
dies ist also eine
Hochzeitstagsglückwunschkarte:
Von heute an sollst Du weiter so
geliebt werden, wie ich es (im
Prinzip) schon immer getan
habe, und auch sonst möge sich
nicht allzu viel ändern. Bis auf
das natürlich, was Du anders
haben möchtest.

Dein Hochzeitstagpartner

Schoschi

©FPG INTERNATIONAL
©FOTOFOLIO, BOX 661 CANAL STA., NY, NY 10013
Z88

fotofolio

DEUTSCHE BUNDESPOST BERLIN 60

DEUTSCHE LIEBESPOST

Christine Becker
Hagelberger Str. 10c
1000 Berlin 61

An: Christine Becker, Berlin [West]

11. 6. 1989 [Berlin]

Verehrte Liebste,
im Moment beneide ich die
Publizistik[1], weil Du Dich so hingebungsvoll mit ihr beschäftigst. Danach
wird mein Neid Fontane gelten,
dann der Soziolinguistik, dann
den 50er Jahren, und dann
endlich wird wieder meine große
Zeit gekommen sein.
Verschmachtend
Jurek

1 Die Aufzählung bezieht sich auf Studienfächer und Themen, in und zu denen Christine Becker zum Abschluss des Studiums Prüfungen abzulegen hatte.

Numar Professional Equipment Co.
Model R-300-OS
11.6.89

Verehrte Liebste,
im Moment beneide ich die
Publizistik, weil Du Dich so hinge-
bungsvoll mit ihr beschäftigst. Danach
wird mein Neid Fontane gelten,
dann der Soziolinguistik, dann
den 50er Jahren, und dann
endlich wird wieder meine große
Zeit gekommen sein.
Verschmachtend
Jurek

1402 Grant, San Francisco, CA 94133 Tel. (415) 986-8866

CHRISTINE BECKER
HAGELBERGER STR. 10c
1 BERLIN 61

QUANTITY POSTCARDS
Mfr./Pub./Wholesale/Retail/Mail Order

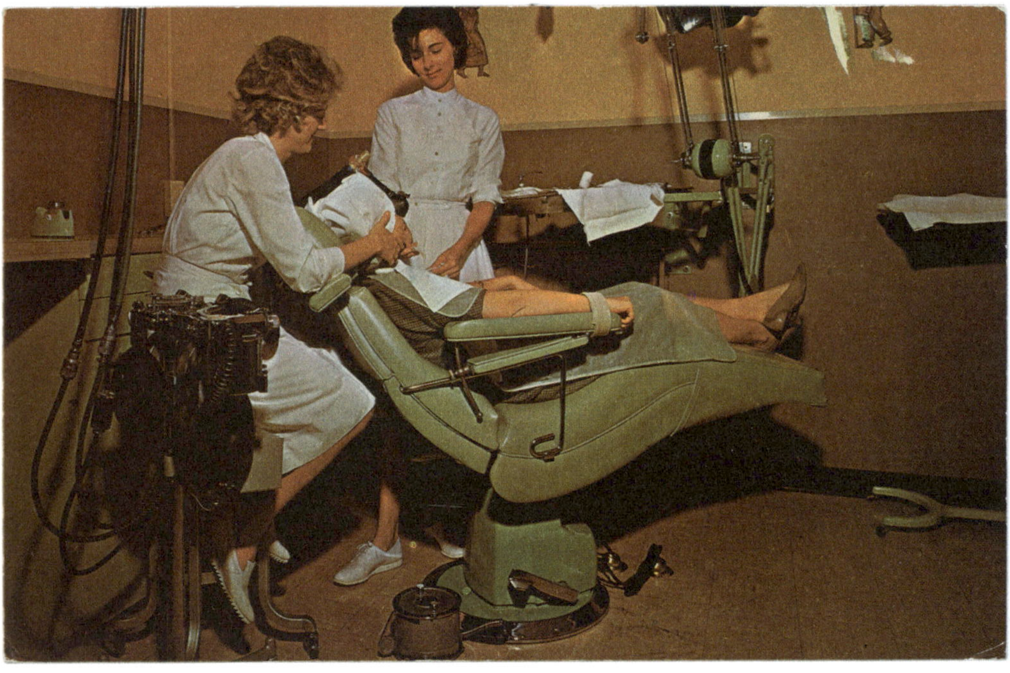

An: Kerstin Bark, Berlin [West]

17. 6. 1989 [Wien[1]]

Du alte Dampfnudel,
(na ja, ist vielleicht etwas plump)
für kurze Zeit sind wir in
Wien, wo es für längere Zeit
regnet. Christine hat mir
einen dieser beliebten Karten-
schreibaufträge erteilt,
dessen ich mich gerade auf
meine täppische Art, doch
mit viel Liebe, entledige.
Zwoa Busserl von
Jurek + Tina

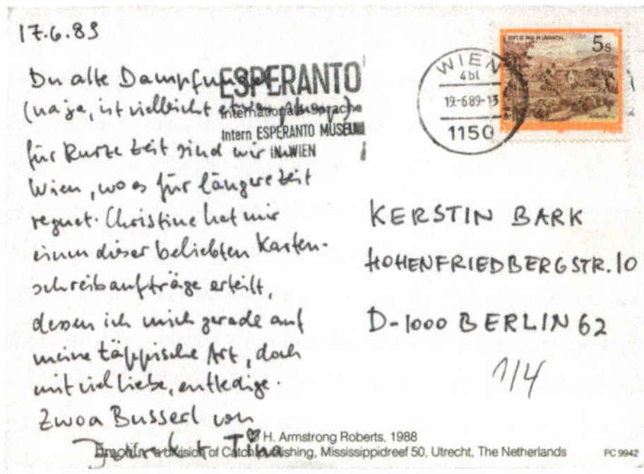
17.6.89
Du alte Dampfnudel,
(na ja, ist vielleicht etwas plump)
für kurze Zeit sind wir in Wien
Wien, wo es für längere Zeit
regnet. Christine hat mir
einen dieser beliebten Karten-
schreibaufträge erteilt,
dessen ich mich gerade auf
meine täppische Art, doch
mit viel Liebe, entledige.
Zwoa Busserl von
Jurek + Tina

KERSTIN BARK
HOHENFRIEDBERGSTR. 10
D-1000 BERLIN 62

1/4

1 J. B. war auf der Reise nach Ungarn, um in Budapest an einer Schriftsteller-konferenz teilzunehmen.

An: Christine Becker, Berlin [West]

17. 6. 1989 [Wien]

Du liebe Knalltüte,
es geht ja nur darum, daß Du
auch 'ne Karte aus Wien kriegst,
wo nichts anderes läuft als das,
was Du genausogut weißt
wie ich. Ach ja, und dann
läuft heute nach dem The-
ater noch 'n dickes Ding,
das weißt Du noch
nicht.
Dein Herzensmops

London, 1961 © Frank Horvat
17. 6. 89
Du liebe Knalltüte,
es geht ja nur darum, daß Du
auch 'ne Karte aus Wien kriegst,
wo nichts anderes läuft als das,
was Du genausogut weißt
wie ich. Ach ja, und dann
läuft heute nach dem The-
ater noch 'n dickes Ding,
das weißt Du noch
nicht.
Dein Herzensmops
Christine Becker
Hagelberger Str. 10c
D-1000 Berlin 61
ESPERANTO
Internationale Sprache
Intern ESPERANTO MUSEUM
IN WIEN
1150
5s
Domstraat 5-13, 3512 JA Utrecht, The Netherlands
PC 1114

An: Ottilie Krug, Berlin [West]

19. 6. 1989 [Wien]

Du Gute,
auf dem Weg nach Budapest
sind wir kurz in Wien gelan-
det, wo uns heftiger Regen
ins Kaffeehaus treibt, zum
Kartenschreibdienst an un-
serem liebsten Anhang.
Busserl
Jurek + Chrissie

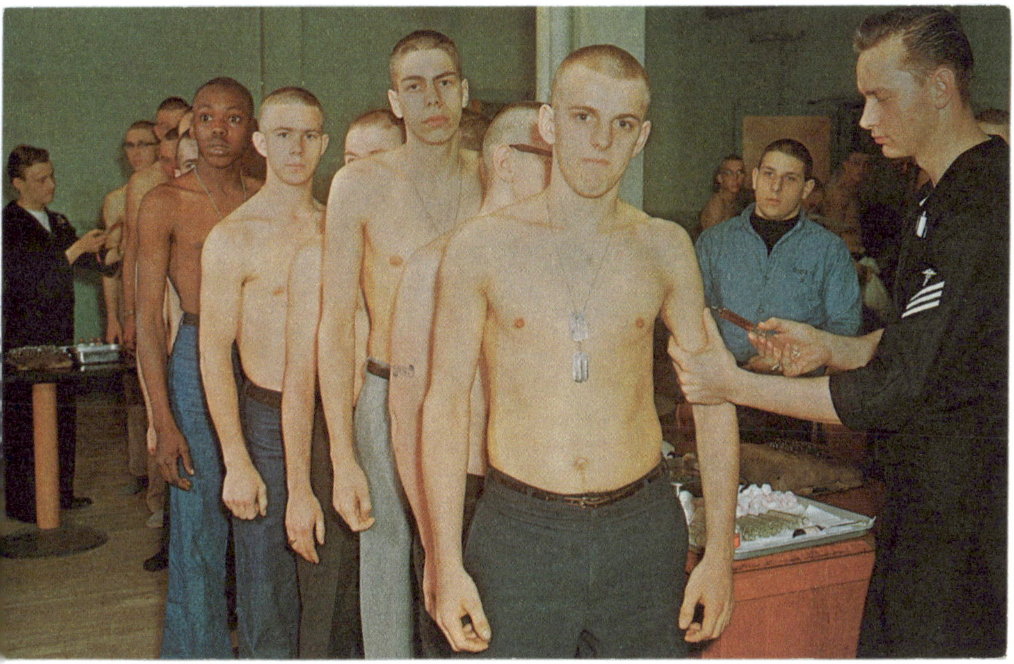

An: [Ulla Berkéwicz und Siegfried Unseld, Frankfurt am Main][1]

[Juni 1989, Budapest]

Ach Ulla, ach Siegfried,
wenn Ihr wüßtet, wie wir
Euch hier vermissen, würdet
Ihr sofort kommen, wenn es
nicht zu spät wäre.
Liebstens
Jurek + Christine
+ Inge (Feltrinelli)[2]

1 Die Postkarte aus Budapest enthält weder Anschrift noch Datum. Der Schriftstellerkongress, an dem J. B. teilnahm (auf Einladung einer amerikanischen Stiftung, der Wheatland Foundation), fand vom 18. bis zum 23. Juni statt.

2 Inge Feltrinelli, Fotografin und italienische Verlegerin.

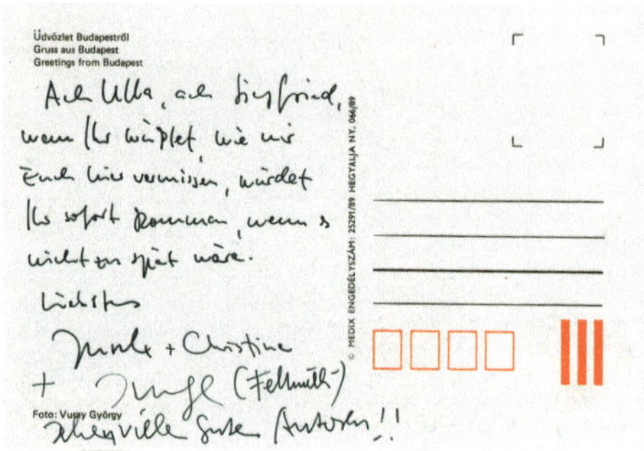

An: Kerstin Bark, Berlin [West]

31. 7. 1989 [Fehmarn]

Liebste Kerstin,
komisch soll es sein, sagt Christine. Die Karte an ihre Eltern ist mir allerdings mißglückt, denn die hat sie weggeworfen. Wie Du weißt, muß in diesem Urlaub alles sehr schnell gehen, denn wir haben wenig Zeit. So hat Christine sich in drei Stunden Sonne einen kompletten Sonnenbrand geholt, an zwei Tagen 800 Seiten Walser gelesen, und ich selbst habe an diesen zwei Tagen nicht weniger als 20 Mahlzeiten zu mir genommen. Wir verstehen uns immer besser.
Sei umarmt von
Jurek + Tina

An: Christine Becker, Berlin [West]

1. 8. 1989 [Berlin]

Du liebes Eisbein,
nachdem Du die bisherigen
Prüfungen überstanden hast
wie eine Wildente den Niesel-
regen, sehe ich keinen Grund,
die einzige noch ausstehende für
ein Unglück zu halten. Ich glaube,
niemand kann mehr Dein Diplom
verhindern. Es kommt wie Naturge-
walt immer näher. Und wenn es
da ist, wird nichts mehr sein,
wie es vorher war. Außer meiner
Liebe.
Jurek

1. 8. 89
Du liebes Eisbein,
nachdem Du die bisherigen
Prüfungen überstanden hast
wie eine Wildente den Niesel-
regen, sehe ich keinen Grund,
die einzige noch ausstehende für
ein Unglück zu halten. Ich glaube,
niemand kann mehr Dein Diplom
verhindern. Es kommt wie Naturge-
walt immer näher. Und wenn es
da ist, wird nichts mehr sein,
wie es vorher war. Außer meiner
Liebe.
Jurek

Christine Becker
Hagelberger Str. 10c
1000 Berlin 61

An: Christine Becker, Berlin [West]

3. 8. 1989 [Berlin]

Sehr geehrter Bratklops,
heute ist Donnerstag, und es kann sein, daß wir uns an einem Donnerstag kennengelernt haben. Genau weiß ich es natürlich nicht, die Chancen stehen, sagen wir, 1:4, aber ich möchte nichts riskieren und Dir auf diesem Wege versichern, daß das damals ein sehr guter Donnerstag war (falls es ein Donnerstag war).
Du weiß, wie scharf
ich auf Bratklops bin!
Jurek

Maicomobil
(Foto: Archiv Kubisch)
3. August 89
Sehr geehrter Bratklops,
heute ist Donnerstag, und es
kann sein, daß wir uns an einem
Donnerstag kennengelernt haben.
Genau weiß ich es natürlich nicht,
die Chancen stehen, sagen wir, 1:4,
aber ich möchte nichts riskieren
und Dir auf dösem Wege versi-
chern, daß das damals ein sehr
guter Donnerstag war (falls es ein
Donnerstag war).
Du weißt, wie scharf
ich auf Bratklops bin!
Jurek
Elefanten Press Verlag
Lützowstraße 105
1000 Berlin 30
Entnommen aus dem Buch: Ulrich Kubisch, „MotorROLLERmobil – Vom zivilisierten Zweirad zum Fast-Automobil – Eine Geschichte der Massenmotorisierung“, Elefanten Press Verlag 1985
Internationale Funkausstellung Berlin 1989 25. Aug.–3. Sept.
CHRISTINE BECKER
HAGELBERGER STR. 10c
1 BERLIN 61

An: Lonni Becker, Berlin/DDR

5. 8. 1989 [Berlin]

Sehr geehrter Lonni,
man darf Kartenpausen nicht zu lang werden lassen, sonst ist die Strähne plötzlich zu Ende. Also: Mir geht es gut. Ich habe eine Hungerkur glänzend überstanden. Innerhalb von 14 Tagen habe ich 8 Pfund abgenommen und in der ersten Woche danach nur 10 Pfund wieder zugenommen. Es war wunderbar, so gut hat mir Essen lange nicht mehr geschmeckt. Wenn ich das nächstemal finde, ich sollte etwas zunehmen, mache ich bestimmt wieder eine Hungerkur. Es gibt bis heute nichts Besseres.
Es umarmt Dich Dein
buddaähnlicher Vater

5.8.89
Sehr geehrter Lonni,
man darf Kartenpausen nicht zu lang werden lassen, sonst ist die Strähne plötzlich zu Ende. Also: Mir geht es gut. Ich habe eine Hungerkur glänzend überstanden. Innerhalb von 14 Tagen habe ich 8 Pfund abgenommen und in der ersten Woche danach nur 10 Pfund wieder zugenommen. Es war wunderbar, so gut hat mir Essen lange nicht mehr geschmeckt. Wenn ich das nächstemal finde, ich sollte etwas zunehmen, mache ich bestimmt wieder eine Hungerkur. Es gibt bis heute nichts Besseres.
Es umarmt Dich Dein
buddaähnlicher Vater

Internationale Funkausstellung Berlin 1989
25. Aug.-3. Sept.

LONNI BECKER
WILHELM-BLOS-STR. 25
DDR 1147 BERLIN

An: Ottilie Krug, Berlin [West]

19. 8. 1989 [Berlin]

Liebste Ti,
wie Christine Dir schon ankündigte, beginnt nun die Serie »Wohin die Liebe den Menschen treibt«. Die ersten Studien zu diesem Thema kann man vielleicht betreiben, wenn man sich Dich, Manfred, Christine und mich genau betrachtet. Aufschlußreich, nicht?
Aber Kopf hoch!
Dein Jurek

An: Christine Becker, Berlin [West]

29. 8. 1989 [Berlin]

Du alte Butterbrezel,
jetzt bist du auf der Zielgeraden,
und ich als alter Sportkucker weiß, wie
einem da die Beine wacklig werden
und die Luft knapp. Nichts von frisch
und locker durchs Ziel laufen, aber was
willst Du tun, die letzten Scheiß-50
Meter gehören dazu. Sonst: Ferner
liefen. Hör bitte mein frenetisches
Anfeuerungsgeschrei: Tinaaa –
alles!! Und denk dran, daß wir
beide ein Leben lang von dieser letzten
Anstrengung zehren werden.
Liebe, Küsse usw.
Jurek

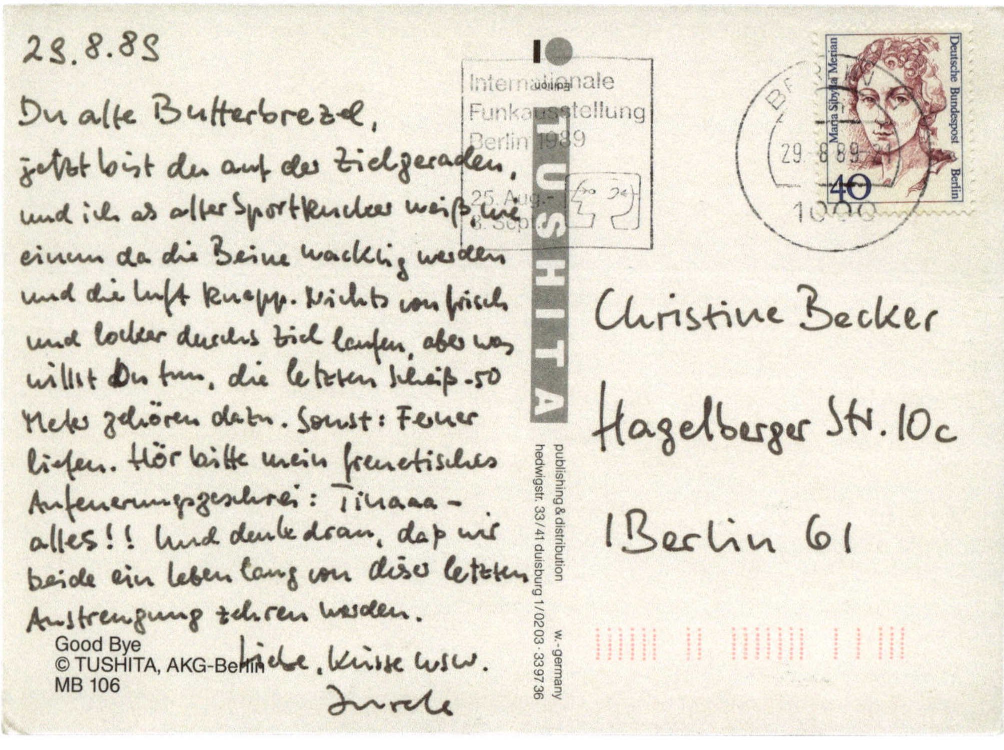
28.8.89

Du alte Butterbrezel,
jetzt bist du auf der Zielgeraden,
und ich als alter Sportkucker weiß, wie
einem da die Beine wacklig werden
und die Luft knapp. Nichts von frisch
und locker durchs Ziel laufen, aber was
willst Du tun, die letzten Scheiß-50
Meter gehören dazu. Sonst: Ferner
liefen. Hör bitte mein frenetisches
Anfeuerungsgeschrei: Tinaaa –
alles!! Und denk dran, daß wir
beide ein Leben lang von dieser letzten
Anstrengung zehren werden.
Liebe, Küsse usw.
Jurek

Christine Becker
Hagelberger Str. 10c
1 Berlin 61

An: Ottilie Krug, Berlin [West]

29. 8. 1989 [Berlin]

Liebste Freundin,
gestern abend, spät, sind
wir an Eurer Wohnung vor-
beigefahren. Es brannte
Licht, und ich dachte
seufzend: Ach ja!
Das wollte ich Dir nur
schnell sagen, und
dazu meine Liebesgrüße
Jurek

An: Lonni Becker, Berlin/DDR

6. 9. 1987[1] [Kopenhagen[2]]

Bester Sohn,
stell Dir vor, plötzlich, mitten in meiner Lesung, zerbarst eine Gasleitung! Aber in Dänemark ist alles toll organisiert – das Resultat siehst Du vorne auf dem Bild. Es ist niemandem etwas passiert, so daß man sagen kann, die Lesung war ein voller Erfolg.
Liebe Grüße

Dein Computer – Jurek[3]
+ Software Chrissie

1 Die Postkarte trägt das Datum »6. 9. 87«, ist aber der Reise im September 1989 zuzuordnen.

2 Mit einer Veranstaltung im Goethe-Institut in Kopenhagen begann J. B. eine Lesereise, die ihn auch nach Norwegen und Island führte.

3 Leonard Becker hatte sich zu DDR-Zeiten selbst zum Computerspezialisten ausgebildet. Die dafür benötigten Computergeräte waren von J. B. persönlich und sozusagen genehmigungslos über die Grenze von West-Berlin nach Ost-Berlin transportiert worden.

An: Frau Erika Becker, Berlin/DDR

7. 9. 1989 [Oslo]

Liebe Rieke,
stell Dir vor, was mir hier passiert ist: Ich habe die Einladung nach Oslo[1] nur angenommen, um endlich wieder mal Jap Walvis[2] zu treffen. Nun muß ich feststellen, daß er überhaupt nicht hier wohnt! Hoffentlich passiert mir nicht dasselbe in Reykjavik, wo ich Max Frisch[3] besuchen möchte. Christine sagt, das ist der Altersschwachsinn, aber ich fürchte, ich weiß überhaupt nicht mehr, was los ist.
1000 Grüße – Jurek + Chrissie

1 Die Einladung zu Veranstaltungen am Goethe-Institut und an der Universität Oslo.

2 Jaap Walvis war ein niederländischer Germanist und Übersetzter und langjähriger Freund J. B. s. Er lebte in der Nähe von Amsterdam.

3 Max Frisch (1911-1991), Schriftsteller und Architekt. Er lebte in Zürich, in Rom, im Tessin, in Berlin und New York. J. B. war mit Max Frisch befreundet.

An: Ottilie Krug, Berlin [West]

9. 9. 1989 [Gol]

Liebste Ti,
ja, hier in Norwegen ist die Welt noch in Ordnung. Die Milch hat eine dicke Sahneschicht, die Menschen sind von einfacher und kühler Gemütsart, Lehrer sind für die Kinder noch Respektspersonen, und über allem liegt ein zarter Fischgeruch. Wir können Euch jetzt schon kaum noch erwarten!
Jurek + Chriss

An: Unseld/Berkéwicz, Frankfurt [am Main]

10. 9. 1989 [Gol]

Ihr Hochverehrten,
gerade halten wir im tiefsten Norwegen, in einem Berghotel, das Christine an den ›Zauberberg‹[1] erinnert und mich an den Film ›Shining‹[2]. Aber egal, beide erinnern wir uns liebstens an Euch. In ein paar Tagen wird einer von uns Euch sehen[3], worum ihn der andere beneidet. Seid Ihr auch immer so gespalten?
Seid herzlich gegrüßt und umarmt
Jurek + Christine

1 Thomas Manns Roman *Der Zauberberg* spielt in einem Sanatorium in den Schweizer Alpen.

2 Stanley Kubricks Film *Shining* spielt in einem Hotel in den Bergen von Colorado.

3 J.B. hatte am 20. September 1989 in Frankfurt eine Lesung.

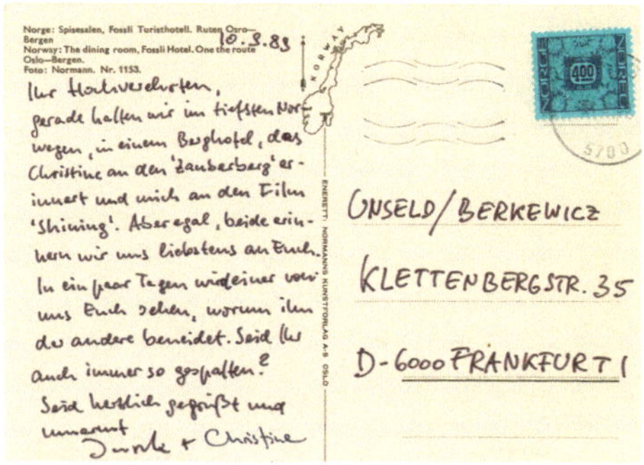
Norge: Spisesalen, Fossli Turisthotell. Ruten Oslo—Bergen
Norway: The dining room, Fossli Hotel. One the route Oslo—Bergen.
Foto: Normann. Nr. 1153.

10.9.89

Ihr Hochverehrten,
gerade halten wir im tiefsten Norwegen, in einem Berghotel, das Christine an den 'Zauberberg' erinnert und mich an den Film 'Shining'. Aber egal, beide erinnern wir uns liebstens an Euch. In ein paar Tagen wird einer von uns Euch sehen, worum ihn der andere beneidet. Seid Ihr auch immer so gespalten?
Seid herzlich gegrüßt und umarmt
Jurek + Christine

UNSELD/BERKEWICZ
KLETTENBERGSTR. 35
D-6000 FRANKFURT 1

An: Burgel Zeeh, Frankfurt [am Main]

10. 9. 1989 [Gol]

Sehr geehrte Burgel,
unsere Reise durch (im Augenblick) Norwegen könnte sehr amüsant sein, wenn Christine sich nicht auf die Prüfung vorbereiten müßte. Ich darf nur Mittags zwischen 13^{00} und 14^{00} Uhr das Wort an sie richten. Aber wenn es endlich soweit ist, sitze ich stumm da und weiß nicht, was ich sagen soll, obwohl ich soviel auf dem Herzen habe. Ach!
Dich + Werner umhalsend – Jurek
(In dem Hotel vorne wohnen wir wirklich!)

Norge: Utsikt fra Fossli Hotel mot Måbødalen.
Ruten Eidfjord - Geilo
Norway: View from Fossli Hotel, towards
Måbødal valley. By the Eidfjord - Geilo road.
Foto: Normann. 0-48-9.

10.9.89

Sehr geehrte Burgel,
unsere Reise durch (im Augenblick) Norwegen könnte sehr amüsant sein, wenn Christine sich nicht auf die Prüfung vorbereiten müßte. Ich darf nur Mittags zwischen 13^{00} und 14^{00} Uhr das Wort an sie richten. Aber wenn es endlich soweit ist, sitze ich stumm da und wäß nicht, was ich sagen soll, obwohl ich soviel auf dem Herzen habe. Ach!
Dich + Werner umhalsend – Jurek
(In dem Hotel vorne wohnen wir wirklich!)
Norwegische Bergküsse von Eurer Christine

BURGEL ZEEH
Oberlindau 61
D-6000 FRANKFURT 1

ENERETT: NORMANNS KUNSTFORLAG A.S OSLO

NORGE 400

An: Christine Becker, Berlin [West]

10. 9. 1989 [Gol]

Mein Fischbrötchen,
Du sollst wissen, daß ich Dich
unentwegt, auch wenn es manch-
mal nicht, doch das wird niemand
so gut wie Du, denn auch Du
bist ja manchmal, aber das
alles ändert nichts daran
daß wir, und zwar für alle,
wir müßten ja vollkommen,
wenn wir.
Das wollte ich Dir nur schnell.
Dein Dich Ju

An: Christine Becker, Berlin [West]

10. 9. 1989 [Eidfjord]

Du alte Berghütte,
während Du Dich so auf Deine
Prüfung vorbereitest, steht
die Zeit irgendwie still. Hättest
Du je gedacht, daß Du im
Fossli-Hotel sitzen würdest, mit
herrlichem Blick auf die
Fiske-Boller-Wasserfälle
und die Kakesupp-Berge,
und dabei Sekundärliteratur
über Ernst Nosseck[1] lesen
müsstest? Jedenfalls fühle
ich mit und liebe Dir. Jurek

1 Hans Erich Nossack (1901-1977).

An: Christine Becker, Berlin [West]

12. 9. 1989 [Bergen[1]]

Du altes Taubenei,
eigentlich ist es ja etwas debil,
seiner Frau, mit der man gerade
ne Reise macht, jeden Tag ne
Karte von dieser Reise zu schicken.
Aber oft genug haben wir schon
die Erfahrung machen dürfen,
daß gerade ein Schuß Debili-
tät unserem Leben die rechte
Würze gibt. Oder die linke
Schnürze.
Jedenfalls Jurek

1 Mit einer Veranstaltung im Goethe-Institut in Bergen endete die Reise durch Norwegen.

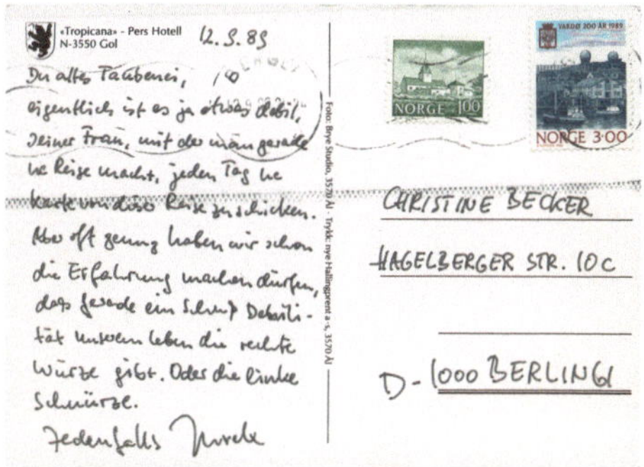

An: Lonni Becker, Berlin/DDR

13. 9. 1989 [Bergen]

Lieber Telonius,
gestern abend habe ich mich im Restaurant vollkommen überfressen, was bei der Güte des norwegischen Essens in die Nähe eines Selbstmords kommt. Ich habe zwar überlebt, aber mir war furchtbar schlecht, so daß ich beim Kellner einen Magenbitter bestellte. Da erklärte der mir, daß in Norwegen zur Zeit der Ausschank von Schnaps verboten ist, weil in wenigen Tagen Wahlen stattfinden. Ist es nicht furchtbar, wie hier die gesamte Bevölkerung auf Entzug gesetzt wird und dann völlig apathisch zur Wahlurne tapert?
Küsse usw. Jurek + Küßtine

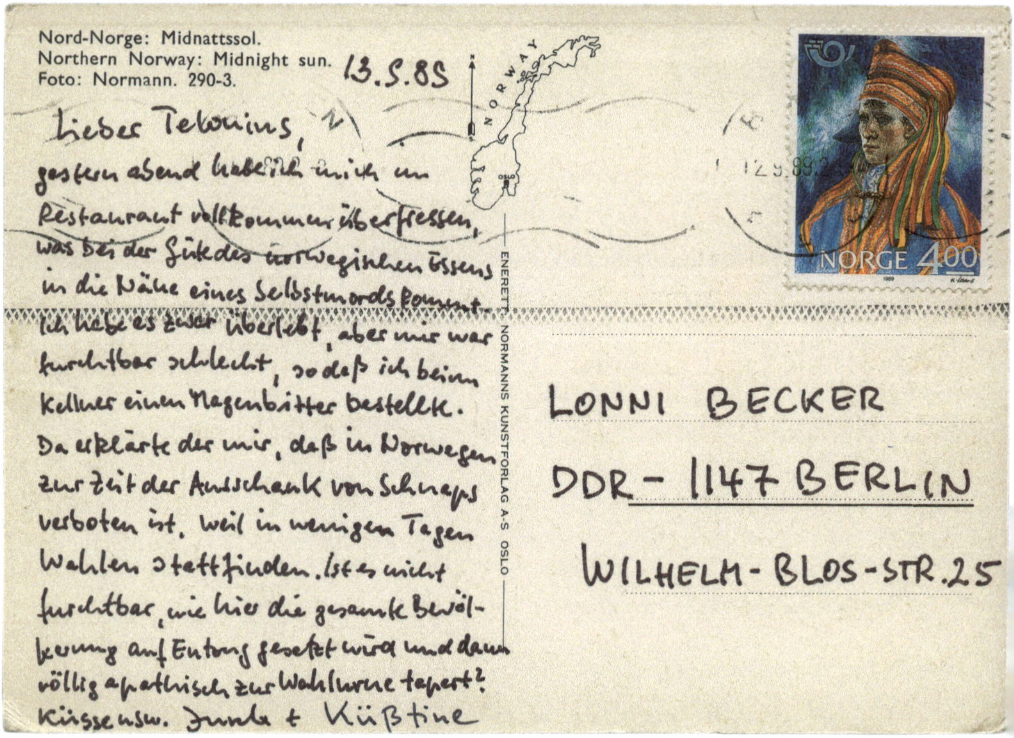

Nord-Norge: Midnattssol.
Northern Norway: Midnight sun.
Foto: Normann. 290-3.

13.9.89

Lieber Telonius,
gestern abend habe ich mich im
Restaurant vollkommen überfressen,
was bei der Güte des norwegischen Essens
in die Nähe eines Selbstmords kommt.
Ich habe es zwar überlebt, aber mir war
furchtbar schlecht, so daß ich beim
Kellner einen Magenbitter bestellte.
Da erklärte der mir, daß in Norwegen
zur Zeit der Ausschank von Schnaps
verboten ist, weil in wenigen Tagen
Wahlen stattfinden. Ist es nicht
furchtbar, wie hier die gesamte Bevöl-
kerung auf Entzug gesetzt wird und dann
völlig apathisch zur Wahlurne tapert?
Küsse usw. Jurek + Küßtine

LONNI BECKER
DDR – 1147 BERLIN
WILHELM-BLOS-STR. 25

An: Christine Becker, Berlin [West]

15. 9. 1989 [Reykjavík[1]]

Du alte Mottenkugel,
ich fände es ungerecht,
wenn Du bloß deshalb keine
Karte aus Reykjavik kriegst,
weil Du zufällig auch hier
bist. Und so schlecht ist die
gar nicht.
Ich kann nur hoffen, daß Du
jetzt, nach dem Examen, nicht
allzu sehr auf mich herabsiehst.
Bedenke, daß ich jeden Tag
eine größere Prüfung bestehe:
Dich. Aber ich tu's ja gerne.
Dein Lebenspartner

1 Auch in Reykjavík hatte das Goethe-Institut eine Lesung organisiert.

An: Ottilie Krug, Berlin [West]

16. 9. 1989 [Reykjavík]

Du Gute,
die Menschen hier in Island
sind – auch ich bin verwundert –
amüsiersüchtig. Den ganzen Tag
genießen sie den Wind oder
den (gar nicht kalten) Regen,
zum Imbiß gibt es das gute
Walfischfleisch, und abends,
vor dem Rock'n Roll-Tanzen,
gehen alle zur Lesung.
Schon bei der Lesung fan-
gen die ersten an zu tan-
zen!
Küsse Jurek

An: Kerstin Bark, Berlin [West]

16. 9. 1989 [Reykjavík]

Liebe Kerstin,
als wir so vor einem Geysir standen, mußten wir beide unwillkürlich an Dich denken, wenn auch aus verschiedenen Gründen. Christine wegen der Wärme, ja Hitze, die so ein Geysir verströmt, ich dagegen, weil er so ein gewaltiges Naturschauspiel ist. Wär doch ein Jammer, wenn Du das nicht wüßtest.
Liebstens
Jurek + Deine Tina

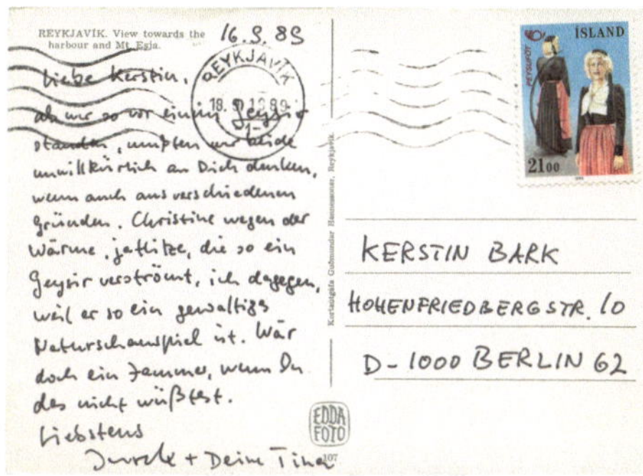
REYKJAVÍK. View towards the harbour and Mt. Esja.

16.9.89

Liebe Kerstin,
als wir so vor einem Geysir standen, mußten wir beide unwillkürlich an Dich denken, wenn auch aus verschiedenen Gründen. Christine wegen der Wärme, ja Hitze, die so ein Geysir verströmt, ich dagegen, weil er so ein gewaltiges Naturschauspiel ist. Wär doch ein Jammer, wenn Du das nicht wüßtest.
Liebstens
Jurek + Deine Tina

KERSTIN BARK
HOHENFRIEDBERGSTR. 10
D-1000 BERLIN 62

ÍSLAND
21.00

An: Christine Becker, Berlin [West]

26. 9. 1989 [Berlin]

Du alter Katenschinken,
hier schnell noch ne Karte,
bevor Du Magister bist und
auf derlei Albernheiten nase-
rümpfend herabblickst. Mein
einziger Wunsch: Vergiß mich
nicht, auch wenn Dir nun die
Welt offensteht.
Dein treuer J.

An: Frau Christine Becker, Berlin [West]

11. 10. 1989 [Berlin]

Du alte Schneeflocke,
kommt zu warmes Wetter, tauste
weg, also muß man schön kühlen,
immerzu hübsch kühl halten, ach,
Schneeflocken brauchen Haufen Pflege,
wenn etwa Luftfeuchtigkeit zu hoch
is, pappen se zusammen mit ande-
ren Schneeflocken, kriegste da nie
wieder raus, und Schneeflocken sind
nur einzeln was Prächtiges, nich
als Schneeball, jedenfalls haste
mächtig was zu tun, wenn Du in
Schneeflocke verknallt bist, kann ich
Dir sagen. Und zu kalt darf auch
nich sein, brechen se glatt ausnan-
der. Puuh!
Jurek

An: Christine Becker, Berlin [West]

18. 10. 1989 [Berlin]

Du alte Pfandpflasche,
dies ist die Karte zum dritten
Seminar[1]. Eigentlich bin ich ja
froh, daß ich nicht die aka-
demische Laufbahn eingeschla-
gen habe. Wenn ich es getan
hätte, müßtest Du mich be-
kochen, und das wäre für
uns beide ein großes Elend.
So aber winkt uns
in der Ferne ein ganz
hübsches Glück
Prost! J.

1 Christine Becker hatte einen Lehrauftrag an der Freien Universität Berlin angenommen.

An: Christine Becker, Berlin [West]

28. 11. 1989 [Tel Aviv[1]]

Du altes Silberputztuch,
Israel ist herrlich ohne Dich. Quatsch,
Israel ist furchtbar ohne Dich!
Weißt Du, wie Israel ohne Dich
ist? Wie ein Fenster ohne
draußen. Oder wie eine Straße
ohne wohin. Oder wie Trinken
ohne Durst. Oder wie
eine Suppe ohne Handtuch. Schon
wieder Quatsch. Wie ich ohne
Dich, und das ist furchtbar
genug.
Der Deiniglich
Jurek

1 J. B. war auf Einladung des Goethe-Instituts nach Israel gereist.

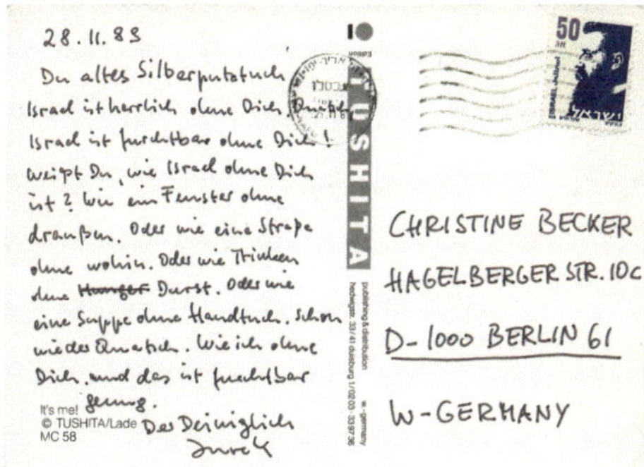
28. 11. 89
Du altes Silberputztuch
Israel ist herrlich ohne Dich. Quatsch
Israel ist furchtbar ohne Dich!
Weißt Du, wie Israel ohne Dich
ist? Wie ein Fenster ohne
draußen. Oder wie eine Straße
ohne wohin. Oder wie Trinken
ohne ~~Hunger~~ Durst. Oder wie
eine Suppe ohne Handtuch. Schon
wieder Quatsch. Wie ich ohne
Dich, und das ist furchtbar
genug.
Der Deiniglich
Jurek

CHRISTINE BECKER
HAGELBERGER STR. 10c
D-1000 BERLIN 61
W-GERMANY

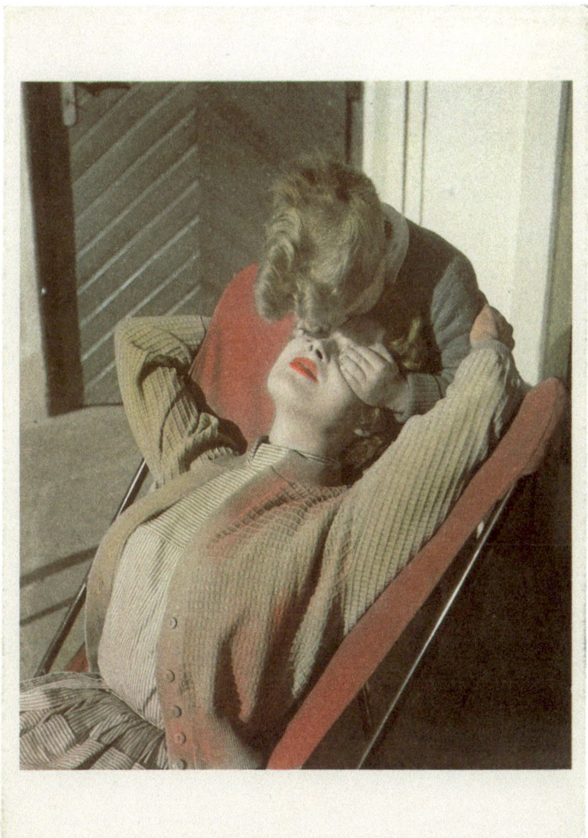

An: Ottilie Krug, Berlin [West]

30. 11. 1989 [Tel Aviv]

Liebste Ti,
dies wiederum ist ein Schnappschuß aus der israelischen Regenzeit. Es regnet nur ganz wenig hier, aber dieses selten dämliche Kind stellt sich unter den einzigen Tropfen, der weit und breit vom Himmel fällt. Es gibt allerdings auch intelligentere Kinder hier, bis hin zum Nobelpreisträger.
Sei beküßt von Jurek

An: Christine Becker, Berlin [West]

30. 11. 1989 [Tel Aviv]

Du alter Ziegenkäse,
es ist unglaublich, in welchem
Alter die Leute hier noch arbeiten
müssen. Bei uns wäre der Mann
doch längst schon auf Rente,
aber hier muß er blasen und bla-
sen, auch wenn er die Ringeltute
kaum noch halten kann. Unbegreif-
liches Israel. Dein Kuß
Jurek

9949 30. 11. 83

Du alter Ziegenkäse, es ist unglaublich, in welchem Alter die Leute hier noch arbeiten müssen. Bei uns wäre der Mann doch längst schon auf Rente, aber hier muß er blasen und blasen, auch wenn er die Ringeltute kaum noch halten kann. Unbegreifliches Israel. Dein Kuß Jurek

JERUSALEM — TEMPLE AREA, "JERUSALEM DAY" Festivities by the Western Wall. In the background the Dome of The Rock (Mosque of Omar).
Jerusalem, Sur l'esplanade du Mur des Lamentations la foule fetant la liberation de Jerusalem. En haut le Dome de la Mosquée d'Omar.

COPYRIGHT BY PALPHOT LTD. MADE IN ISRAEL

Christine Becker
Hagelberger Str. 10c
D-1000 Berlin 61
W-Germany

An: Ottilie Krug, Berlin [West]

14. 12. 1989 [Berlin]

Bevorzugte Freundin,
da ernstlich die Gefahr
droht, daß ich Dich erst
übermorgen sehe, will
ich mich wenigstens
auf diesem Wege meiner
heutigen herzlichen
Empfindungen entledigen.
Wie gesagt – wohin die
Liebe fällt.
Ist Dir auch so vorweih-
nachtlich ums
Herz?
Jurek

An: Christine Becker, Berlin [West]

5. 1. 1990 [Berlin]

Du alte Rundumleuchte,
nachdem wir nun wissen, daß
Du ein Junge wirst, können
wir endlich damit anfangen,
von Mann zu Mann zu reden.
Mach Dich darauf gefaßt, daß
ich Dich nicht mehr so feminin
erleben möchte, sondern nur
noch zärtlich, rücksichtsvoll,
liebeshungrig und gütig. Dafür
werde ich auch jede Trocken-
schleuder für Dich leeren, denn
eine Männerhand wäscht die
andere.
Dein werdender
Vater Jurek

WALDE HUTH-SCHMÖLZ
Werbefotografie für neue Küchengeräte

5.1.90

Du alte Rundumleuchte, nachdem wir nun wissen, daß Du ein Junge wirst, können wir endlich damit anfangen, von Mann zu Mann zu reden. Mach Dich darauf gefaßt, daß ich Dich nicht mehr so feminin erleben möchte, sondern nur noch zärtlich, rücksichtsvoll, liebeshungrig und gütig. Dafür werde ich auch jede Trockenschleuder für Dich leeren, denn eine Männerhand wäscht die andere.
Dein werdender Vater Jurek

Christine Becker
Hagelberger Str. 10c
1 Berlin 61

25 Km de BERLIN
6. Mai 1990

40

Serie 84 Gebrauchsfotografie
Hrsg.: W. Schürmann
Karte 8 von 10
Bestell-Nr. 84/8

BREITE STR. 93 D-5000 KÖLN 1 PRINTED IN GERMANY

An: Christine Becker, Berlin [West]

13. 1. 1990 [Berlin]

Du alte Schmuckschatulle,
nun stehen ja ganz hübsche Veränderungen ins Haus, wie? Erstens läuft Deine Uni-Fron aus, zweitens wird es bald Frühling, drittens gerät die deutsche Frage in Bewegung, und viertens fahren wir in diesem Jahr nach Neuseeland[1]. Ach ja, und dann noch diese komische Sache mit J.[2] Da sollte man reichlich Vitamine essen, viel spazieren und die Füße warmhalten.
Dein Dich anhimmelnder
Jurek

13.1.90
HIGH SCHOOL NOTABLES, SARASOTA, FLORIDA, 1952
PHOTOGRAPH BY JOE STEINMETZ STUDIO
Du alte Schmuckschatulle, nun stehen ja ganz hübsche Veränderungen ins Haus, wie? Erstens läuft Deine Uni-Fron aus, zweitens wird es bald Frühling, drittens gerät die deutsche Frage in Bewegung und viertens fahren wir in diesem Jahr nach Neuseeland. Ach ja, und dann noch diese komische Sache mit J. Da sollte man reichlich Vitamine essen, viel spazieren und die Füße warmhalten.
Dein Dich anhimmelnder
Jurek
Christine Becker
Hagelberger Str. 10c
1 Berlin 61

1 J. B. hatte eine Einladung zu Staatsfeierlichkeiten nach Neuseeland angenommen.
2 J. B. hatte dem ungeborenen Sohn den Namen Johnny gegeben.

An: Christine Becker, Berlin [West]

11. 2. 1990 [Berlin]

Du altes Jägerschnitzel,
nun, nachdem der Lehrauftrag abgefackelt ist und den Gesetzen des Ehrgeizes Genüge getan, sind nur noch ganz wenige Unpäßlichkeiten zu überstehen, damit das Leben in unabsehbarem Glück losbrechen kann, und zwar mit gewaltiger Wucht. Kleine Vorboten davon sind die kleinen Beulen, die gelegentlich auf Deiner Bauchdecke entstehen; und Du wirst es erleben – sie werden immer kräftiger. Ich bin nicht abergläubisch, aber hat das nichts zu bedeuten?
Dein Lieblingsprophet Jurek

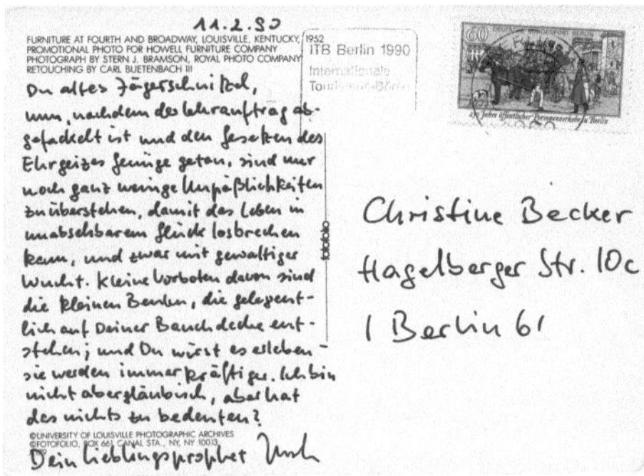

An: Ottilie Krug, Berlin [West]

19. 3. 1990 [Chicago[1]]

Unvergleichliche Ottilie,
Chicago ist ein böser kalter Wind, gegen den Du Dich den ganzen Tag zu den Sehenswürdigkeiten durchkämpfen mußt. Die Augen tränen Dir, Du bist viel zu dünn angezogen, doch Du hältst durch bis zur Grenze der Lungenentzündung. Dann kommst Du halb erfroren ins Hotelzimmer, machst den Fernseher an und hörst die Wahlergebnisse aus der DDR[2], und die geben Dir den Rest.
Dein fix und fertiger Jurek

1 J. B. war im Anschluss an ein Symposium der Washington University in St. Louis nach Chicago gereist, um dort im Goethe-Institut zu lesen.

2 Am 18. März 1990 fand die letzte Wahl zur Volkskammer der DDR statt. Die CDU gewann diese Wahl mit etwas über 40 Prozent der Stimmen, während die als Favorit gehandelte SPD knapp 22 Prozent der Stimmen erhielt.

An: Lonni Becker, Berlin/DDR

9.3.1990 [Chicago]

Lieber Lonni,
Chicago ist ein böser eisiger Wind,
der Dich ständig ins Hotelzimmer
treibt. Dort mußte ich die Wahlergebnisse aus der DDR hören. Nachdem ich den Fernseher zertrümmert
und das Zimmermädchen in den
Fahrstuhlschacht gestoßen hatte,
bin ich auf die Straße gegangen, um
allen Trabbis die Reifen zu zerstechen. Aber die feigen Schweine
haben sich alle versteckt. Irgendwann
müssen die wieder rauskommen, und
dann beginnt die
Stunde der langen
Messer!
In Trübsinn und Liebe Dein Vater

Pitt Chicago Prints *for framing*

19.3.90

Lieber Lonni,
Chicago ist ein böser eisiger Wind,
der Dich ständig ins Hotelzimmer
treibt. Dort mußte ich die Wahler-
gebnisse aus der DDR hören. Nach-
dem ich den Fernseher zertrümmert
und das Zimmermädchen in den
Fahrstuhlschacht gestoßen hatte,
bin ich auf die Straße gegangen, um
allen Trabbis die Reifen zu zer-
stechen. Aber die feigen Schweine
haben sich alle versteckt. Irgendwann
müssen die wieder rauskommen, und
dann beginnt die
Stunde der langen
Messer!
In Trübsinn und Liebe Dein Vater

The tour bus going along Michigan Avenue. The Tribune Tower to the right.
Photo by Werner J. Bertsch
Pub. by PITT SOUVENIRS, INC., 1978 Raymond Dr., Northbrook, Illinois 60062 (312) 321-9227
Insist on genuine Pitt Chicago Prints by PITT SOUVENIRS your assurance of quality

36 USAirmail
Igor Sikorsky

LONNI BECKER
WILHELM-BLOS-STR. 25
DDR 1147 BERLIN
East-Germany

An: Christine Becker, Berlin [West]

17. 4. 1990 [Tübingen]

Du alte Laugenbrezel,
zu Deinem letzten kinderlosen
Geburtstag schnell ein paar hastige
Glückwünsche. Es möge Dir
1. nichts zu viel werden
2. nichts zu wenig werden
3. nichts überlaufen
4. nichts unterlaufen.
Und in Zukunft sollst Du das
Feuerchen sein, an dem Deine kleine
Familie zusammenkommt und an
dem sie sich die Hände wärmt.
Küsse von Jurek

17.4.90
Du alte Laugenbrezel,
zu Deinem letzten kinderlosen
Geburtstag schnell ein paar hastige
Glückwünsche. Es möge Dir
1. nichts zu viel werden
2. nichts zu wenig werden
3. nichts überlaufen
4. nichts unterlaufen.
Und in Zukunft sollst Du das
Feuerchen sein, an dem Deine kleine
Familie zusammenkommt und an
dem sie sich die Hände wärmt.
Küsse von Jurek
Christine Becker
Hagelberger Str. 10 C
1000 Berlin 61

An: Ottilie Krug, Berlin [West]

9. 5. 1990 [Berlin]

Liebste Ottilie,
laß auch mich Dir ein kleines Katzen-Stück senden. Einfach so, ohne Anlaß, nur als Zeichen von Verbundenheit. Wenn alle um uns herum EIN Volk sind[1], dann wollen wir beide es doch ganz besonders sein.
In Liebe
Dein Jurek

1 »Wir sind das Volk« war ein Sprechchor der Demonstranten in der DDR im Herbst 1989. Die Parole »Wir sind *ein* Volk« wurde davon abgeleitet und gilt als Forderung nach Vereinigung der beiden deutschen Staaten.

An: Frau Christine Becker, Berlin [West]

16. 7. 1990 [Berlin]

Du alte Laugenbrezel,
was hab ich Dir gesagt –
Du kriegst 'n Kind, und
jetzt hast Du eins[1]. Zugegeben,
es hat 'n bißchen lange ge-
dauert, dieses Kind auf 'n Weg
zu bringen, aber Du kannst nicht
abstreiten, daß unsere vielen
Versuche auch ganz angeneh-
me Seiten hatten.
So oder so, meine Freunde und
ich bringen Dir 'n Ständchen und
rufen Dir zu: Gut gemacht, Du
alter Brathering! Wir alle küssen
Dich, besonders ich. Jurek

1 Jonathan war im Juni 1990 auf die Welt gekommen.

Hausmusik (1928)

16.7.90

Du alte Laugenbrezel,
was hab ich Dir gesagt –
Du kriegst 'n Kind, und
jetzt hast Du eins. Zugegeben,
es hat 'n bißchen lange ge-
dauert, dieses Kind auf 'n Weg
zu bringen, aber Du kannst nicht
abstreiten, daß unsere vielen
Versuche auch ganz angeneh-
me Seiten hatten.
So oder so, meine Freunde und
ich bringen Dir 'n Ständchen und
rufen Dir zu: Gut gemacht, Du
alter Brathering! Wir alle küssen
Dich, besonders ich. Jurek

ANONYME FOTOGRAFIE NR. © SAMMLUNG EICKEMEYER/BERLIN

Frau
Christine Becker
Hagelberger Str. 10c
1000 Berlin 61

An: Ottilie Krug, Berlin [West]

13. 9. 1990 [Berlin]

Liebste Postkartenfreundin,
nun fahre ich gleich nach Neuseeland, und bevor Du mich völlig vergessen hast, schreib ich Dir schnell noch ne Karte. Erinnerst Du Dich noch? Ich bin der kleine Dicke, der Dir immer aufgemacht hat, wenn Du zu uns in die Cantianstraße[1] gekommen bist. Warum mach ich Dir jetzt nicht mehr auf?
Küsse Jurek

1 In der Cantianstraße in Ost-Berlin hatte J.B. 1959 gemeinsam mit Manfred Krug seine erste eigene Wohnung bezogen.

An: Christine Becker bei Harsch, Tübingen

21. 9. 1990 [Stuttgart]

Du alte Wärmflasche,
jetzt bin ich also weg[1], keine
Frage. Deinem Gefühl der Leere
wird bald eins der Erleichte-
rung folgen, hoffentlich keins
des Entzückens. Gewöhn Dich
aber nicht zu sehr daran;
denn bevor der Speckwürfel
seinen ersten Zahn hat, steh
ich wieder feixend auf der
Matte. Das versichert Dir Dein
Quarterback[2] Jurek

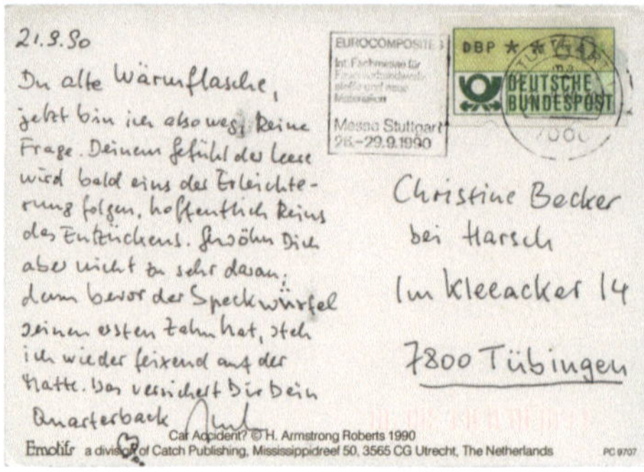
21.9.90
Du alte Wärmflasche,
jetzt bin ich also weg, keine
Frage. Deinem Gefühl der Leere
wird bald eins der Erleichte-
rung folgen, hoffentlich keins
des Entzückens. Gewöhn Dich
aber nicht zu sehr daran;
denn bevor der Speckwürfel
seinen ersten Zahn hat, steh
ich wieder feixend auf der
Matte. Das versichert Dir Dein
Quarterback Jurek

Christine Becker
bei Harsch
Im Kleeacker 14
7800 Tübingen

DBP DEUTSCHE BUNDESPOST
Messe Stuttgart 26.–29.9.1990

Car Accident? © H. Armstrong Roberts 1990
Emotifs a division of Catch Publishing, Mississippidreef 50, 3565 CG Utrecht, The Netherlands PC 9707

1 J. B. trat am 21. September die Reise nach Neuseeland an, im Auftrag der Bundesrepublik zu den Feierlichkeiten aus Anlass des 150. Jahrestags der Unterzeichnung des zwischen Chiefs der nördlichen Maori-Klans und Vertretern der britischen Krone geschlossenen Vertrages von Waitangi.

2 Der Quarterback ist der Kopf der Offensive im American Football, er gibt seinem Team die Spielzüge vor.

An: Christine Becker c/o Harsch-Niemeyer, Tübingen

23. 9. 1990 [Auckland]

Du alte Bratwurst,
auf der Rückseite siehst
Du die Maori-Krieger von
der Volkstanzgruppe »Erich
Weinert«[1]. Überhaupt geht
es hier außerordentlich
zivilisiert zu, bis auf die
Preise. Die absolut beste
Nachricht – es gibt hier
den SPORT-CHANNEL.
Juchhuuuuh ! ! !
Den liebt Dein Jurek

Postcard RT 2167
23.9.90
Du alte Bratwurst,
auf der Rückseite siehst
Du die Maori-Krieger von
der Volkstanzgruppe "Erich
Weinert". Überhaupt geht
es hier außerordentlich
zivilisiert zu, bis auf die
Preise. Die absolut beste
Nachricht – es gibt hier
den SPORT-CHANNEL.
Juchhuuuuh!!!
Den liebt Dein
Christine Becker
c/o Harsch-Niemeyer
Im Kleeacker 14
D-7800 TÜBINGEN
GERMANY
NEW ZEALAND
Colour view New Zealand
MAORI WARRIORS IN ACTION.
Whakarewarewa, Rotorua, New Zealand.

1 Der Schriftsteller Erich Weinert (1890-1953) wurde in der DDR als Antifaschist und Dichter der Arbeiterklasse verehrt. J.B. spielt hier auf das Erich-Weinert-Ensemble an, die Musik-, Tanz- und Theatergruppe der Nationalen Volksarmee der DDR.

An: Lonni Becker, Berlin/DDR

24. 9. 1990 [Auckland]

Liebster Sohn,
als ich Dich das letztemal
sah, warst Du noch mein
jüngster Sohn, inzwischen
hat sich das geändert, oh Wun-
der!
Ich bin also inzwischen nach
Neuseeland ausgewandert,
aber auch hier gibt es ziem-
lich viele Deutsche. Ich muß
mich also weiter umse-
hen.
Küsse von Deinem Papa Jurek

24. 9. 90 Postcard
Liebster Sohn,
als ich Dich das letztemal
sah, warst Du noch mein
jüngster Sohn, inzwischen
hat sich das geändert, oh Wun-
der!
Ich bin also inzwischen nach
Neuseeland ausgewandert,
aber auch hier gibt es ziem-
lich viele Deutsche. Ich muß
mich also weiter umse-
hen.
Küsse von Deinem Papa Jurek

USE POSTAGE LABELS
$1.00 NEW ZEALAND

LONNI BECKER
WILHELM-BLOS-STR. 25
DDR-1147 BERLIN
East-Germany

Colour view
MAORI CHALLENGE. Whakarewarewa. Rotorua, New Zealand.

An: Helge Braune[1], Berlin [West]

25. 9. 1990 [Neuseeland]

Lieber Helge,
Dir muß man ja immer
ernsthafte Karten schreiben.
Also: ich reise als Staatsgast
(in Zukunft nur noch), und
weißt Du, wer vor mir in meinem
Auckland-Hotelzimmer als
norwegischer ›Living treasure‹[2]
gewohnt hat? Thor Heyerdahl[3]!
So, und jetzt laß wieder den
Unterkiefer hochklap-
pen und sei umarmt von
Deinem Jurek

1 Helge Braune (geb. 1937) und J.B. gingen gemeinsam in Ost-Berlin zur Schule und waren seitdem befreundet.

2 Die Gäste der Staatsfeierlichkeiten in Neuseeland wurden als »living treasure« betitelt und geehrt, zu Deutsch »lebender Schatz« oder »lebende Kostbarkeit«.

3 Thor Heyerdahl (1914-2002) war ein norwegischer Anthropologe und Ethnologe. Er wurde weltweit bekannt durch seine Kon-Tiki-Expedition, die bewies, dass es präkolumbischen Indianern Südamerikas möglich war, Polynesien zu besiedeln.

An: Edith Jeka[1], Berlin [West]

26. 9. 1990 [Queenstown]

Liebe Edith,
Neuseeland ist voll von Geheimnissen. Auf dem Bild siehst Du ein Maori-Pärchen beim Austausch von Kerzen. Ihre Kerze bedeutet: Ich will immer treu sein. Und seine Kerze, die etwas dickere, heißt: Das will ich mir auch ausgebeten haben. Die Bräuche der Völker sind oft unergründlich.
Es umarmt Dich
Jurek

1 Edith Jeka und Helge Braune sind ein Paar, verheiratet seit 2001.

26.9.90 Postcard
Liebe Edith,
Neuseeland ist voll von Geheimnissen. Auf dem Bild siehst Du ein Maori-Pärchen beim Austausch von Kerzen. Ihre Kerze bedeutet: Ich will immer treu sein. Und seine Kerze, die etwas dickere, heißt: Das will ich mir auch ausgebeten haben. Die Bräuche der Völker sind oft unergründlich.
Es umarmt Dich

fast POST PAR AVION
$1.00 NEW ZEALAND

Edith Jeka
Düsterhauptstr. 5
D-1000 Berlin 28
W-Germany

Colour view
TRADITIONAL MAORI STICK GAME. Rotorua, New Zealand.

An: Rieke Becker, Berlin/DDR

26. 9. 1990 [Queenstown]

Liebe Rieke,
auf dieser Karte siehst Du die mit Abstand größte Vergnügung, die es in Neuseeland gibt: den Schafen zugucken. Das klingt vielleicht ein wenig simpel, aber in Wirklichkeit ist es sehr aufregend. Es gibt so viele Schafe, und jedes macht etwas anderes. Das eine bewegt sich hierhin, das andere dorthin, das dritte überhaupt nicht, so daß man immer wieder eine Überraschung erlebt.
Umarmungen von Jurek

An: Lore + Robert Harsch-Niemeyer, Tübingen

26. 9. 1990 [Queenstown]

Hochverehrte Schwiegereltern,
als ›Living treasure‹ hat man es
unglaublich angenehm, ich werde
in Zukunft nur noch so reisen.
Meine Gastgeber zerreißen sich
für mich, ich werde nachts
alle zehn Minuten angerufen,
geweckt und gefragt, ob ich nicht
noch etwas brauche. Und wenn
ich, mit leichtem Zittern in der
Stimme, verneine, wünscht
man mir eine angenehme
Nachtruhe, die aber nur die
nächsten zehn Minuten dauern
kann. Wie ich mich auf die erste
Nacht in Tübingen freue!
Es umarmt Euch Euer Jurek

An: Christine Becker, Berlin [West]

29. 9. 1990 [Rotorua]

Du altes Bügelbrett,
erkennst Du IHN? Und
falls ja (natürlich erkennst Du
IHN, denn IHN erkennt jeder) –
findest Du nicht, daß er mir
ähnlich sieht? Wenigstens
ein kleines bißchen, so um
die Augen rum? Nein? Na,
auch gut. Jedenfalls ist
es saueinsam ohne Dich
und die kleine Qualle, und
ich bin heilfroh, daß ich
Euch inzwischen wieder am
Hals habe.
Liebesküsse – Jurek

29.9.90
Du altes Bügelbrett,
erkennst Du IHN? Und
falls ja (natürlich erkennst Du
IHN, denn IHN erkennt jeder) -
findest Du nicht, daß er mir
ähnlich sieht? Wenigstens
ein kleines bißchen, so um
die Augen rum? Nein? Na,
auch gut. Jedenfalls ist
es saueinsam ohne Dich
und die kleine Qualle und
ich bin heilfroh, daß ich
Euch inzwischen wieder am
Hals habe.
Liebesküsse – Jurek

fast POST
PAR AVION
NEW ZEALAND
$1.00

CHRISTINE BECKER
HAGELBERGER STR. 10c
D-1000 BERLIN 61
GERMANY

An: Jeka/Braune, Berlin

8. 10. 1990 [Melbourne[1]]

Ihr Liebsten,
wie lange bin ich in Australien? Zwei Tage. Ist das Wetter schön hier? Nein, es regnet pausenlos. Ist das Hotelzimmer wenigstens gut? Nein, es ist beschissen. Gibt es Sport im Fernsehen? Nicht die Bohne. Wozu bin ich dann überhaupt hier? Das möchte ich auch mal wissen. Euer Jurek

1 Auf dem Rückweg nach Deutschland besichtigte J. B. die Stadt Melbourne.

8.10.90 MELBOURNE Australia
Trams passing the Shrine of Remembrance, St. Kilda Road.

OCT 9 12 NOON

AIR MAIL
PAR AVION

LIVING TOGETHER AUSTRALIA 90c

Ihr Liebsten,
wie lange bin ich in Au-
stralien? Zwei Tage. Ist das
Wetter schön hier? Nein, es
regnet pausenlos. Ist das Hotel-
zimmer wenigstens gut? Nein,
es ist beschissen? Gibt es Sport
im Fernsehen? Nicht die
Bohne. Wozu bin ich
dann überhaupt hier? Das
möchte ich auch mal wis-
sen. Euer Jurek

ADDRESS
JEKA / BRAUNE
Düsterhauptstr. 5
D-1000 BERLIN 28
GERMANY
POSTCODE

COPYRIGHT
Nucolorvue Productions Pty. Ltd.
Telephone: (03) 560-1788
Made in Australia.

An: Lonni Becker, Berlin/East-Germany[1]

9. 10. 1990 [Melbourne]

Liebes Söhnchen,
es war vorher nicht so geplant, aber plötzlich wird mir klar, daß ich am Tag der deutschen Wiedervereinigung so weit entfernt von dem glücklichen Ereignis war, wie es überhaupt nur geht – in Neuseeland. Das KANN kein Zufall sein!
Dein Vater bzw. Jurek

1 Am 3. 10. 1990 hatte die Vereinigung der beiden deutschen Staaten stattgefunden. Das Länderkennzeichen »DDR« ließ J. B. daher wegfallen, blieb bei dieser Karte aber bei dem Zusatz »East-Germany«.

9. 10. 90
Liebes Söhnchen,
es war vorher nicht so geplant, aber plötzlich wird mir klar, daß ich am Tag der deutschen Wiedervereinigung so weit entfernt von dem glücklichen Ereignis war, wie es überhaupt nur geht – in Neuseeland. Das KANN kein Zufall sein!
Dein Vater bzw. Jurek

LONNI BECKER
WILHELM-BLOS-STR. 25
1147 BERLIN
East-Germany

An: Edith + Helge v. Bonsch-Brujević[1] c/o Braune, Berlin

1. 2. 1991 [London[2]]

Ihr Wahnsinnspaar,
ich dachte, ich mach die zwei Lesungen in London und seh mir dann die Stadt an. Aber die haben meine drei Tage so mit Terminen zugeknallt, daß gar nicht daran zu denken ist. Allerdings macht das nichts, denn es regnet und ist neblig und windig und saukalt. Und einen Mantel hab ich auch nicht. Mein Herz ist voll Sehnsucht nach Euch, nach Sieseby[3] und nach Johnny.
Auf bald
Euer Jurek

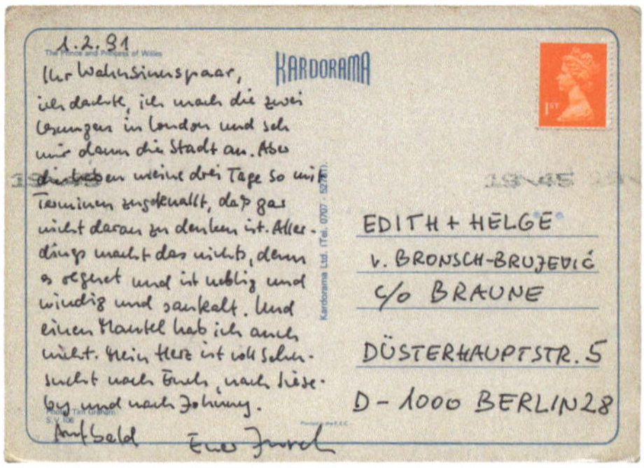
1.2.91
Ihr Wahnsinnspaar,
ich dachte, ich mach die zwei Lesungen in London und seh mir dann die Stadt an. Aber die haben meine drei Tage so mit Terminen zugeknallt, daß gar nicht daran zu denken ist. Allerdings macht das nicht, denn es regnet und ist neblig und windig und saukalt. Und einen Mantel hab ich auch nicht. Mein Herz ist voll Sehnsucht nach Euch, nach Sieseby und nach Johnny.
Auf bald
Euer Jurek

EDITH + HELGE
v. BRONSCH-BRUJEVIĆ
c/o BRAUNE
DÜSTERHAUPTSTR. 5
D-1000 BERLIN 28

1 Nachname von Wladimir Dmitrijewitsch Bontsch-Brujewitsch, von J. B. transkribiert als Bronsch-Brujević, ein Freund Lenins. Helge Braune führte nach seiner Flucht aus der DDR, 1961, diesen Namen und andere mit der Absicht, sich der Überwachung durch den Staatsicherheitsdienst der DDR zu entziehen.

2 J. B. war auf Einladung des Goethe-Instituts nach London gereist.

3 J. B. hatte in Sieseby an der Schlei/Schleswig-Holstein einen zweiten Wohnsitz genommen.

An: Ottilie Krug, Berlin

1. 2. 1991 [London]

Verehrtes Ti-chen,
bevor wir uns zur Manfred-Party sowieso sehen, hier schnell drei Tiere aus London. Da Du mir immer solche seltsamen Tierpostkarten schickst, habe ich Grund zu der Annahme, daß Du sie magst. Man weiß ja – über Geschmack läßt sich nicht streiten. Die Kontrolle meines Koffers am Flughafen hat 23 Minuten gedauert, wahrscheinlich weil ich so irakisch aussehe.[1]
Küsse von Jurek

1 Am 16. Januar 1990 hatte der sogenannte Zweite Golfkrieg begonnen.

An: Burgel Zeeh, Suhrkamp Verlag, Frankfurt [am Main]

1. 2. 1991 [London]

Hochverehrte Burgel,
Du wirst es nicht glauben –
mein Londoner Hotel liegt
direkt neben der irakischen
Botschaft. Jedesmal, wenn ich
die Straße entlangkomme,
sieht mich eine Handvoll
Demonstranten wütend an,
und zum Schutz setze ich
mein schönstes jüdisches
Lächeln auf. Wie lange
mir das wohl noch hilft?
In starker Zuneigung
Jurek

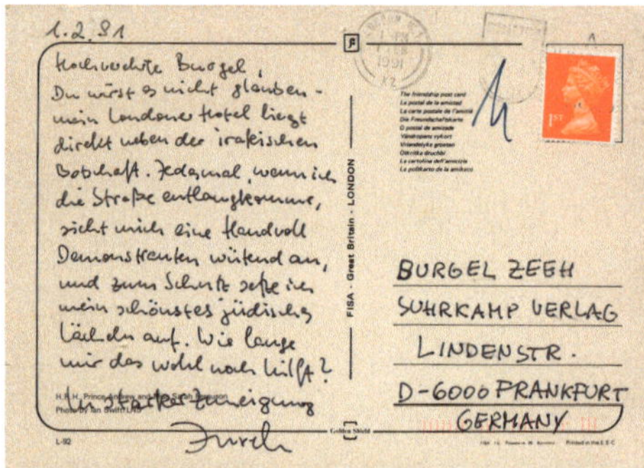
1.2.91
Hochverehrte Burgel,
Du wirst es nicht glauben –
mein Londoner Hotel liegt
direkt neben der irakischen
Botschaft. Jedesmal, wenn ich
die Straße entlangkomme,
sieht mich eine Handvoll
Demonstranten wütend an,
und zum Schutz setze ich
mein schönstes jüdisches
Lächeln auf. Wie lange
mir das wohl noch hilft?
In starker Zuneigung
Jurek

BURGEL ZEEH
SUHRKAMP VERLAG
LINDENSTR.
D-6000 FRANKFURT
GERMANY

An: Jeka/Braune, Berlin

29. 3. 1991 [Paris[1]]

Liebe Edith, schöner Helge,
mit einem Baby in Paris,
das ist ungefähr so wie mit
einem Bündel 1000-Dollar-
Scheine in Harlem. Zwar wollte
noch niemand Johnny stehlen,
wir müssen aber aufpassen, als
ob alle hinter ihm her wären.
Christine sagt, sie hätte die
ganze Arbeit, und irgendwie ist
das auch nicht falsch. Aber
weil ich viel sensibler bin, ist
meine psychische Belastung un-
gleich größer.
Herzensgrüße von Jurek + Chrissie

29. 3. 91
Liebe Edith, schöner Helge,
mit einem Baby in Paris,
das ist ungefähr so wie mit
einem Bündel 1000-Dollar-
scheine in Harlem. Zwar wollte
noch niemand Johnny stehlen,
wir müssen aber aufpassen, als
ob alle hinter ihm her wären.
Christine sagt, sie hätte die
ganze Arbeit, und irgendwie ist
das auch nicht falsch. Aber
weil ich viel sensibler bin, ist
meine psychische Belastung un-
gleich größer.
Herzensgrüße von Jurek + Chrissie

JEKA/BRAUNE
DÜSTERHAUPTSTR. 5
D-1000 BERLIN 28
R.F.A.

1 J.B. war auf Einladung der Ausstellungs- und Messe-GmbH des Börsenvereins des Deutschen Buchhandels nach Paris gereist. Er nahm dort, im Rahmen des Salon du livre de Paris, an einer Diskussionsveranstaltung zur Rolle Deutschlands in Europa teil.

An: Ottilie Krug, Berlin

29. 3. 1991 [Paris]

Liebste Ti,
auch in Paris lachen und
weinen die Katzen, auch
in Paris bleibt Christine
vor jedem Kleiderladen
stehen, auch in Paris ist es
sterbenslangweilig, sich mit
Literaten zu treffen, auch
in Paris denke ich nur an
Dich.
Herzinniglich Jurek

An: Rieke, Lonni, Nicki Becker, Berlin

29. 3. 1991 [Paris]

Ihr Guten,
hier nur schnell ein
Gruß aus dem Land
der Individualisten. Es
ist hier relativ einfach,
beliebt zu sein: man
muß nur alles deutsche
scheußlich finden und
alles französische großartig.
Teilweise fällt mir das
leicht.
Meine Grüße schweben über
alle Grenzen hinweg zu Euch – Jurek

An: Christine Becker, Berlin

18. 4. 1991 [Berlin]

Du alter Klettverschluß,
so ungefähr stelle ich mir
Frankreich[1] vor, natürlich nicht
mit einem blonden Kind, sondern
mit Dir, und nicht hinter mir
sondern vor mir, und nicht auf
mir liegend, sondern vor mir
sitzend, gegenüber, an einem
Tisch, in einem verwegenen
(meinetwegen teuren) Restaurant, Du in schwarzem Blazer,
ich weiß, verbotene Träume. Doch
manche Träume werden wahr,
wer wüßte das besser als
Dein Jurek

1 Gemeint ist ein geplanter Sommerurlaub in Frankreich.

18.4.91
Du alter Klettverschluß,
so ungefähr stelle ich mir
Frankreich vor, natürlich nicht
mit einem blonden Kind, sondern
mit Dir, und nicht hinter mir
sondern vor mir, und nicht auf
mir liegend, sondern vor mir
sitzend, gegenüber, an einem
Tisch, in einem verwegenen
(meinetwegen teuren) Restaurant, Du in schwarzem Blazer,
ich weiß, verbotene Träume. Doch
manche Träume werden wahr,
wer wüßte das besser als
Dein Jurek
Christine Becker
Hagelberger Str. 10c
1000 Berlin 61
Big Sleep, MC 19
From the Bruwell's Collection
"Tinted Samples of the 50'ies."
Tinted with Bruwell's Magic Color.

An: Rieke Becker, Berlin

3. 6. 1991 [Port Grimaud[1]]

Liebe Rieke,
wenn man davon absieht, daß Johnny jeden Augenblick ertrinken kann, daß Christine schon am zweiten Tag einen Sonnenbrand hat, daß ich jeden Tag mit dem Schwiegervater segeln muß (als begriffsstutziger Schiffsjunge) und daß die Klospülung nicht funktioniert, ist das ein besonders schöner Urlaub.
Es umarmt Dich
Jurek

1 J.B. war auf einer Urlaubsreise an der Mittelmeerküste Frankreichs.

An: Ottilie Krug, Berlin

5. 6. 1991 [Port Grimaud]

Liebeliebe Ti,
warst Du schon mal Vorschotmann auf einem Segelboot? Ich auch nicht, aber im Unterschied zu Dir muß ich es gerade lernen. Ich fürchte, daß der Urlaub draufgeht, bis ich die wichtigsten Scheißknoten mir eingedrückt habe. Ich lerne Tag und Nacht, ich schlafe mit dem »Leitfaden für Schiffsjungs« unter dem Kopfkissen ein, aber ich pack's einfach nicht.
Du weißt schon.
Dein Jurek

An: Burgel Zeeh, Suhrkamp Verlag, Frankfurt [am Main]

5. 6. 1991 [Port Grimaud]

Liebste Burgel,
also Urlaub. Wenn abends die Mückenfenster zu sind, Johnny wunderbarerweise nicht ertrunken ist, zwei von den 100 wichtigsten Schiffsknoten gelernt sind (der Schwiegervater will es so), Christines Sonnenbrand versorgt ist, der Brief an die Versicherung wegen des aufgebrochenen Autos geschrieben ist und Elisa (unsere Kinderfrau) die dritte Flasche Rosé getrunken hat – dann weißt Du, was Du geschafft hast. Es umarmt Dich
Dein Jurek

An: Christine Becker, Berlin

11. 6. 1991 [Port Grimaud]

Du alte Bügelfalte,
wenn man bedenkt, daß es
möglich ist, an einem einzigen
Tag 24 Stunden nicht zu
schlafen, bin ich in diesem
Urlaub eigentlich gut dran.
Die Erfahrungen, die ich sammle,
werden mir bei meiner nächsten
Reise an die Cote d'Azur von großem
Nutzen sein, zumal Johnny dann
schon ein erwachsener Mensch
sein wird.
Laß Dich von meiner übergroßen
Liebe nicht irritieren – J.

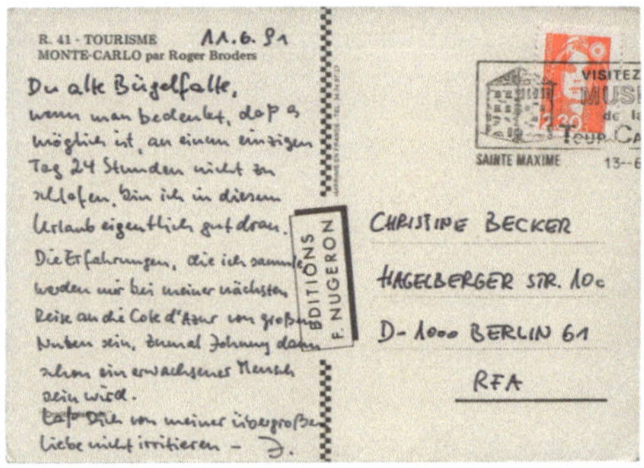
R. 41 - TOURISME
MONTE-CARLO par Roger Broders
11. 6. 91
Du alte Bügelfalte,
wenn man bedenkt, daß es
möglich ist, an einem einzigen
Tag 24 Stunden nicht zu
schlafen, bin ich in diesem
Urlaub eigentlich gut dran.
Die Erfahrungen, die ich sammle,
werden mir bei meiner nächsten
Reise an die Cote d'Azur von großem
Nutzen sein, zumal Johnny dann
schon ein erwachsener Mensch
sein wird.
Laß Dich von meiner übergroßen
Liebe nicht irritieren – J.
ÉDITIONS F. NUGERON
VISITEZ
SAINTE MAXIME
CHRISTINE BECKER
HAGELBERGER STR. 10c
D-1000 BERLIN 61
RFA

An: Rieke, Nicki, Lonni Becker, Berlin

15. 6. 1991 [Port Grimaud]

Ihr Lieben,
heute ist mir ein Geniestreich geglückt: Ich habe 10 Minuten lang auf dem Segelboot gekotzt und muß ab sofort nicht mehr mitsegeln. Sie rächen sich an mir, indem sie besonders lange wegbleiben, aber irgendwie werde ich auch damit fertig.
Bis gleich und Küsse
Euer Papa + Jurek

An: Kerstin Bark, Berlin

17. 6. 1991 [Monte Carlo]

Liebe Kerstin,
Mit Johnny auf dem
Arm durch Monaco ist
ungefähr so wie mit
einer Schwimmweste
tauchen. Es war mir
aber ein großer Trost,
daß ich die ganze Zeit
an Dich denken konnte.
Umarmung
Jurek + Chrissie
v. Monaco

An: Christine Becker, Berlin

18. 7. 1991 [Sieseby]

Du alte Liebesperle,
erinnerst Du Dich, wie wir auf jener Promminade gelegen haben, oder zumindest in der Nähe? Und wie Du andauernd gesagt hast: Sag zuerst halb zehn? Und wie ich nicht gewußt habe, was Du meinst, bis mir klar wurde, daß das der Schlüssel zu Deinem Herzen ist? Es ist ein ziemliches Problem, daß Du diesen Schlüssel so oft wechselst, daß man, kaum hat man einen gefunden, gleich wieder einen neuen braucht. Aber ich gebe nicht auf, verlaß Dich drauf, ich bin zäh wie ein DDR-Schnitzel.
In L., Dein Herzenschlüssel-schlosser
Jurek

An: Christine Becker, Berlin

19. 7. 1991 [Sieseby]

Du alte Katzenzunge,
während wir abwesend waren,
haben die Wohlsens[1] 6 x den Rasen gemäht, 10 x Pflanzengift gesprüht (biologisch abbaubar natürlich), 24 x die Blumen gegossen, das Dach ausgebessert, 2 Brände gelöscht, 18 x die Post aus dem Kasten geholt (2 Briefe), 12 x neugierige Urlauber vertrieben, 2 x den Keller ausgepumpt und täglich mehrmals nach dem Rechten gesehen. Von alldem hat Frau W. mir in voller Länge, und mit interessanten Lebensweisheiten angereichert, erzählt. Im Übrigen zerfließe ich vor Sehnsucht (ich weiß, ich weiß), der traurige Rest von mir schreibt einen Roman[2].
Dein unerträglicher J.

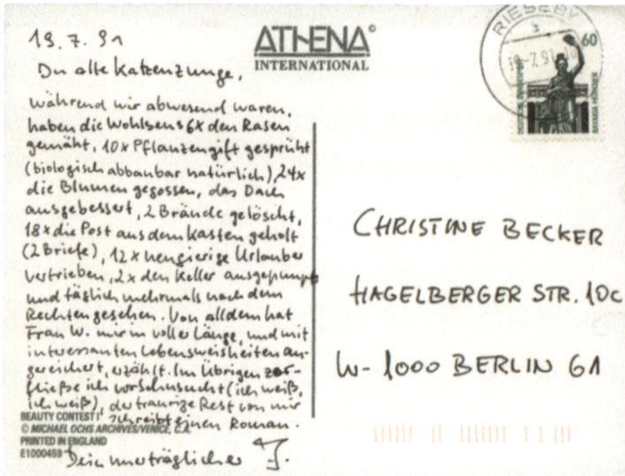

1 Die Nachbarn Lilly und Heinrich Wohlsen, die sich in J. B.s Abwesenheit um das Haus in Sieseby und ganzjährig um den Garten kümmerten.

2 J. B. schrieb den Roman *Amanda herzlos*, der 1992 erschien.

An: Christine Becker, c/o Harsch-Niemeyer, Tübingen

19. 8. 1991 [Sieseby]

Du alte Laugenbrezel,
wenn man bedenkt, daß, seit wir uns kennen, Kuweit besetzt[1] und wieder geräumt, Gorbi[2] gewählt und wieder gestürzt, die Mauer verbreitert und abgerissen, Bayern München mehrmals aus dem Pokal geworfen und J.R. Ewing[3] all sein schönes Geld los wurde (das sind nur Beispiele von vielen) – muß man da unser Verhältnis nicht beispielhaft stabil nennen?
Dein schreibender Sklave J.

1 Im August 1990 war Kuweit durch den Irak besetzt und im März 1991 wieder befreit worden.
2 Am 19. August 1991 kam es zu einem Putschversuch gegen Michail Gorbatschow, den Präsidenten der Sowjetunion, der zwei Tage später scheiterte.
3 Die Hauptfigur der US-amerikanischen Fernsehserie *Dallas*.

An: Jeka/Braune, Berlin

8. 9. 1991 [Helsinki[1]]

Ihr alten Lieben,
in Finnland ist der Schnaps
so teuer, daß ich froh bin,
nicht unter Malariaanfällen[2]
zu leiden. Allerdings machen
mir die gelegentlichen
Hungeranfälle zu schaffen –
die gehen ins Geld. Am
schlimmsten zausen mich
die täglichen Schlafanfälle –
jedes Hotel hier liegt am
Ku-Damm[3] und ist eine
Zweigstelle vom Ritz.
In Liebe Jurek

8.9.91
LAPPI-LAPLAND
SF
Ihr alten Lieben,
in Finnland ist der Schnaps
so teuer, daß ich froh bin,
nicht unter Malariaanfällen
zu leiden. Allerdings machen
mir die gelegentlichen
Hungeranfälle zu schaffen –
die gehen ins Geld. Am
schlimmsten zausen mich
die täglichen Schlafanfälle –
jedes Hotel hier liegt am
Ku-Damm und ist eine
Zweigstelle vom Ritz.
In Liebe Jurek
SUOMI FINLAND 2,90
Kuva: Raimo Ketola
JEKA / BRAUNE
Düsterhauptstr. 5
D-1000 BERLIN 28
GERMANY
Laatukortti
Painettu Suomessa

1 J.B. reiste auf Einladung des Goethe-Instituts durch Finnland und Schweden.

2 Helge Braune empfiehlt bei einer Magenverstimmung nach reichhaltigem Essen, die er scherzhaft als »Malaria« bezeichnet, einen Schnaps zu trinken.

3 Der im Westen Berlins gelegene Boulevard Kurfürstendamm.

An: Ottilie Krug, Berlin

8. 9. 1991 [Helsinki]

Du Beste,
ich sitze gerade an meinem ersten Helsinki-Tag in einem Café und bin ziemlich ratlos, denn ich habe vergessen, wie mein Hotel heißt. Ich weiß nur noch, es war ein langes finnisches Wort, aber das hilft mir nicht groß weiter. Dummerweise liegt mein Paß im Hotelzimmer, sonst würde ich mir einfach ein anderes nehmen.
Dein Pechvogel Jurek

An: Christine Becker, Berlin

4. 10. 1991 [Sieseby]

Du alte Hausratsversicherung,
der längste Regen hört ohne
Dich nicht auf, und das schön-
ste Haus wird ohne Dich nicht
voll, und der vollste Wäsche-
korb wird ohne Dich nicht leer.
Nur der Roman wird ohne Dich
ein bißchen früher fertig.
Aber um welchen Preis, um
welchen Preis!
Sehnsüchtigst J.

4. 10. 91
Du alte Hausratsversicherung,
der längste Regen hört ohne
Dich nicht auf, und das schön-
ste Haus wird ohne Dich nicht
voll, und der vollste Wäsche-
korb wird ohne Dich nicht leer.
Nur der Roman wird ohne Dich
ein bißchen früher fertig.
Aber um welchen Preis, um
welchen Preis!
Sehnsüchtigst J.

Christine Becker
Hagelberger Str.
1000 Berlin 61

60

It's a complicated World © Sygma-Keystone-Paris 1989
Emotif a division of Catch Publishing, Mississippidreef 50, 3565 CG Utrecht, The Netherlands PC 9585

An: Ottilie Krug, Berlin

5. 10. 1991 [Sieseby]

Liebe Ottilie,
für Deine bärenstarke
Geburtstagskarte vielen Dank.
Nun ist es bald soweit, dann
setze ich mich zu den Jungs
auf die Bank und laß' mich
nicht mehr herumscheuchen.
Hier in Sieseby übe ich schon
immer ein bißchen, wenn
ich nur nicht zuerst den
verfluchten Roman zuende
schreiben müßte.
Bis bald und Küsse
Dein Jurek

An: Christine Becker, Berlin

17. 10. 1991 [Berlin]

Du alter Kaiserschmarren,
weißt Du eigentlich, daß das
Glück eines Kindes mehr zählt
als alle Annehmlichkeiten
dieser Erde? Und weißt Du, daß
die Annehmlichkeiten dieser
Erde das Leben sauangenehm
machen? Ja, in diesem
Spannungsfeld müssen Eltern
leben, nicht nur Mütter.
Dein Lieblingsallegorist
J.

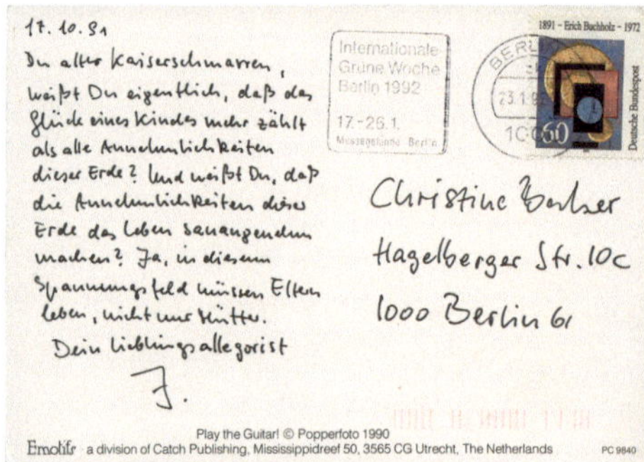

An: Edith Jeka, Helge Braune, Berlin

17. 5. 1992 [Pylos[1]]

Liebe Edith, lieber Helge,
Christine kann an keiner alten Klamotte[2] vorbeigehen, ohne in Ehrfurcht zu versinken und in einem Buch nachzulesen, was es damit auf sich hat. Und der Peloponnes ist voll von solchen Klamotten. Ich würde mich mehr dafür interessieren, wenn nicht Johnny die ganze Zeit auf meinen Schultern sitzen und wenn mir nicht andauernd das Fett von seinem Gyros auf den Kopf tropfen würde.
Umarmung + Küsse
Jurek + Christine

1 J.B. war auf einer Urlaubsreise in Griechenland.
2 Gemeint sind antike Ruinen.

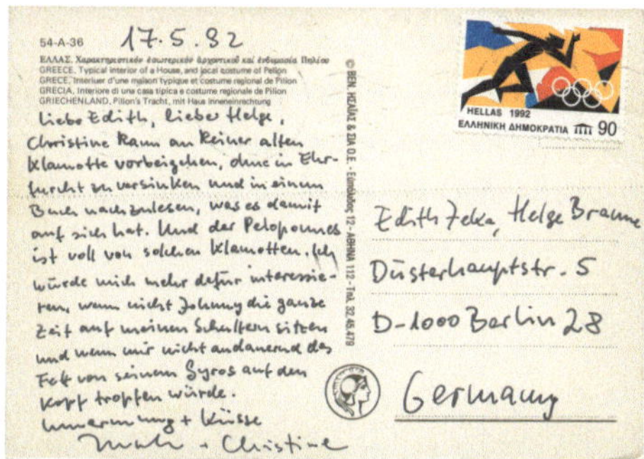
54-A-36 17.5.92
GREECE. Typical interior of a House, and local costume of Pelion
GRECE. Interieur d'une maison typique et costume regional de Pilion
GRECIA. Interiore di una casa tipica e costume regionale de Pilion
GRIECHENLAND. Pilion's Tracht, mit Haus Inneneinrichtung
Liebe Edith, lieber Helge,
Christine kann an keiner alten Klamotte vorbeigehen, ohne in Ehrfurcht zu versinken und in einem Buch nachzulesen, was es damit auf sich hat. Und der Peloponnes ist voll von solchen Klamotten. Ich würde mich mehr dafür interessieren, wenn nicht Johnny die ganze Zeit auf meinen Schultern sitzen und wenn mir nicht andauernd das Fett von seinem Gyros auf den Kopf tropfen würde.
Umarmung + Küsse
Jurek + Christine

Edith Jeka, Helge Braune
Düsterhauptstr. 5
D-1000 Berlin 28
Germany

An: Burgel Zeeh, Suhrkamp Verlag, Frankfurt [am Main]

18. 5. 1992 [Pylos]

Liebste Burgel,
ich beschäftige Johnny und
lasse mir dabei von Christine
vorlesen, was in Griechenland
so los ist. Manchen Tempel
muß sie dreimal wiederholen,
bis ich ihn mir plastisch vorstellen kann.
Dein Fax (das erste, das ich je
im Urlaub gekriegt habe) hat
unsere Herzen erwärmt.
Urlaubsküsse von
Jurek + Chrissie

18.5.92
Liebste Burgel,
ich beschäftige Johnny und
lasse mir dabei von Christine
vorlesen, was in Griechenland
so los ist. Manchen Tempel
muß sie dreimal wiederholen,
bis ich ihn mir plastisch vorstellen kann.
Dein Fax (das erste, das ich je
im Urlaub gekriegt habe) hat
unsere Herzen erwärmt.
Urlaubsküsse von
Jurek + Chrissie

Burgel Zeeh
Suhrkamp Verlag
Lindenstr.
D-6000 Frankfurt 1
Germany

An: Kerstin Bark, Berlin

19. 5. 1992 [Zakynthos]

Liebe Kerstin,
zuerst waren wir in Athen,
später hat man uns erzählt, daß
dort Smog war, ohne daß wir es
gemerkt haben. Und so scheint es
weiter zu gehen: Jetzt sind wir zwei
Wochen in Griechenland, und
vielleicht ist der ganze Urlaub
schön, ohne daß wir es merken.
Liebstens
Jurek und Deine
Tina

54-A-43
ΕΛΛΑΣ. Κρητική λεβεντιά
GREECE. A Cretan shepherd
GRECE. Un berger de Crete
GRECIA. Un pastore di Creta
GRIECHENLAND. Kretischer Hürte

© BEN. ΗΛΙΑΣ & ΣΙΑ Ο.Ε. - Ευπόλιδος 12 - ΑΘΗΝΑ 112 - Τηλ. 32.45.479

HELLAS 1992
ΕΛΛΗΝΙΚΗ ΔΗΜΟΚΡΑΤΙΑ 90

19.5.92

Liebe Kerstin,
zuerst waren wir in Athen,
später hat man uns erzählt, daß
dort Smog war, ohne daß wir es
gemerkt haben. Und so scheint es
weiter zu gehen: Jetzt sind wir zwei
Wochen in Griechenland, und
vielleicht ist der ganze Urlaub
schön, ohne daß wir es merken.
Liebstens
Jurek und Deine
Tina

Kerstin Bark
Hohenfriedbergstr. 10
D-1000 Berlin 62
Germany

An: Lore + Robert Harsch-Niemeyer, Tübingen

19. 5. 1992 [Zakynthos]

Liebste Lore, bester Robert,
Griechenland ist ein Ding, das ich hauptsächlich mit Johnny auf den Schultern erlebe. Deswegen sind mir die Ziele, die auf bergab führenden Straßen zu erreichen sind (Strände etwa oder manche Tavernen) lieber als solche, die auf Hügeln oder gar Bergen liegen. Da die antiken Hauptattraktionen sich aber zumeist hoch oben befinden, werde ich wohl noch einmal herkommen, wenn mein dicker Liebling etwas besser zu Fuß ist.
Seid umarmt von
Jurek

An: Johnny Becker[1], Berlin

26. 8. 1992 [São Paulo[2]]

Lieber guter dicker alter Johnny,
stell Dir vor – ich habe hier in Brasilien Babar[3] getroffen. Wir haben zusammen Tee getrunken, und ich habe ihm von Dir erzählt. Er wollte wissen, ob Du Dir gerne sein Buch ansiehst, und ich habe geantwortet: Na klar! Da hat er gelächelt und gesagt, ich soll Dich von ihm grüßen. Und ich küsse Dich mitten auf den Bauch, und bald, mein Liebster, bin ich wieder zu Hause.
Dein Papa

1 Es ist die erste Postkarte an den damals zweijährigen Jonathan Becker.

2 Auf Einladung des Börsenvereins des Deutschen Buchhandels war J. B. zu einer Buchmesse nach São Paulo gereist. Der Besuch weiterer Stationen schloss sich an.

3 Der Elefant Babar steht im Mittelpunkt einer Buchreihe des französischen Kinderbuchautors Jean de Brunhoff.

JEAN DE BRUNHOFF
BABAR CHEZ LA VIEILLE DAME
(EXTRAIT DE *L'HISTOIRE DE BABAR*, 1931).

26.8.92

Lieber guter dicker alter Johnny,
stell Dir vor – ich habe hier in Brasilien Babar getroffen. Wir haben zusammen Tee getrunken, und ich habe ihm von Dir erzählt. Er wollte wissen, ob Du Dir gerne sein Buch ansiehst, und ich habe geantwortet: Na klar! Da hat er gelächelt und gesagt, ich soll Dich von ihm grüßen. Und ich küsse Dich mitten auf den Bauch, und bald, mein Liebster, bin ich wieder zu Hause.
Dein Papa

VIA AÉREA
PAR AVION

BRASIL

AEROPORTO INTERNACIONAL GUARULHOS-SP
25 AGO 92

ÉDITIONS DU DÉSASTRE

JOHNNY BECKER
HAGELBERGER STR. 10C
D-1000 BERLIN 61
GERMANY

PRINTED IN FRANCE BY UNION, PARIS
© LAURENT DE BRUNHOFF
ÉDITIONS DU DÉSASTRE
21, RUE VISCONTI 75006 PARIS
JB 4

An: Christine Becker, Berlin

26. 8. 1992 [São Paulo]

Du alte Gartenlaube,
es ist acht Grad warm (ich
durfte ja keine Lederjacke
mitnehmen!), man weiß nie,
wie spät es ist (ich durfte ja
keine Uhr mitnehmen!),
man ist immerzu einsam
(ich durfte ja meine Frau nicht
mitnehmen!) – und da
soll einem Brasilien gefal-
len!
Dein Verzehrer J.

105-115
STAR TREK
26.8.92
Du alte Gartenlaube,
es ist acht Grad warm (ich
durfte ja keine Lederjacke
mitnehmen!), man weiß nie,
wie spät es ist (ich durfte ja
keine Uhr mitnehmen!),
man ist immerzu einsam
(ich durfte ja meine Frau nicht
mitnehmen!) – und da
soll einem Brasilien gefal-
len!
Dein Verzehrer J.

BRASIL
26 AGO 1992

CHRISTINE BECKER
HAGELBERGER STR. 10c
D-1000 BERLIN 61
GERMANY

Published by Classico San Francisco, Inc. ® and © 1991 Paramount Pictures. All Rights Reserved.
MADE IN THE U.S.A.

An: Rieke Becker, Berlin

28. 8. 1992 [Curitiba]

Liebe Rieke,
es ist Winter in Südbrasilien, und das heißt, man friert sich den Arsch ab. Es ist zwar nicht so kalt wie im deutschen Winter, dafür haben die Dussels aber auch keine Heizung. Und bei 8 Grad allein im Bett, mit einem Laken zugedeckt (denn Federbetten gibt's natürlich auch nicht) entfährt einem doch hin und wieder ein Seufzer.
Umarmungen Jurek

An: Suhrkamp Verlag, Frau Burgel Zeeh, Frankfurt [am Main]

28. 8. 1992 [Curitiba]

Liebe Burgel,
morgens Essen ans Bett,
den ganzen Tag Fußball
im Fernsehen, zu jeder
Lesung fünftausend Leute
und rund um die Uhr
Samba – so geht das zu
in BRASILIEN!
Hat die Allende[1] schon
etwas aufgeholt?
Umarmung
Jurek

1 Isabel Allende (geb. 1942), chilenische Schriftstellerin, war neben J. B. (*Amanda herzlos*) mit ihrem Roman *Der unendliche Plan* im Herbstprogramm des Verlags vertreten.

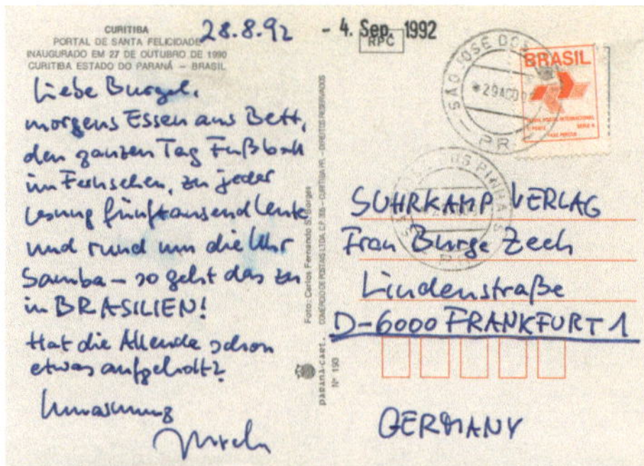
CURITIBA
PORTAL DE SANTA FELICIDADE
INAUGURADO EM 27 DE OUTUBRO DE 1990
CURITIBA ESTADO DO PARANÁ – BRASIL

28.8.92 – 4. Sep. 1992

Liebe Burgel,
morgens Essen ans Bett,
den ganzen Tag Fußball
im Fernsehen, zu jeder
Lesung fünftausend Leute
und rund um die Uhr
Samba – so geht das zu
in BRASILIEN!
Hat die Allende schon
etwas aufgeholt?
Umarmung
Jurek

SUHRKAMP VERLAG
Frau Burge Zeeh
Lindenstraße
D-6000 FRANKFURT 1
GERMANY

An: Edith Jeka, Berlin

28. 8. 1992 [Curitiba]

Liebe Edith,
in Brasilien gibt es eine
solche Inflationsrate, daß
man Dir rät, am Vormittag nicht
schon das Geld einzutauschen, das
man erst am Nachmittag braucht.
Und auf den Briefmarken sind
keine Werte angegeben, sonst würde
man entweder jeden Tag neue
drucken müssen, oder der Platz auf
den Postkarten würde nicht
reichen. Wenn Du einem Bettler
zwei Tausender in den Hut
wirfst, denkt er, Du willst ihn
verarschen.
Küsse Jurek

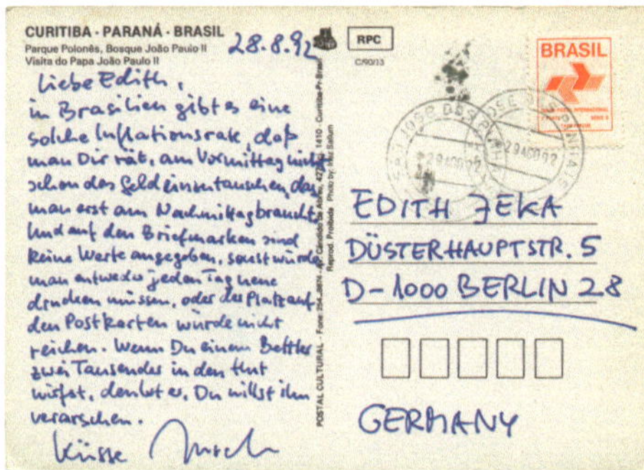

An: Christine Becker, Berlin

28. 8. 1992 [Curitiba]

Du altes Nachtschattengesöff,
auf dem Herflug saß ich neben einem Brasilianer, der an mir sein Deutsch ausprobierte, das er in zwei Wochen Mannheim gelernt hatte. Am meisten hatte ihm imponiert, daß in Deutschland ein Bus, der zu ½ 11 angekündigt ist, um ½ 11 fährt. Ich sagte – ja das ist so. Da fragte er: Aber warum?
Jurek über Jurek

VE 179 © Foto: Vormwald/Voller Ernst
Schlaf, Schaf

28.8.92

Du altes Nachtschattengesöff, auf dem Herflug saß ich neben einem Brasilianer, der an mir sein Deutsch ausprobierte, das er in zwei Wochen Mannheim gelernt hatte. Am meisten hatte ihm imponiert, daß in Deutschland ein Bus, der zu ½ 11 angekündigt ist, um ½ 11 fährt. Ich sagte – ja das ist so. Da fragte er: Aber warum?
Jurek über Jurek

Christine Becker
Hagelberger Str. 10c
D-1000 Berlin 61
Germany

VOLLER ERNST Innsbrucker Str. 37 1000 Berlin 62

SÃO JOSÉ DOS PINHAIS PR 29 AGO 92

BRASIL

An: Ottilie Krug, Berlin

29. 8. 1992 [Curitiba]

Liebe Ti,
stimmt es eigentlich, daß
die Wiedervereinigung wieder
rückgängig gemacht werden
soll? Ich habe hier in Brasilien
im Fernsehen gehört, daß we-
gen des vielen Unfriedens da-
rüber diskutiert werden soll,
vielleicht habe ich es aber
auch nur falsch verstanden.
Liebstens
Dein Jurek

An: Christine Becker, Berlin

29. 8. 1992 [Curitiba]

Du alte Grauzone,
heute habe ich etwas Werkzeug gekauft: Bohrer, Spezialmesser, Spachtel, Hammer, ein paar Nägel und Alleskleber. Ich habe im Hotelzimmer ein Stück Teppichboden ausgeschnitten, dann ein Stück aus dem darunterliegenden Steinholzboden herausgebohrt. In das so entstandene Loch habe ich Paß, Geld und Flugtickets gelegt und dann alles wieder in Ordnung gebracht. Ich glaube, fürs erste muß ich mir keine Sorgen mehr machen.
Küsse über Küsse Jurek

An: Christine Becker, Berlin

18. 9. 1992 [Kassel[1]]

Du altes Zimmerther-
mometer,
in meinem ersten Hotel-
zimmer lag auf jedem der
zwei Kopfkissen ein Täfelchen
Schokolade. Sofort dachte ich:
Wie gut, daß Christine nicht
hier ist, die ißt ja nichts
Süßes. Aber es war der erste
Abend allein – noch habe
ich gut Witzemachen.
Dein J.
noch gut beieinander

1 Im Sommer 1992 war J. B.s Roman *Amanda herzlos* erschienen. Eine etwa dreiwöchige Lesereise führte ihn durch die nördliche Hälfte der Bundesrepublik. Ende Oktober 1992 folgte eine dreiwöchige Lesereise durch die südliche Hälfte.

18.9.92

Du altes Zimmerthermometer,
in meinem ersten Hotelzimmer lag auf jedem der
zwei Kopfkissen ein Täfelchen
Schokolade. Sofort dachte ich:
wie gut, daß Christine nicht
hier ist, die ißt ja nichts
Süßes. Aber es war der erste
Abend allein – noch habe
ich gut Witzemachen.

Dein J.
noch gut beieinander

Christine Becker
Hagelberger Str. 10c
1000 Berlin 61

Tous droits réservés. Imprimé en France.
AMORIMAGE PRODUCTIONS. Tél. (1) 48.24.18.53
Distribué par HUMOUR A LA CARTE
CARTE POSTALE
DOCUMENTA IX Kassel 1992
PU 510
DEUTSCHE BUNDESPOST 60
CLUB MÉDITERRANÉE

An: Christine Becker, Berlin

21. 9. 1992 [Bochum]

Du alte Biokarotte,
hier am Strand von Bochum ist allerhand los. Man stellt sich immer vor, daß der Strand im Ruhrgebiet zu grobkörnig ist und das Wasser nicht sauber – alles Quatsch. Keine Wellen, kaum Wind, der Strand nicht überlaufen, alle paar Meter ein freier Sonnenschirm. Es gibt nur ziemlich viele Quallen, aber ich will gar nicht erst anfangen zu klagen: Auch an Badeorten wie Berlin, Acapulco oder Honolulu könnte man allerhand aussetzen.
Küsse J.

21. 9. 92

Du alte Biokarotte,
hier am Strand von Bochum ist allerhand los. Man stellt sich immer vor, daß der Strand im Ruhrgebiet zu grobkörnig ist und das Wasser nicht sauber – alles Quatsch. Keine Wellen, kaum Wind, der Strand nicht überlaufen, alle paar Meter ein freier Sonnenschirm. Es gibt nur ziemlich viele Quallen, aber ich will gar nicht erst anfangen zu klagen: Auch an Badeorten wie Berlin, Acapulco oder Honolulu könnte man allerhand aussetzen.
Küsse J

Christine Becker
Hagelberger Str. 10c
1000 Berlin 61

On the Beach © L. Willinger / FPG International 1990
Emotif a division of Catch Publishing, Mississippidreef 50, 3565 CG Utrecht, The Netherlands

An: Christine Becker, Berlin

22. 9. 1992 [Braunschweig]

Du alte Salatschleuder,
das ›Deutsche Haus‹ ist ein außerordentlich deutsches Hotel: Beim Einzug mußt Du ein Anmeldefomular ausfüllen (obwohl es keine Minibar gibt), an den Wänden nichts als Alte Meister, Frühstück von 7-9^{30}, und das Bad sieht sauberer aus als es riecht. Ach ja, und das Hotelrestaurant heißt ›Zum Alten Braunschweiger‹! Lesereise!
In Christine
Jurek

An: Christine Becker, Berlin

23. 9. 1992 [Hannover]

Du alte Hörbrille,
zu Hannover gibt es nicht mehr
zu sagen, als daß es eine riesige
Fußgängerzone ist, um die herum
tausende Autos ihre Runden drehen,
auf der vergeblichen Suche nach einem
Parkplatz. Hin und wieder verliert
einer die Nerven und prescht zwischen
die Passanten – mein Gott, gibt das
dann immer ein Gespringe.
Halbguten Mutes, voller Liebe
Jurek

Du alte Hörbrille
zu Hannover gibt es nicht mehr
zu sagen, als daß es eine riesige
Fußgängerzone ist, um die herum
tausende Autos ihre Runden drehen,
auf der vergeblichen Suche nach einem
Parkplatz. Hin und wieder verliert
einer die Nerven und prescht zwischen
die Passanten – mein Gott, gibt das
dann immer ein Gespringe.
Halbguten Mutes, voller Liebe

23. 9. 92

Christine Becker
Hagelberger Str. 10c
1000 Berlin 61

Picnic Lunch in the Woods © Popperfoto 1990
Emotifs a division of Catch Publishing, Mississippidreef 50, 3565 CG Utrecht, The Netherlands PC 9842

An: Christine Becker, Berlin

24. 9. 1992 [Kiel]

Du alte Fusselbürste,
Kiel ist eine alte Pflaume, es hält keinem Vergleich mit Süderbrarup stand. Die bringen es fertig, daß der Kaffee angebrannt schmeckt, und es hat eine halbe Stunde gedauert, bis ich mein dämliches Hotel gefunden habe. Nur eines gefällt mir: Überall hängen Plakate – Becker liest in der Kunsthalle –, und quer über jedem ein roter Aufkleber: Ausverkauft. Macht sich wirklich hübsch.
Dein Dich liebender Erfolgsautor J.

An: Herrn Siegfried Unseld, Suhrkamp Verlag, Frankfurt [am Main]

26. 9. 1992 [Flensburg]

Lieber Siegfried,
laß mich dem ersten und einzigen unter Deutschlands Verlegern zum Geburtstag gratulieren.[1] In einer Zeit, da überall Bücher niedergehen, bringst Du sie hoch. In einem Alter, da alle anderen gebeugter und müder werden, wirst Du immer jünger. Hör nicht auf mit solchem antizyklischen Verhalten und sei herzlich umarmt – Jurek

1 Siegfried Unselds Geburtstag ist der 28. September 1924.

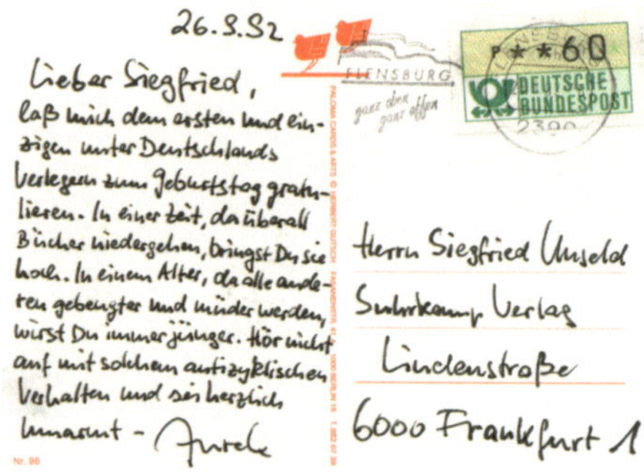
26.9.92
Lieber Siegfried,
laß mich dem ersten und einzigen unter Deutschlands Verlegern zum Geburtstag gratulieren. In einer Zeit, da überall Bücher niedergehen, bringst Du sie hoch. In einem Alter, da alle anderen gebeugter und müder werden, wirst Du immer jünger. Hör nicht auf mit solchem antizyklischen Verhalten und sei herzlich umarmt – Jurek

Herrn Siegfried Unseld
Suhrkamp Verlag
Lindenstraße
6000 Frankfurt 1

An: Christine Becker, Berlin

29. 9. 1992 [Essen]

Du alter Kostenvoranschlag,
Essen kannte ich ja nun
schon. Der Preßlufthammer
vor dem Hotel, der trübe
Himmel, die aufgerissene
Fußgängerzone, die Millionen
Wurstbuden – alles wie früher.
Und auch, daß Du nicht hier
bist, ist nicht neu. Ich
glaube, beim nächstenmal
lasse ich Essen weg.
Dein Hauptbewunderer
J

ADVERTISING PHOTOGRAPH, 1952
PHOTOGRAPH BY TOM KELLEY
29.9.92
Du alter Kostenvoranschlag,
Essen kannte ich ja nun
schon. Der Preßlufthammer
vor dem Hotel, der trübe
Himmel, die aufgerissene
Fußgängerzone, die Millionen
Wurstbuden – alles wie früher.
Und auch, daß Du nicht hier
bist, ist nicht neu. Ich
glaube, beim nächstenmal
lasse ich Essen weg.
Dein Hauptbewunderer
J

Christine Becker
Hagelberger Str. 10c
1000 Berlin 61

© TOM KELLEY
© FOTOFOLIO, BOX 661 CANAL STA., NY, NY
2205

SPIEL '92

An: Johnny Becker, Berlin

28. 10. 1992 [Regensburg]

Du alte Pudelmütze,
hast Du schon gewußt, daß Babar auch Trompete spielen kann? Allerdings klingt es nicht sehr gut. Ich habe ihn gefragt, ob er nicht lernen will, besser zu spielen. Aber Babar hat geantwortet, er hat keine Lust dazu, er findet es ganz blöd, wenn Elefanten Trompete spielen sollen. Was findest Du – hat er recht?
Dein Papperlapapi

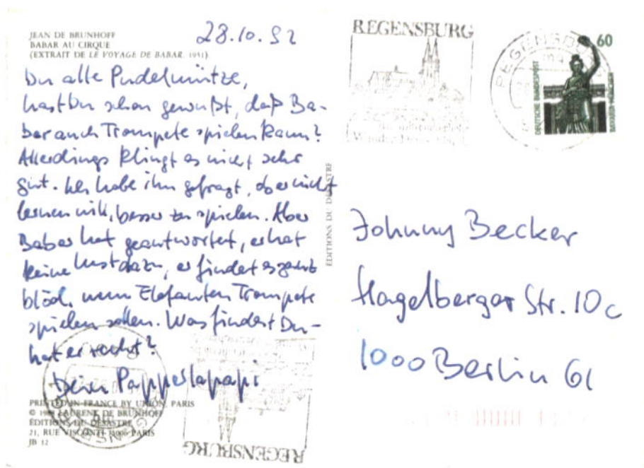

An: Christine Becker, Berlin

28. 10. 1992 [Regensburg]

Du alte Nebenabsprache,
in Regensburg, wo ich jetzt unglücklicherweise bin, gefällt mir das Hotelzimmer nicht – kein Kabelfernsehen. Ich habe mit Strohmaier[1] darüber geredet, aber es war kein anderes Zimmer zu beschaffen. Da habe ich irgendeine Kompensation verlangt, und er hat angeboten, nächstens mit Johnny in den Zoo zu gehen.
Ich habe angenommen.
Dein Verhandlungskünstler
J.

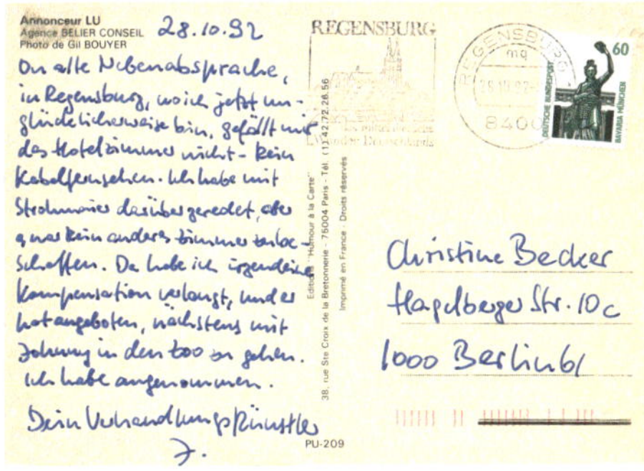

1 Fred Strohmaier war von 1962 bis 2016 Inhaber der Atlantis Buchhandlung in Regensburg.

An: Kerstin Bark, Berlin

2. 11. 1992 [Konstanz]

Liebe Kerstin,
auf so einer Lesereise merkt
man, was einem alles fehlt,
oder wer. Man glaubt es kaum –
auch Du. Das ist natürlich
ausgemachter Blödsinn,
aber es stimmt.
Umarmung von
Jurek

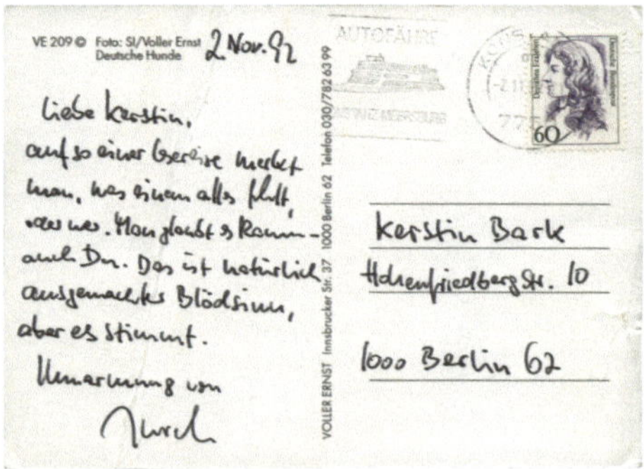
VE 209 © Foto: SI/Voller Ernst
Deutsche Hunde

2 Nov. 92

Liebe Kerstin,
auf so einer Lesereise merkt
man, was einem alles fehlt,
oder wer. Man glaubt es kaum –
auch Du. Das ist natürlich
ausgemachter Blödsinn,
aber es stimmt.
Umarmung von
Jurek

VOLLER ERNST Innsbrucker Str. 37 1000 Berlin 62 Telefon 030/782 63 99

Kerstin Bark
Hohenfriedbergstr. 10
1000 Berlin 62

An: Manfred Krug, Berlin

2. 11. 1992 [Konstanz]

Lieber Manfred,
gestern, bei der Lesung in Konstanz, wurde ich gefragt, ob es stimmt, daß ich »Liebling«[1] deshalb nicht mehr schreibe, weil wir beide uns verstritten hätten. Ich habe geantwortet, daß ich nie aufhören könnte, Dich zu lieben, selbst wenn Du mich verstießest. Das hat die Leute, glaube ich, sehr beeindruckt.
Noch für zwei Wochen
in der Diaspora
Dein Jurek

1 J. B. hatte nach drei Staffeln erklärt, keine Drehbücher mehr für die Fernsehserie *Liebling Kreuzberg* schreiben zu wollen. Mitte der neunziger Jahre nahm er die Arbeit doch wieder auf.

An: Christine Becker, Berlin

5. 11. 1992 [Ludwigsburg]

Du alte Vorsatzlinse,
gestern, bei der Lesung, hat mich einer gefragt, wie ich mich als polnischer Jude in dieser Zeit in Deutschland[1] fühle. Ich habe ihn gefragt, wie er sich als taube Nuß in Deutschland fühlt, aber dann ist die Sache nicht weiter vertieft worden. Du siehst, hin und wieder gibt es doch etwas Abwechslung.
Dein tiefempfundener
J.

1 Zu Beginn der neunziger Jahre gab es in Deutschland vermehrt Anschläge mit rechtsextremistischem Hintergrund.

An: Christine Becker, Berlin

9. 11. 1992 [Saarbrücken]

Du alte Inflationsrate,
dies ist zur Abwechslung eine sehr ernste Karte. Genaugenommen ist es keine Karte, sondern eine Art Gutschein: Hiermit verpflichte ich mich, für die nächsten 30 Jahre jede Art von Jammern von Dir entgegenzunehmen, und zwar ohne ein Zeichen von Ungeduld und mit ÄUSSERSTEM Verständnis. Die Verpflichtung erlischt erst an dem Tag, an dem mir ein Amtsarzt Depressionen bescheinigt, vermutlich also nie.
Deine Frohnatur
J.

9. 11. 92
CHANNEL SWIMMING ASSOCIATION, DOVER, KENT, ENGLAND, 1984
PHOTOGRAPH BY NEAL SLAVIN
Du alte Inflationsrate
dies ist zur Abwechslung eine sehr ernste Karte. Genaugenommen ist es keine Karte, sondern eine Art Gutschein: Hiermit verpflichte ich mich, für die nächsten 30 Jahre jede Art von Jammern von Dir entgegenzunehmen, und zwar ohne ein Zeichen von Ungeduld und mit ÄUSSERSTEM Verständnis. Die Verpflichtung erlischt erst an dem Tag, an dem mir ein Amtsarzt Depressionen bescheinigt, vermutlich also nie.
Deine Frohnatur J.
SAARBRÜCKEN 6600
Christine Becker
Hagelberger Str. 10c
1000 Berlin 61

An: Christine Becker, Berlin

9. 11. 1992 [Saarbrücken]

Du alte Hemmschwelle,
heute schon wieder etwas
Getragenes: Ich habe herausgefunden, daß ich mir besser
gefalle, wenn Du in der Nähe
bist. Versuch doch bitte rauszukriegen, ob es Dir umgekehrt
auch so geht. Wenn ja, dann
würde ich nicht ausschließen,
daß wir ein Liebespaar sind.
Das wäre nicht auszudenken!
Dein Romeo J.

Aus der Sammlung von ULRICH KUBISCH
The Boring Fifties
„Das Radio macht uns beide froh."
9. 11. 92
Du alte Hemmschwelle,
heute schon wieder etwas
Getragenes: Ich habe herausgefunden, daß ich mir besser
gefalle, wenn Du in der Nähe
bist. Versuch doch bitte rauszukriegen, ob es Dir umgekehrt
auch so geht. Wenn ja, dann
würde ich nicht ausschließen,
daß wir ein Liebespaar sind.
Das wäre nicht auszudenken!
Dein Romeo J.
© ARARAT, Bergmannstr. 99a, D-1000 Berlin 61 Bestell-Nr.: AR 425
Christine Becker
Hagelberger Str. 10c
1000 Berlin 61

An: Lonni Becker, Berlin

9. 11. 1992 [Saarbrücken]

Lieber Lonni,
gestern war ich auf meiner Lesereise in Trier, das ist eine sehr interessante Stadt. Sie wurde vor 2000 Jahren von Karl Marx[1] gegründet, und auch heute noch wird er sehr geachtet. An jeder zweiten Straßenecke steht ein Denkmal von ihm, nur trägt er seltsamerweise immer ein Römerkostüm[2]. Verstehst Du das?
Dein Papa

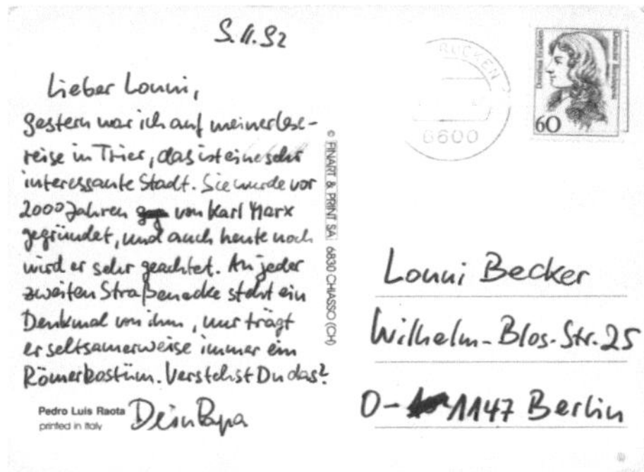
9.11.92
Lieber Lonni,
gestern war ich auf meiner Lesereise in Trier, das ist eine sehr interessante Stadt. Sie wurde vor 2000 Jahren von Karl Marx gegründet, und auch heute noch wird er sehr geachtet. An jeder zweiten Straßenecke steht ein Denkmal von ihm, nur trägt er seltsamerweise immer ein Römerkostüm. Verstehst Du das?
Dein Papa
Lonni Becker
Wilhelm-Blos-Str. 25
0-1147 Berlin
© FINART & PRINT S.A. 6830 CHIASSO (CH)
Pedro Luis Raota
printed in Italy

1 Karl Marx (1818-1883) wurde in Trier geboren.

2 Die Stadt Trier wurde von den Römern gegründet.

An: Christine Becker, Berlin

10. 11. 1992 [Ludwigsburg]

Du alte Sondergröße,
zum zweitenmal auf dieser Lese-
reise bin ich in der Millionenstadt
Ludwigsburg. Im Hotel haben sie das-
selbe Zimmer für mich reserviert (mit
demselben kaputten Klo), auf der
Straße grüßen mich die alten Da-
men, und im Café fragt die
Serviererin: Wie immer?
Auf der nächsten Lesereise fahre ich
dreimal nach Ludwigsburg, al-
lerdings nicht ohne Dich und
einen Gewissen.
K ü K[1]
J.

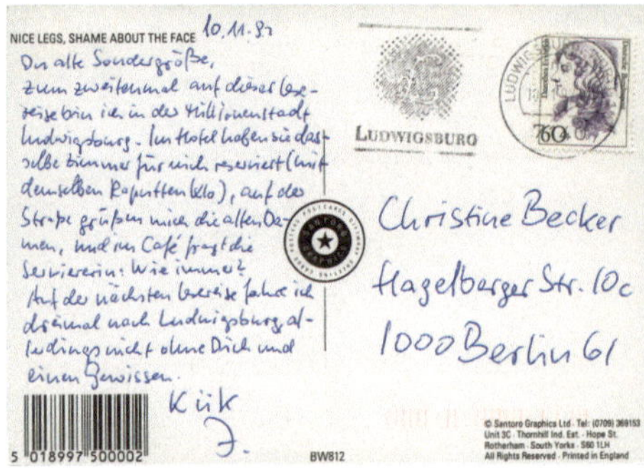

1 Die Anfangsbuchstaben stehen für »Küsse über Küsse«.

An: Rieke Becker, Berlin

10. 11. 1992 [Ludwigsburg]

Liebe Rieke,
auf solch einer Lesereise geschehen wirklich die merkwürdigsten Dinge. So habe ich zum Beispiel einige Bücher zu meiner Lektüre mitgenommen, mit folgendem Erfolg: Ich gehe zur Lesung, schlage mein Buch an der Seite mit dem Eselsohr auf und merke erst nach drei Seiten, daß ich aus ›Oblomow‹ von Gontscharow[1] vorlese. Ich glaube, ich war im ganzen Saal der einzige, der überhaupt was gemerkt hat.
Sei umarmt von
Jurek

1 Iwan Gontscharow berichtet in seinem Roman *Oblomow* (erschienen 1859) von jemandem, der sein ganzes Leben im Bett und auf dem Diwan verbringt.

An: Christine Becker, Berlin

11. 11. 1992 [Ulm]

Du alte Maultasche,
Ulm mußt Du Dir vorstellen als
eine gewaltige Baugrube voller
Nutzfahrzeuge, aus der das
Münster gerade so hervorragt.
Hier zu leben ist etwa so an-
genehm wie auf dem Mit-
telstreifen des Mehring-
damms[1]. Mein Rat: Vergiß
Ulm und denk lieber an
Deinen Traummann
J.

Du alte Maultasche,
Ulm mußt Du Dir vorstellen als
eine gewaltige Baugrube voller
Nutzfahrzeuge, aus der das
Münster gerade so hervorragt.
Hier zu leben ist etwa so an-
genehm wie auf dem Mit-
telstreifen des Mehring-
damms. Mein Rat: Vergiß
Ulm und denk lieber an
Deinen Traummann
J.

1 Eine vierspurige Straße im Berliner Bezirk Kreuzberg.

An: Christine Becker, Berlin

12. 11. 1992 [Stuttgart]

Du alter Doppelwhopper,
Stuttgart, mehr gibt es eigentlich nicht zu sagen. Ich sitze im Café und bin nicht mehr auf der Stern-Bestsellerliste. Begreifst Du das – einfach verschwunden! Wie können Menschen anderen Menschen soetwas antun? Gehört eine solche Sache nicht zu ai[1]? Auf alle Fälle werde ich bei der Lesung heute abend darüber reden, nur darüber.
We shall overcome[2]!
J.

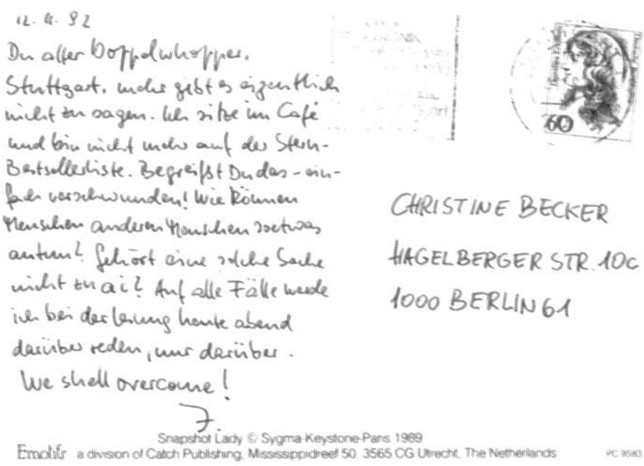

1 Die Menschenrechtsorganisation Amnesty International.
2 Wir werden siegen.

An: Christine Becker, Berlin

13. 11. 1992 [Karlsruhe]

[Du altes Haltesignal,][1]
ich sitze im ›Erbprinz‹[2],
lasse Mark um Mark in
meinem Rachen verschwinden und kann es kaum
mehr erwarten, in der Tiefkühltruhe nachzusehen und
nichts Gescheites für uns
drei zum Essen zu finden.
Dein Lieblingsmelancholiker J.

13. 11. 92
ich sitze im ›Erbprinz‹, lasse Mark um Mark in meinem Rachen verschwinden und kann es kaum mehr erwarten, in der Tiefkühltruhe nachzusehen und nichts Gescheites für uns drei zum Essen zu finden.
Dein Lieblingsmelancholiker J.

Christine Becker
X Hagelberger Str. 10c
1000 Berlin 61

1 Die Anrede fehlt auf der Originalpostkarte. Da J. B. die Texte für seine Postkarten mitunter zunächst als Entwurf in einem Heft notierte, wurde die Anrede entsprechend dem Entwurf ergänzt.
2 Das Hotel Erbprinz in Ettlingen bietet in seinem Restaurant eine hochpreisige sogenannte Gourmetküche an.

An: Christine Becker, Berlin

14. 11. 1992 [Karlsruhe]

Du altes Schweigegelübde,
schade – gerade fängt die Lesereise
an, mir Spaß zu machen, und schon
geht sie zuende. Ich bin inzwischen
so perfekt im Säubern von Hotelklos,
im Abstellen klickender Weckuhren,
beim Bedienen defekter Duschen,
im Anblaffen frecher Kellner, daß
all dieses Nohau[1] zu Hause
brachliegen wird. Fordere mich,
um Himmels willen, fordere
mich!!
Dein Lieblingsgroßmaul J.

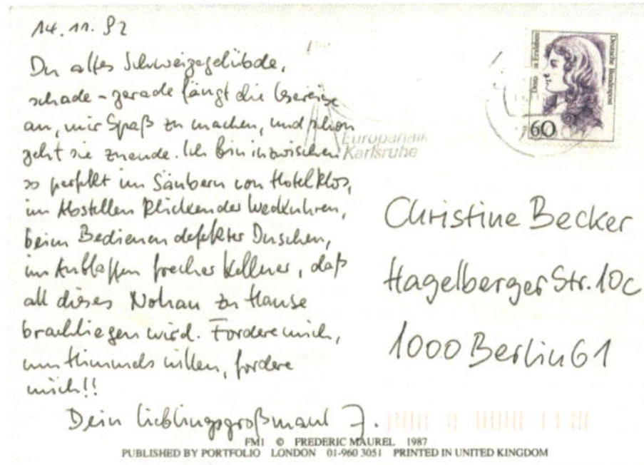
14. 11. 92
Du altes Schweigegelübde,
schade – gerade fängt die Lesereise
an, mir Spaß zu machen, und schon
geht sie zuende. Ich bin inzwischen
so perfekt im Säubern von Hotelklos,
im Abstellen klickender Weckuhren,
beim Bedienen defekter Duschen,
im Anblaffen frecher Kellner, daß
all dieses Nohau zu Hause
brachliegen wird. Fordere mich,
um Himmels willen, fordere
mich!!
Dein Lieblingsgroßmaul J.
Christine Becker
Hagelberger Str. 10c
1000 Berlin 61
FM1 © FREDERIC MAUREL 1987
PUBLISHED BY PORTFOLIO LONDON 01-960 3051 PRINTED IN UNITED KINGDOM

1 Know-how.

An: Christine Becker, Berlin

15. 11. 1992 [Heilbronn]

Du alter Finderlohn,
ich sitze im Regen in Heilbronn
und habe gerade Deine Eltern hinter
mir. Es war sehr schön. Es war
zwar nicht ganz so bequem wie
im Hotel, dafür hat mich Dein
Vater mit seinen geschliffenen
Erzählungen unterhalten, und
Deine Mutter hat mich so bekocht,
wie ein Hotel das nie zustande-
bringen würde. Ich glaube, Deine
Eltern und ich passen einfach fabel-
haft zueinander.
Dein Lieblingsanalytiker
J.

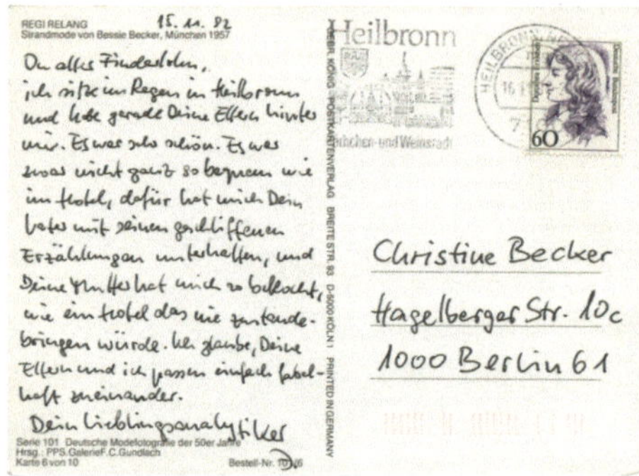

REGI RELANG
Strandmode von Bessie Becker, München 1957

15. 11. 92

Du alter Finderlohn,
ich sitze im Regen in Heilbronn
und habe gerade Deine Eltern hinter
mir. Es war sehr schön. Es war
zwar nicht ganz so bequem wie
im Hotel, dafür hat mich Dein
Vater mit seinen geschliffenen
Erzählungen unterhalten, und
Deine Mutter hat mich so bekocht,
wie ein Hotel das nie zustande-
bringen würde. Ich glaube, Deine
Eltern und ich passen einfach fabel-
haft zueinander.
Dein Lieblingsanalytiker

Serie 101 Deutsche Modefotografie der 50er Jahre
Hrsg.: PPS.GalerieF.C.Gundlach
Karte 6 von 10
Bestell-Nr. 10/6

GEBR. KÖNIG POSTKARTENVERLAG BREITE STR. 93 D-5000 KÖLN 1 PRINTED IN GERMANY

Heilbronn
...ädchen- und Weinstadt

HEILBRONN

60

Christine Becker
Hagelberger Str. 10c
1000 Berlin 61

An: Christine Becker, Berlin

16. 11. 1992 [Heidelberg]

Du alter Mietspiegel,
Heidelberg ist ein seltsamer Ort. Zuerst habe ich ihn nicht gefunden, dann habe ich mein Hotel nicht gefunden. Dann haben die mich zu einem Parkhaus geschickt, das ich nicht gefunden habe, und aus Rache habe ich danach den Hotelschlüssel verloren. Es ist möglich, daß die Leute bei der Lesung Günter Grass[1] erwarten, aber das macht nichts – dann beisse ich die Zähne zusammen und lese Homo Faber[2].
Dein Spätheimkehrer
J.

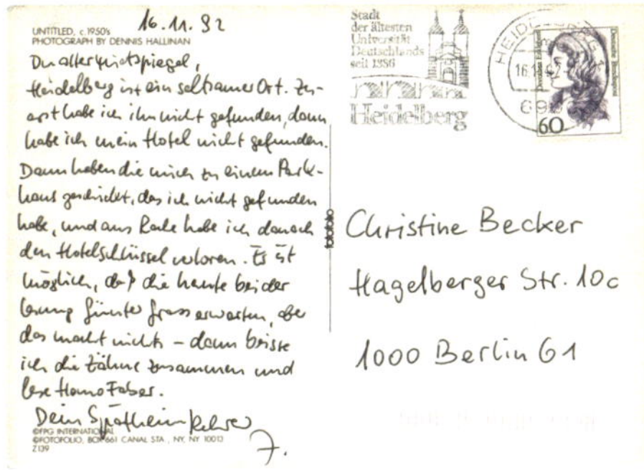
UNTITLED, c.1950s
PHOTOGRAPH BY DENNIS HALLINAN
16.11.92
Du alter Mietspiegel,
Heidelberg ist ein seltsamer Ort. Zuerst habe ich ihn nicht gefunden, dann habe ich mein Hotel nicht gefunden. Dann haben die mich zu einem Parkhaus geschickt, das ich nicht gefunden habe, und aus Rache habe ich danach den Hotelschlüssel verloren. Es ist möglich, daß die Leute bei der Lesung Günter Grass erwarten, aber das macht nichts – dann beisse ich die Zähne zusammen und lese Homo Faber.
Dein Spätheimkehrer
J.
Stadt der ältesten Universität Deutschlands seit 1386
Heidelberg
60
Christine Becker
Hagelberger Str. 10c
1000 Berlin 61

1 Günter Grass (1927-2015) war ein deutscher Schriftsteller, Bildhauer, Maler und Graphiker.
2 Roman von Max Frisch.

An: Johnny Becker, Berlin

16. 11. 1992 [Heidelberg]

Meine liebe Telefonklingel,
stell Dir vor, ich bin in einer
Stadt, da lachen die Autos.
Und die Katzen bellen, und die
Hunde tuten, und die Feuerwehr
macht Kikeriki. Und die Radieschen sind grün wie Tomaten.
Das ist natürlich alles Quatsch,
ich wollte nur, daß der Johnny
lacht.
Bis gleich, mein Lieberlieber
Dein Papa

An: Christine Becker, Berlin

4. 1. 1993 [Sieseby]

Du alte Dampferanlegestelle,
was erleb ich hier schon.
Schlei zugefroren, der Weih-
nachtsbaum im Garten brennt,
nein, strahlt, Frau Wohlsen
erklärt mir neue Bestim-
mungen der Müllabfuhr,
und Lutz Arnold möchte mich
besuchen. Kunst ist nicht immer
leicht, aber wer wußte das nicht
schon früher.
Küsse, Dein Lieblingsmelancholiker

4.1.93
KAFFEEHAUS HELDT KONDITOREI
OSTSEEBAD ECKERNFÖRDE
RATHAUSMARKT

Du alte Dampferanlegestelle,
was erleb ich hier schon.
Schlei zugefroren, der Weih-
nachtsbaum im Garten brennt,
nein, strahlt, Frau Wohlsen
erklärt mir neue Bestim-
mungen der Müllabfuhr,
und Lutz Arnold möchte mich
besuchen. Kunst ist nicht immer
leicht, aber wer wußte das nicht
schon früher.
Küsse, Dein Lieblingsmelancholiker

Photo Steinbach, Eckernförde - Nr. 427

Christine Becker
Hagelberger Str. 10c
1000 Berlin 61

An: Christine Becker, Berlin

6. 1. 1993 [Sieseby]

Du alte Mehrwegflasche,
ich arbeite ziemlich gut und
zügig, und in meiner wenigen
Freizeit betätige ich mich wis-
senschaftlich. So ist mir zum
Beispiel folgender Lehrsatz geglückt:
Das Arbeitsresultat verhält sich
umgekehrt proportional zur
räumlichen Distanz zu den
beiden Personen, an denen man
am meisten hängt.
Wahrscheinlich muß noch etwas
daran gefeilt werden, aber ich
lasse mich hängen, wenn ich
da nicht einer großen Sache
auf der Spur bin.
Sei umherzt und umsehnt
von Deinem Lieblingspsychopathen J.

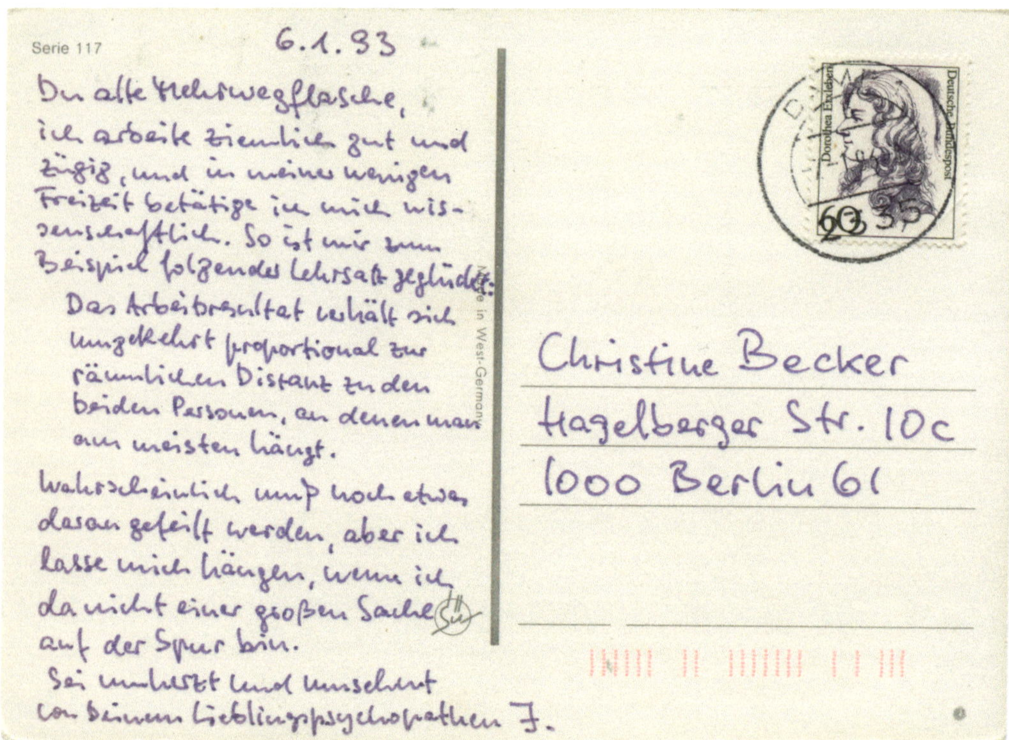
Serie 117
6.1.93
Du alte Mehrwegflasche,
ich arbeite ziemlich gut und
zügig, und in meiner wenigen
Freizeit betätige ich mich wis-
senschaftlich. So ist mir zum
Beispiel folgender Lehrsatz geglückt:
Das Arbeitsresultat verhält sich
umgekehrt proportional zur
räumlichen Distanz zu den
beiden Personen, an denen man
am meisten hängt.
Wahrscheinlich muß noch etwas
daran gefeilt werden, aber ich
lasse mich hängen, wenn ich
da nicht einer großen Sache
auf der Spur bin.
Sei umherzt und umsehnt
von Deinem Lieblingspsychopathen J.

Made in West-Germany

Deutsche Bundespost
Dorothea Erxleben
60

Christine Becker
Hagelberger Str. 10c
1000 Berlin 61

An: Christine Becker, Berlin

11. 1. 1993 [Sieseby]

Du alte Überlandheizung,
welch ein Grau am Himmel! Mit
den zartesten Pastelltönen anfan-
gend, an Weiß gemahnend, ja,
mit ihm fast eins, nimmt es un-
merklich kräftigeren Ton an,
bewegt sich über ein gewöhnliches,
doch da oben majestätisch wir-
kendes, Grau hin zu einem atem-
beraubenden Schwärzlich, das
die Herzen schneller schlagen und
die Menschen ängstlich und nie-
dergeschlagen in ihren Behau-
sungen verharren läßt. Oh,
Norden!
In Liebe – Dein Lieblingsphantast J.

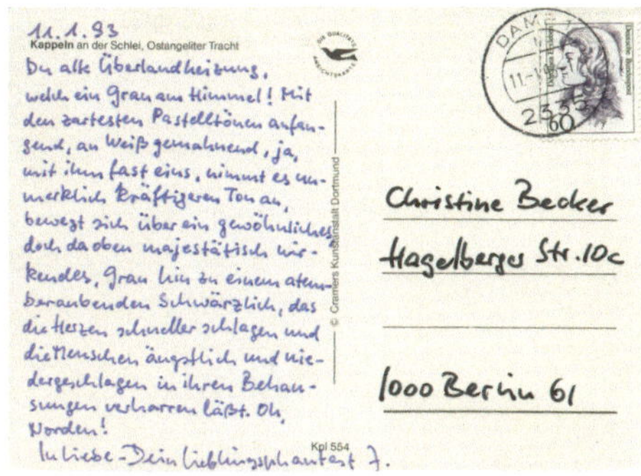
11. 1. 93
Kappeln an der Schlei, Ostangeliter Tracht
Du alte Überlandheizung,
welch ein Grau am Himmel! Mit
den zartesten Pastelltönen anfan-
gend, an Weiß gemahnend, ja,
mit ihm fast eins, nimmt es un-
merklich kräftigeren Ton an,
bewegt sich über ein gewöhnliches,
doch da oben majestätisch wir-
kendes, Grau hin zu einem atem-
beraubenden Schwärzlich, das
die Herzen schneller schlagen und
die Menschen ängstlich und nie-
dergeschlagen in ihren Behau-
sungen verharren läßt. Oh,
Norden!
In Liebe – Dein Lieblingsphantast J.

Christine Becker
Hagelberger Str. 10c
1000 Berlin 61

Kpl 554
© Cramers Kunstanstalt Dortmund

An: Johnny Becker, Berlin

13. 1. 1993 [Sieseby]

Du alte Honigtomate,
hier in Sieseby regnet es
ganz schrecklich. In unserem
Garten sind riesengroße
Pfützen, und der Wind pustet
so stark, daß die Vögel nur
in eine Richtung fliegen können. Aber wenn ich Dich in
der nächsten Woche hole, wird
alles anders. Laß Dir von der
Mami erklären, wie wenig Tage
es nur noch sind. Und was
ein Leuchtturm ist, soll sie
Dir auch erklären. Oder weißt
Du das schon?
Dein Johnnypapa

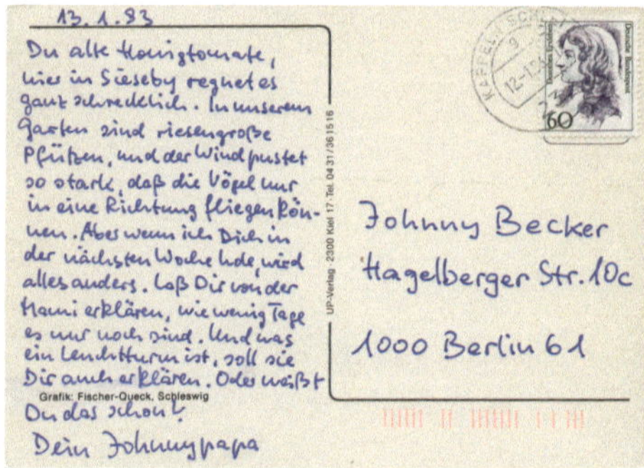
13.1.93
Du alte Honigtomate, hier in Sieseby regnet es ganz schrecklich. In unserem Garten sind riesengroße Pfützen, und der Wind pustet so stark, daß die Vögel nur in eine Richtung fliegen können. Aber wenn ich Dich in der nächsten Woche hole, wird alles anders. Laß Dir von der Mami erklären, wie wenig Tage es nur noch sind. Und was ein Leuchtturm ist, soll sie Dir auch erklären. Oder weißt Du das schon?
Dein Johnnypapa
Johnny Becker
Hagelberger Str. 10c
1000 Berlin 61
Grafik: Fischer-Queck, Schleswig
UP-Verlag · 2300 Kiel 17 · Tel. 04 31 / 36 15 16

An: Christine Becker, Berlin

14. 1. 1993 [Sieseby]

Du altes Kirchenschiff,
und die Dichter suchen nach den richtigen Worten dafür, und wenn sie ein paar gefunden haben, legen sie sie ihren Kirchenschiffen vor, und von deren Zustimmung hängt alles Weitere ab, denn die Himmel können erzählen, soviel sie wollen, erst die Worte machen den Kohl fett, denn was hätte der Herr davon, wenn ihn keine Sau versteht?
Halleluja!
Dein Lieblingsliturgiker
J.

14. 1. 93
Du altes Kirchenschiff,
und die Dichter suchen nach den richtigen Worten dafür, und wenn sie ein paar gefunden haben, legen sie sie ihren Kirchenschiffen vor, und von deren Zustimmung hängt alles Weitere ab, denn die Himmel können erzählen, soviel sie wollen, erst die Worte machen den Kohl fett, denn was hätte der Herr davon, wenn ihn keine Sau versteht?
Halleluja!
Dein Lieblingslithurgiker
J.

Christine Becker
Hagelberger Str. 10c
1000 Berlin 61

Taubitz & Sohn OHG Hannover Printed in Belgium
CPT 7614

An: Johnny Becker, Berlin

25. 2. 1993 [Sieseby]

Du lieber alter Gänsebraten,
es ist jetzt furchtbar kalt in
Sieseby. Die Schlei ist zugefro-
ren, die Straßen sind schwei-
neglatt, und nirgend sieht man
einen Traktor, denn alle Bauern
sitzen zu Hause und frieren.
Nur in meinem Arbeitszimmer
ist es warm – da sitze ich den
ganzen Tag an der Schreibma-
schine und denke an meinen
Johnny.
Viele Katzenküsse von
Deinem Papa

SCHLESWIG-HOLSTEIN
Leuchttürme v.o.l.: Dahmeshöved, Büsum, Kiel, Schleimünde

25.2.93
Du lieber alter Gänsebraten,
es ist jetzt furchtbar kalt in
Sieseby. Die Schlei ist zugefro-
ren, die Straßen sind schwei-
neglatt, und nirgend sieht man
einen Traktor, denn alle Bauern
sitzen zu Hause und frieren.
Nur in meinem Arbeitszimmer
ist es warm – da sitze ich den
ganzen Tag an der Schreibma-
schine und denke an meinen
Johnny.
Viele Katzenküsse von
Deinem Papa

UP-Verlag · 2300 Kiel 17 · Tel. 0431/361516

JOHNNY BECKER
HAGELBERGER STR. 10c
1000 BERLIN 61

An: Ottilie Krug, Berlin

15. 3. 1993 [St. Louis[1]]

Liebste Ti,
ich glaube, das Reisen würde nicht halb soviel Spaß machen, wenn es nicht die Freude mit sich brächte, Dich mit Karten zu bombardieren. Nein, nur für Außenstehende sieht es wie lästige Pflicht aus. In Wirklichkeit ist es ein großes Vergnügen, die Karten auszusuchen, ein Postamt zu finden (wegen der Marken), einen Briefkasten aufzuspüren (denn die Post ist zu weit), und in jeder freien Minute nach Worten zu grübeln, die Dich erheitern könnten.
Amerikanische Küsse
Dein Jurek

1 Auf Einladung von Paul Michael Lützeler war J.B. an die Washington University in St. Louis gekommen, um dort als sogenannter Max Kade Writer-in-Residence ein halbes Semester lang wöchentlich zweimal ein Doktorandenseminar abzuhalten.

An: Edith Jeka, Berlin

15. 3. 1993 [St. Louis]

Liebste Edith,
wie Du vielleicht weißt, hat
Christine mir eine Woche Vorsprung
gegeben, und den habe ich genutzt:
Kaum waren die schlimmsten
Schneestürme vorbei, habe ich mich
bei den Mädels am Mississippi etwas
umgesehen und gleich, wie Du deutlich
siehst, die River-Queen erwischt.
Ich will aber nicht angeben – sie hat
mir ein Jugend-Foto angedreht.
Amerikanische Umarmungen
Jurek

An: Burgel Zeeh, Suhrkamp Verlag, Frankfurt [am Main]

15. 3. 1993 [St. Louis]

Verehrte Burgel,
kaum will ich mit meinem Johnny
ein bißchen Spaß haben, schon
klettert mir ein fettes amerikanisches
Mädchen auf den Rücken und will
mitreiten. Welch ein Glück, daß Johnny
nicht eifersüchtig ist und auf diese
Weise, ganz nebenher, an die hege-
monialen Ansprüche der Amis
gewöhnt wird. Aber in Ordnung
ist das nicht!
Liebstens und herzlichst
Dein Jurek

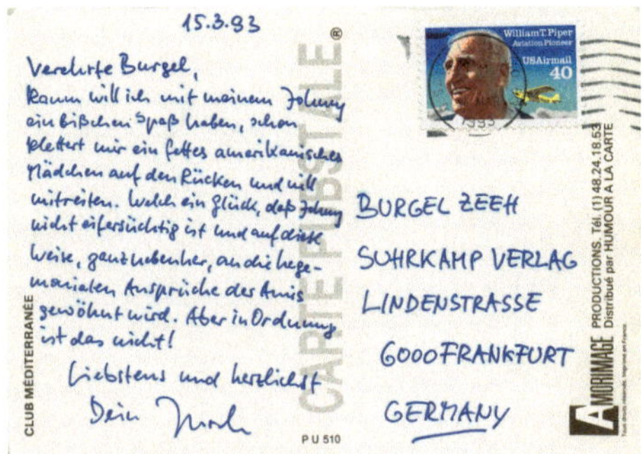

An: Ottilie Krug, Berlin

17. 3. 1993 [St. Louis]

Liebe Ottilie,
als ich gestern abend aus der Basketball-Halle kam, war die Stadt tief eingeschneit. Das ist aus zwei Gründen bemerkenswert: Erstens liegt St. Louis etwas südlicher als Sizilien, zweitens habe ich (wegen erstens) nur Badehosen bei mir. Aber die Leute sagen, so etwas ist seit hundert Jahren nicht passiert, und das hilft mir doch sehr.
Umarmungen von Jurek

An: Manfred Krug, Berlin

18. 3. 1993 [St. Louis]

Lieber Manfred,
ich kaufe täglich in einem riesigen Supermarkt ein, der SCHNUCK'S heißt. Er läßt mich beim Essen vergessen, daß ich in Amerika bin: dafür rückt er mir ins Bewußtsein, daß es auch für Juden nicht ganz einfach ist, sich Tag für Tag anständig zu ernähren.
In Liebe Jurek

An: Helge Braune, Berlin

18. 3. 1993 [St. Louis]

Lieber Helge,
wenn doch alles so herrlich
einfach wäre, wie Karten an
Dich zu schreiben[1]:
Es geht mir gut, herz-
liche Grüße
Dein Jurek

1 Helge Braune hatte J. B. wissen lassen, dass er von dessen Postkarten nicht mehr erwarte als eine knappe Auskunft bezüglich des Wetters und des Befindens.

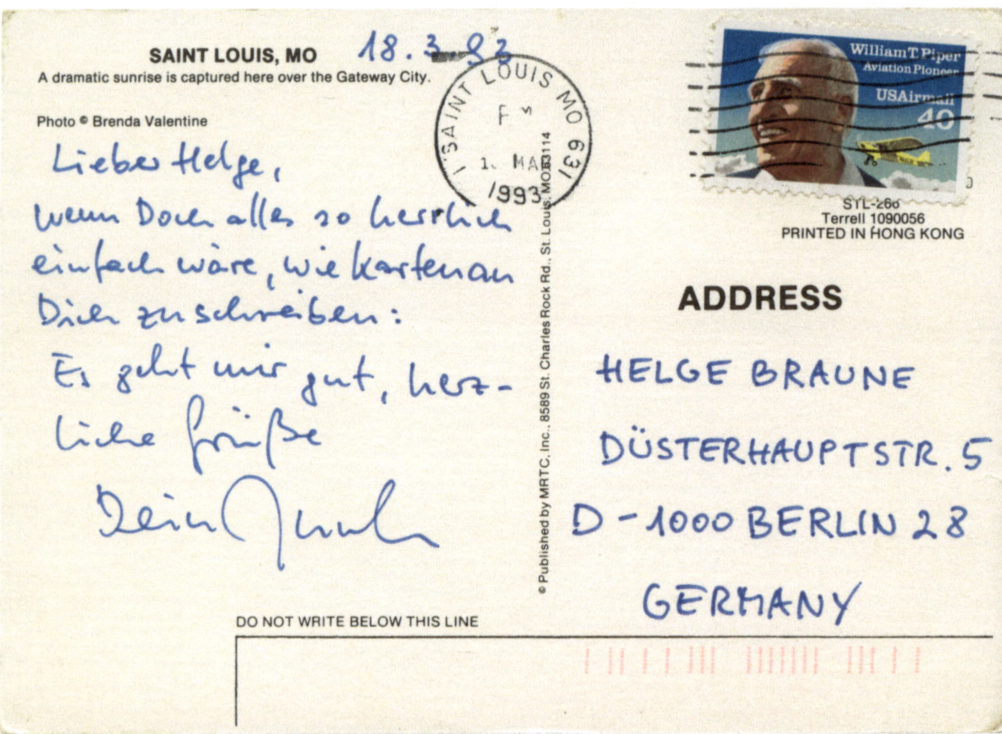
SAINT LOUIS, MO
A dramatic sunrise is captured here over the Gateway City.
Photo © Brenda Valentine

18. 3. 93

SAINT LOUIS MO 631
1993

Lieber Helge,
wenn doch alles so herrlich
einfach wäre, wie Karten an
Dich zu schreiben:
Es geht mir gut, herz-
liche Grüße
Dein Jurek

William T. Piper
Aviation Pioneer
USAirmail 40

STL-266
Terrell 1090056
PRINTED IN HONG KONG

ADDRESS

HELGE BRAUNE
DÜSTERHAUPTSTR. 5
D-1000 BERLIN 28
GERMANY

© Published by MRTC, Inc., 8589 St. Charles Rock Rd., St. Louis, MO 63114

DO NOT WRITE BELOW THIS LINE

An: Christine Becker, Berlin

25. 3. 1993 [St. Louis]

Du alter Publikumserfolg,
wenn ich mir vorstelle, wieviel Zeit ich hätte, wenn Du und Johnny nicht hierwären, und wenn ich mir weiterhin vorstelle, was das für eine traurige Zeit wäre, wenn Du und Johnny nicht hierwären, dann muß ich mich glücklich schätzen, daß Du und Johnny hier seid. Durch Euch, meine Geliebten, ist mir zum erstenmal bewußt geworden, daß es ein größeres Glück auf Erden gibt, als Zeit zu haben.
Dein Lieblingsphilosoph
J.

An: Christine Becker, Berlin

1. 4. 1993 [St. Louis]

Du alte Flachzange,
weißt Du noch – der weite Himmel, unter dem sich's wieder atmen läßt? Das Haus und die Gebräuche aus einer Zeit, da ein Mann noch ein Mann war und eine Essiggurke noch eine Essiggurke? Und die eingedickte braune Soße?
Dein Wegbegleiter J.

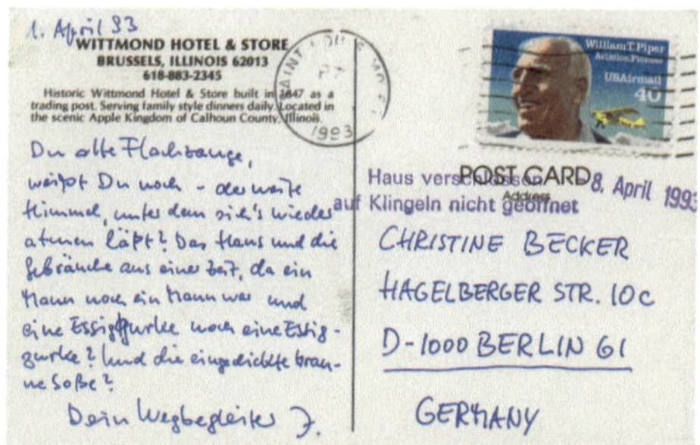
1. April 93
WITTMOND HOTEL & STORE
BRUSSELS, ILLINOIS 62013
618-883-2345
Historic Wittmond Hotel & Store built in 1847 as a trading post. Serving family style dinners daily. Located in the scenic Apple Kingdom of Calhoun County, Illinois.

Du alte Flachzange,
weißt Du noch – der weite Himmel, unter dem sich's wieder atmen läßt? Das Haus und die Gebräuche aus einer Zeit, da ein Mann noch ein Mann war und eine Essiggurke noch eine Essig-gurke? Und die eingedickte brau-ne Soße?
Dein Wegbegleiter J.

William T. Piper Aviation Pioneer USAirmail 40
POST CARD
Address
Haus verschlossen
auf Klingeln nicht geöffnet
8. April 1993
CHRISTINE BECKER
HAGELBERGER STR. 10c
D-1000 BERLIN 61
GERMANY

An: Christine Becker, Berlin

2.4.1993 [St. Louis]

Du altes Abrißglas,
und dann die Gläser, unter denen
die Preise von vor fünfzig Jahren
standen, von Mr. Whitmond[x] hinge-
schrieben? Und die freundliche
Fähre, die uns wieder auf die Straße
zurück in unsere Welt brachte,
mit all ihren Fährnissen, Möglich-
keiten und Leidenschaften?

Dein Erfüllungsgehilfe

J

x Muß heißen: Wittmond

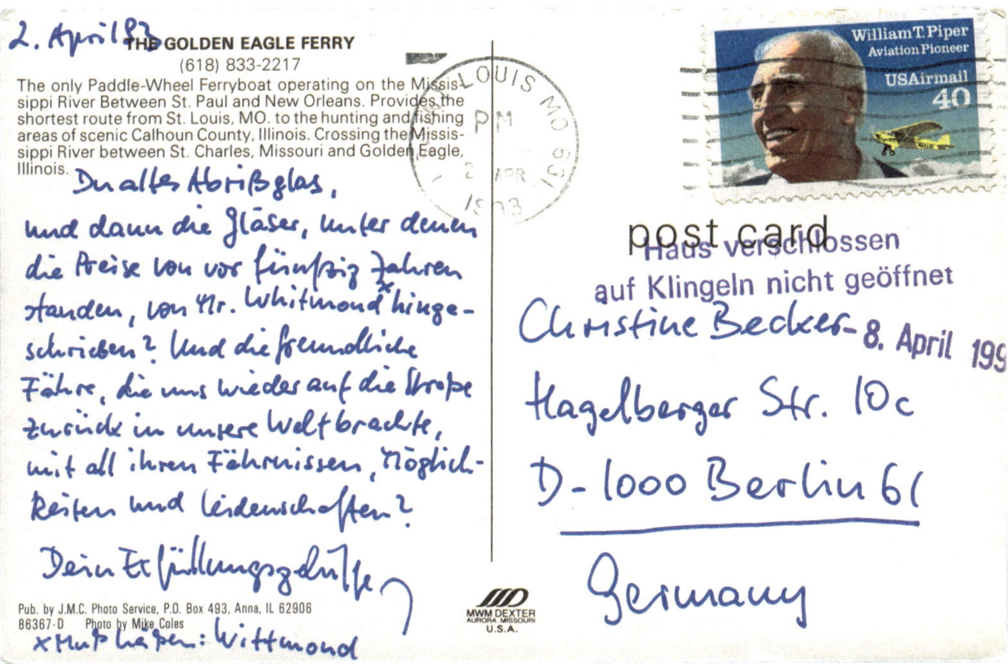

2. April 93

THE GOLDEN EAGLE FERRY
(618) 833-2217
The only Paddle-Wheel Ferryboat operating on the Mississippi River Between St. Paul and New Orleans. Provides the shortest route from St. Louis, MO. to the hunting and fishing areas of scenic Calhoun County, Illinois. Crossing the Mississippi River between St. Charles, Missouri and Golden Eagle, Illinois.

Du altes Abrißglas,
und dann die Gläser, unter denen
die Preise von vor fünfzig Jahren
standen, von Mr. Whitmond[x] hinge-
schrieben? Und die freundliche
Fähre, die uns wieder auf die Straße
zurück in unsere Welt brachte,
mit all ihren Fährnissen, Möglich-
keiten und Leidenschaften?

Dein Erfüllungsgehilfe J

Pub. by J.M.C. Photo Service, P.O. Box 493, Anna, IL 62906
86367-D Photo by Mike Coles

x Muß heißen: Wittmond

MWM DEXTER
AURORA, MISSOURI
U.S.A.

LOUIS MO 631
PM
2 APR
1993

William T. Piper
Aviation Pioneer
USAirmail
40

post card

Haus verschlossen
auf Klingeln nicht geöffnet
8. April 199

Christine Becker
Hagelberger Str. 10c
D-1000 Berlin 61
Germany

An: Jeka/Braune, Berlin

[2. 4. 1993 St. Louis]

Ihr lieben Nordberliner,
nachdem ich nun die Hälfte
meiner Zeit hier gut hinter mich
gebracht habe, bin ich voll Hoffnung,
daß mir das auch mit der
zweiten Hälfte glücken wird. Mehr
wollte ich eigentlich gar nicht
sagen.
Euer amerikanischer
Freund Jurek

WITTMOND HOTEL & STORE
BRUSSELS, ILLINOIS 62013
618-883-2345

Historic Wittmond Hotel & Store built in 1847 as a trading post. Serving family style dinners daily. Located in the scenic Apple Kingdom of Calhoun County, Illinois.

Ihr lieben Nordberliner,
nachdem ich nun die Hälfte
meiner Zeit hier gut hinter mich
gebracht habe, bin ich voll Hoffnung,
daß mir das auch mit der
zweiten Hälfte glücken wird. Mehr
wollte ich eigentlich gar nicht
sagen.
Euer amerikanischer
Freund Jurek

William T. Piper
Aviation Pioneer
USAirmail
40

POST CARD
Address

JEKA/BRAUNE
DÜSTERHAUPTSTR. 5
D-1000 BERLIN 28
GERMANY

An: Tina Becker, Berlin

6. 4. 1993 [St. Louis]

Du altes Gegengewicht,
könntest Du Dir vorstellen, bei Gelegenheit mit mir essen zu gehen? Falls ja, dann erzähl bitte Christine nichts davon: Erstens neigt sie zu Eifersucht (auch wenn sie es nicht zugibt), und zweitens steht noch lange nicht fest, was aus so einem Abend wird. Meistens endet er harmlos, sie aber denkt immer Wunder was. Also pssst!
Dein Lieblingsverschwörer
Jurek

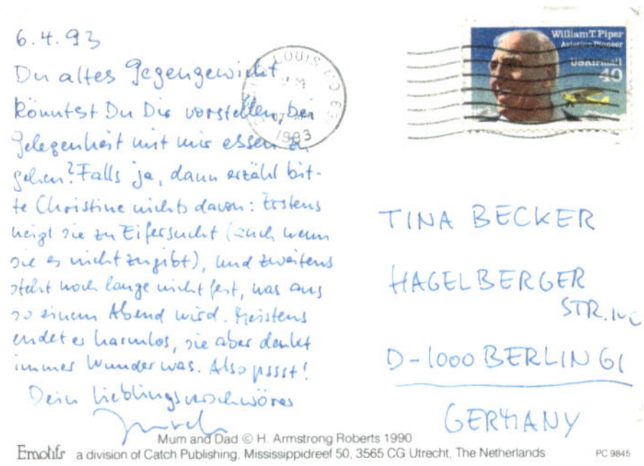
6.4.93
Du altes Gegengewicht,
könntest Du Dir vorstellen, bei
Gelegenheit mit mir essen zu
gehen? Falls ja, dann erzähl bit-
te Christine nichts davon: Erstens
neigt sie zu Eifersucht (auch wenn
sie es nicht zugibt), und zweitens
steht noch lange nicht fest, was aus
so einem Abend wird. Meistens
endet es harmlos, sie aber denkt
immer Wunder was. Also pssst!
Dein Lieblingsverschwörer

TINA BECKER
HAGELBERGER
STR.
D-1000 BERLIN 61
GERMANY

Mum and Dad © H. Armstrong Roberts 1990
Emotifs a division of Catch Publishing, Mississippidreef 50, 3565 CG Utrecht, The Netherlands PC 9845

An: Frau Edith Jeka, Berlin

7. 4. 1993 [St. Louis]

Liebe Edith,
in wenigen Tagen kommen
Nicki und Lonni mit ihrer
Mami. Johnny freut sich wie
ein Schneekönig, denn dann hat
er endlich Kinder zum Spielen.
Ich habe schon Hütchen und Luftballons und Süßigkeiten eingekauft, und bald feiern wir
alle ein großes Fest.
Umarmungen über Umarmungen
Jurek

7. 4. 93
Liebe Edith,
in wenigen Tagen kommen
Nicki und Lonni mit ihrer
Mami. Johnny freut sich wie
ein Schneekönig, denn dann hat
er endlich Kinder zum Spielen.
Ich habe schon Hütchen und Luftballons und Süßigkeiten eingekauft, und bald feiern wir
alle ein großes Fest.
Umarmungen über Umarmungen
Jurek

AIR MAIL

Lillian M. Gilbreth
USA 40c

Frau
EDITH JEKA
DÜSTERHAUPTSTR. 5
D-1000 BERLIN 28
GERMANY

Birthday Party © A. Miller / FPG International 1990
Emotif a division of Catch Publishing, Mississippidreef 50, 3565 CG Utrecht, The Netherlands
PC 9829

An: Helge Braune, Berlin

9. 4. 1993 [St. Louis]

Lieber Helge,
ich habe gelesen, daß
Bayern München gegen
Wattenscheid verloren
hat. Schade, daß so gute
Nachrichten nicht jeden
Tag in der Zeitung stehen.
Bis ganz bald
Jurek

9.4.93 SAINT LOUIS
Evening falls on the festive St. Louis Riverfront during the annual V.P. Fair, the largest Fourth of July celebration in the country.
© Photo by Andrea Stein

AIR MAIL

STL-243
03 APR
1993

Lillian M Gilbreth
USA 40c

POST CARD

Lieber Helge.
ich habe gelesen, daß
Bayern München gegen
Wattenscheid verloren
hat. Schade, daß so gute
Nachrichten nicht jeden
Tag in der Zeitung stehen.
Bis ganz bald
Jurek

© Mississippi River Trading Co., 8585-A St. Charles Rock Rd., St. Louis, MO 63114

HELGE BRAUNE
DÜSTERHAUPTSTR. 5
D-1000 BERLIN 28

GERMANY

TERRELL 12890138
PRINTED IN HONG KONG

viele Grüße auch an Edith von Eurer Christine

An: Christine Becker, Berlin

9. 4. 1993 [St. Louis]

Du dickes Ei,
nur um Dir eine Vorstellung
zu geben, wo ich heute abend
bin, während Du an Skinker[1]
sitzt und an Deinem Vortrag
arbeitest. Und wenn die Karte
unter Deiner Würde sein sollte –
ich kauf sie Dir ab.
Dein verliebter Affe
Jurek

1 Die von der Universität zur Verfügung gestellte, von den eingeladenen Schriftstellern und Literaturkritikern genutzte Wohnung liegt am Skinker Boulevard.

An: Manfred Krug, Berlin

11. 4. 1993 [St. Louis]

Lieber Manfred,
Du würdest es kaum glauben – jeden zweiten Abend findet irgendwo eine Party zu meinen Ehren statt. Es sind zwar immer dieselben dreißig Leute, und die Nüsse und Cola-Büchsen und Fünfliter-Weinflaschen werden von Party zu Party gekarrt. Dennoch wächst in mir das wunderbare Gefühl, anziehend zu sein und in der Welt etwas zu gelten.
Sincerely Yours
Jurek

An: Christine Becker, Berlin

11. 4. 1993 [St. Louis]

Du alte Strahlenschutzverordnung, wenn Du so tief schläfst, und wenn ich Johnny bespiele, und wenn es dreiviertelsieben ist (wie jetzt), und wenn ich die übergekochte Milch aufwische und den Geschirrspüler ausräume und das Babysitter-Geschirr vom letzten Abend wegräume und Johnny erkläre, warum wir still sein müssen – dann, meine Liebste, ist die Welt einfach noch im Lot.

Dein Jurekl

P.s. Das ist eine Osterkarte.

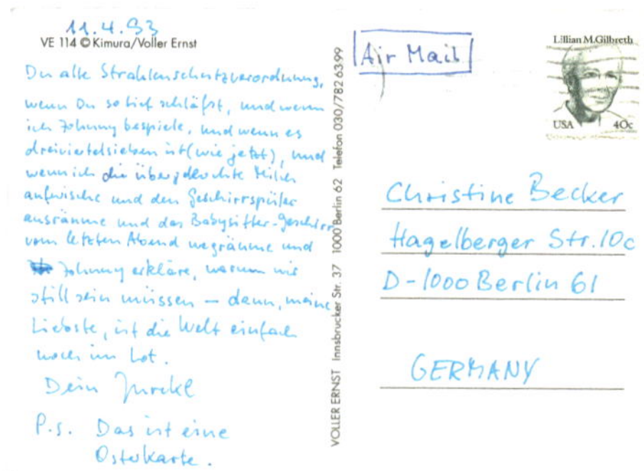

An: Edith Jeka, Berlin

11. 4. 1993 [St. Louis]

Liebe Edith,
es zeigt sich, daß Johnny uns doch keine große Hilfe ist. Wir kennen natürlich die Grenzen der Kinderarbeit; daß er uns aber morgens den Kaffee ans Bett bringt und auf der anderen Straßenseite eine Zeitung kauft, finde ich nicht zu viel verlangt. Er tut es einfach nicht. Christine sagt, ich muß darauf noch etwas warten, aber ich verliere langsam die Geduld.
Die liebsten Ostergrüße
Jurek

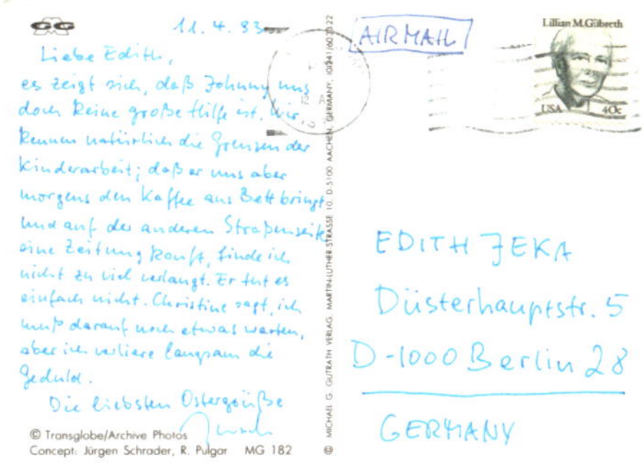
11. 4. 93
Liebe Edith,
es zeigt sich, daß Johnny uns doch keine große Hilfe ist. Wir kennen natürlich die Grenzen der Kinderarbeit; daß er uns aber morgens den Kaffee ans Bett bringt und auf der anderen Straßenseite eine Zeitung kauft, finde ich nicht zu viel verlangt. Er tut es einfach nicht. Christine sagt, ich muß darauf noch etwas warten, aber ich verliere langsam die Geduld.
Die liebsten Ostergrüße
Jurek

© Transglobe/Archive Photos
Concept: Jürgen Schrader, R. Pulgar MG 182

AIRMAIL

Lillian M. Gilbreth
USA 40c

EDITH JEKA
Düsterhauptstr. 5
D-1000 Berlin 28
GERMANY

An: Ottilie und Manfred Krug, Berlin

14. 4. 1993 [St. Louis]

Ihr Lieben,
ein Traum hat sich für mich
erfüllt, der schon alt sein muß,
von dem ich aber nicht wußte,
daß ich ihn träumte: Rieke,
Nicki und Lonni sind gekom-
men, und plötzlich bin ich das
OBERHAUPT einer großen Familie.
Ich, der kleine Jurek – könnt
Ihr Euch das vorstellen?!
Verwirrt, stolz und in Liebe
Euer Jurek

An: Christine Becker, Berlin

16. 4. 1993 [St. Louis]

Du alter Lastenausgleich,
so eine große Familie ist ja
ganz schön, aber eine ganz
kleine ist eigentlich auch nicht
zu verachten. Mehr wollte ich
Dir jetzt gar nicht sagen, denn
ich komme ja schon morgen
oder so. Oder bin ich etwa
schon da?[1]
Sei umschlungen, Du alte
Schmerzgrenze, Dein J

1 J.B. war nach Abreise der gesamten Familie allein in St. Louis zurückgeblieben.

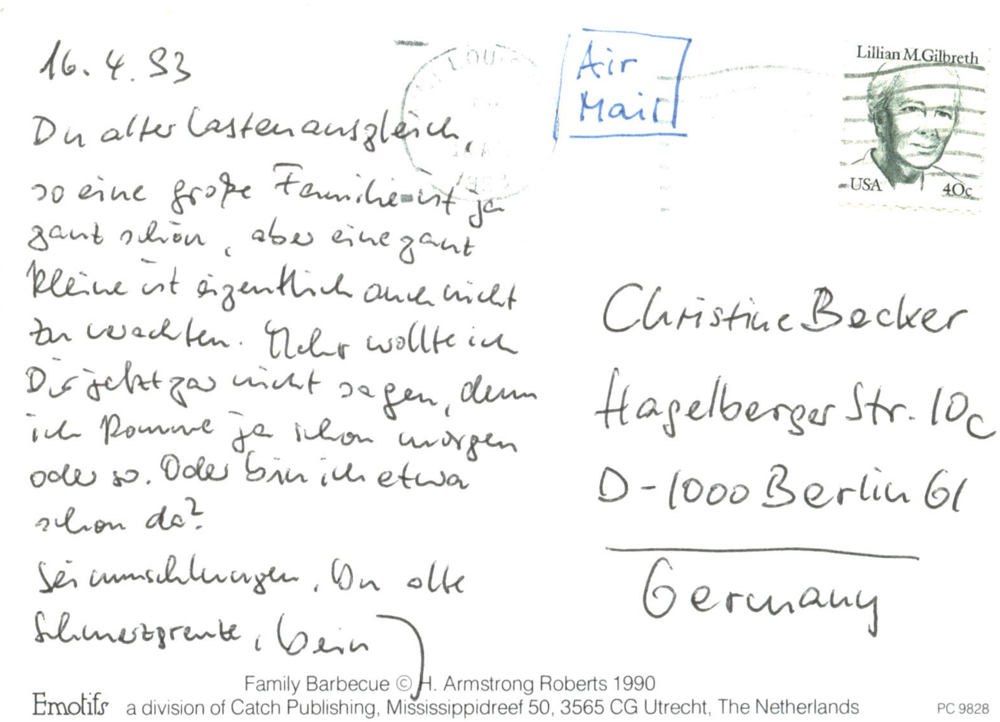

16. 4. 93
Du alter Lastenausgleich,
so eine große Familie ist ja
ganz schön, aber eine ganz
kleine ist eigentlich auch nicht
zu verachten. Mehr wollte ich
Dir jetzt gar nicht sagen, denn
ich komme ja schon morgen
oder so. Oder bin ich etwa
schon da?
Sei umschlungen, Du alte
Schmerzgrenze, Dein J

Air Mail

Lillian M.Gilbreth
USA 40c

Christine Becker
Hagelberger Str. 10c
D-1000 Berlin 61
Germany

Family Barbecue © H. Armstrong Roberts 1990
Emotifs a division of Catch Publishing, Mississippidreef 50, 3565 CG Utrecht, The Netherlands PC 9828

An: Jonathan Becker, Berlin

16. 4. 1993 [St. Louis]

Du liebe Fahrradeisenbahn,
hat es Dir in Amerika gefallen? Erinnerst Du Dich an
Boston, Chicago und St.
Louis? Weißt Du noch, wie
Du im Park Ostereier gesucht
hast? Und wie Mr. Rogers
im Fernsehen Geschichten
erzählt hat? Irgendwann
fahren wir bestimmt nochmal nach Amerika
Dein Papa

Sonntagskonzert auf dem Stuttgarter Schloßplatz
Öl/Hinterglas von Frida Schittenhelm, Stuttgart

16.4.93

Du liebe Fahrradeisenbahn,
hat es Dir in Amerika gefallen? Erinnerst Du Dich an
Boston, Chicago und St.
Louis? Weißt Du noch, wie
Du im Park Ostereier gesucht
hast? Und wie Mr. Rogers
im Fernsehen Geschichten
erzählt hat? Irgendwann
fahren wir bestimmt nochmal nach Amerika
Dein Papa

Air Mail

Lillian M. Gilbreth
USA 40c

Haus verschlossen
auf Klingeln nicht geöffnet
27. April 1993

Jonathan Becker
Hagelberger Str. 10c
D-1000 Berlin 61
~~Hageln~~ Germany

An: Christine Becker, Berlin

21. 4. 1993 [St. Louis]

Du alter Hammelsprung,
irgendwie erinnert diese wunderbare Frau an Dich: Alle lieben sie (nur ihr eigener Mann nicht), als Mutter ist sie absolute Spitze, sie hat das Herz auf dem richtigen Fleck und immer ein offenes Ohr für die Nöte der Ärmsten. Nur in einem Punkt wirst Du ihr nie gleichen: Dein Mann wird Dich NIE in die Freiheit entlassen.
Dein Klotz am Bein
J.

An: Herrn Krug, Berlin

15. 7. 1993 [Sieseby]

Geliebter Freund,
Zu jeder Zeit, an jedem Ort,
bei allem, was ich tue,
denk ich an Dich, mein Serien-
lord,
zwei Folgen[1] noch geht das so
fort,
und dann ist endlich Ruhe.
Dein inniglicher
Jurek

1 J.B. schrieb damals die Drehbücher für die von ihm konzipierte Fernsehserie *Wir sind auch nur ein Volk*. Als einer der beiden männlichen Hauptcharaktere wurde Manfred Krug besetzt.

15.7.93
BONANZA
Klasik Kards
Geliebter Freund,
Zu jeder Zeit, an jedem Ort,
bei allem, was ich tue,
denk ich an Dich, mein Serien-
lord,
zwei Folgen noch geht das so
fort,
und dann ist endlich Ruhe.
Dein inniglicher
Jurek
43 ABERAVON ROAD, LONDON E3 5AR.
[redacted] Herrn
KRUG
10789 Berlin

An: Christine Becker, Berlin

9. 8. 1993 [Sieseby]

Du alter Verteilerschlüssel,
wenn ich hier so sitze und auf
die Hecke sehe, auf die verschiedenen
Grüns darin, auf den Maulwurfshügel,
der sich allmählich wieder ins Gras
absenkt und zu gutem Rasen
wird, dann ahne ich, daß ich im
sog. Grunde meines Herzens nie
ein Großstädter gewesen bin.
Willst nicht auch Du Dich auf
Deine ländlichen Wurzeln be-
sinnen? Mit mir zusammen!?
Hallo! … Hörst Du mich?? …
Dein Landmann J.

8. August 93
Du alter Verteilerschlüssel,
wenn ich hier so sitze und auf
die Hecke sehe, auf die verschiedenen
Grüns darin, auf den Maulwurfshügel,
der sich allmählich wieder ins Gras
absenkt und zu gutem Rasen
wird, dann ahne ich, daß ich im
sog. Grunde meines Herzens nie
ein Großstädter gewesen bin.
Willst nicht auch Du Dich auf
Deine ländlichen Wurzeln be-
sinnen? Mit mir zusammen!?
Hallo!… Hörst Du mich!?…
Dein Landmann J.

Christine Becker
Hagelberger Str. 10c
10965 Berlin

10. Aug. 1993
Haus verschlossen
auf Klingeln nicht geöffnet

Sauce and Mustard © Popperfoto 1990
Emotions a division of Catch Publishing, Mississippidreef 50, 3565 CG Utrecht, The Netherlands PC 9839

An: Johnny Becker, Berlin

14. 8. 1993 [Sieseby]

Du liebe Bratkartoffel,
heute sind auf der Schlei zwei
Enten zusammengestoßen. Sie
haben fürchterlich gegackert.
Die eine hat geschnattert – Ich hatte
Vorfahrt! Und die andere – Nein,
Ich! Das ging ewig so, bis es mir
gereicht hat und ich laut in die
Hände geklatscht habe. Da sind
sie weitergeschwommen, aber wahrscheinlich haben sie nach der nächsten
Schilfecke wieder angefangen zu
streiten.
Dein Papa aus
Sieseby

An: Christine Becker, Berlin

14. 8. 1993 [Sieseby]

Du alte Fahrrinne,
wie Du schon ahnst, sehe ich beim Schreiben hinaus auf die Schlei. Das lenkt ein wenig ab, andererseits inspiriert es zu den schönsten Bildern. Du Büschelschön, meine Drachenjolle, meine Regenwolke, mein Angeliter Rind, Du Windbö. Es würde noch für viele Karten reichen, dieses Reservoire, allerdings muß man einen Blick dafür haben, wie
Dein Adlerauge
Jurek

14.8.93
GADGET DANCE, 1936
PHOTOGRAPHER UNIDENTIFIED
Du alte Fahrrinne,
wie Du schon ahnst, sehe ich
beim Schreiben hinaus auf die
Schlei. Das lenkt ein wenig ab,
andererseits inspiriert es zu den
schönsten Bildern. Du Büschel-
schön, meine Drachenjolle, meine
Regenwolke, mein Angeliter Rind,
Du Windbö. Es würde noch für
viele Karten reichen, dieses Re-
servoire, allerdings muß man
einen Blick dafür haben, wie
Dein Adlerauge
Jurek
©UPI/BETTMANN NEWSPHOTOS
©FOTOFOLIO, BOX 661 CANAL STA., NY, NY 10013
A327

Seit 1.7. gelten neue Postleitzahlen

Christine Becker
Hagelbergerstr. 10c
10965 Berlin

An: Christine Becker, Berlin

15. 8. 1993 [Sieseby]

Du alte Zuckerinsel,
Sonntag an der Schlei. Direkt vor'm Fenster fällt ein Surfer immer wieder um, daß sich einem das Herz verkrampft. Auf dem Pastoratsweg stellt Jörgi[1] seinen Vergaser neu ein, und tief unten in der Erde furzen die Maulwürfe. Ach, diese Sehnsucht, die Sehnsucht …
Dein Lieblingselegiker
Jurek

1 Jörg Wohlsen, Sohn der Nachbarn.

15. 8. 93
Wrapping through Labeling
. . . with only one operator!
Toledo Valuematic System assures you the ultimate in volume prepackaging automation . . . with single operator efficiency.
Du alte Zuckerinsel,
Sonntag an der Schlei. Direkt vor'm Fenster fällt ein Surfer immer wieder um, daß sich einem das Herz verkrampft. Auf dem Pastoratsweg stellt Jörgi seinen Vergaser neu ein, und tief unten in der Erde furzen die Maulwürfe. Ach, diese Sehnsucht, die Sehnsucht …
Dein Lieblingselegiker
Jurek
CHRISTINE BECKER
HAGELBERGER STR. 10 C
10965 BERLIN
1402 Grant, San Francisco, CA 94133 Tel
QUANTITY POSTCARDS
Mfr /Pub /Wholesale/Retail/Mail Order
Catalogue available

An: Christine Becker, Berlin

8. 9. 1993 [Göteborg[1]]

Du alte Beziehungskiste,
daß es unter den 16 Kabelkanälen
keinen einzigen gibt, auf dem ich die
US-Open[2] sehen könnte, habe ich Dir
schon erzählt, und das ist das Wichtigste,
was sich über Göteborg sagen läßt. Da
ich auch kein Buch bei mir habe,
nehme ich die Gelegenheit wahr, tief
in mich hineinzuhorchen. Und
was für Abgründe tun sich mir da
auf, mein Gott, was für Abgründe!
Dein Dich vergötterinnender
Jurek

1 Auf Einladung der Ausstellungs- und Messe-GmbH des Börsenvereins des Deutschen Buchhandels war J. B. zu einer Buchmesse, der Bok & Bibliotek, nach Göteborg gereist. Anlass war die Veröffentlichung der schwedischen Übersetzung von *Amanda herzlos*. Auch das Goethe-Institut war in die Reise involviert.

2 United States Open Tennis Championship, so der vollständige Titel des Tennis-Turniers.

An: Christine Becker, Berlin

9. 9. 1993 [Göteborg]

Du alter Generationskonflikt, schnell noch ein Wort zu den Interviews in Göteborg: Die Journalisten stellen Fragen, die sie selbst für schwachsinnig halten, und erst wenn ich antworte, merken sie, wie treffend sie gefragt haben. Wie lange noch müssen wir Semiten für die blonden Idioten die Kastanien aus dem Feuer holen?
WANN HÖRT DAS AUF!?
Dein Lieblingsjude
J.

9.9.93
Du alter Generationskonflikt, schnell noch ein Wort zu den Interviews in Göteborg: Die Journalisten stellen Fragen, die sie selbst für schwachsinnig halten, und erst wenn ich antworte, merken sie, wie treffend sie gefragt haben. Wie lange noch müssen wir Semiten für die blonden Idioten die Kastanien aus dem Feuer holen!
WANN HÖRT DAS AUF!?
Dein Lieblingsjude
J.

Christine Becker
Hagelberger Str. 10c
D-10965 BERLIN
Germany

SVERIGE 5KR

Eating "Fairy Floss" © Popperfoto 1990
Emotif a division of Catch Publishing, Mississippidreef 50, 3565 CG Utrecht, The Netherlands
PC 9846

An: Christine Becker, Berlin

11. 10. 1993 [Hamburg[1]]

Du alter Kostenvoranschlag,
ich sitze in Hamburg-Harburg
in einem Café, das ›Prinz‹ heißt,
esse Kaiserschmarren und
denke an die Königin meines
Herzens. Auch wenn wir uns
erst vor vier Stunden getrennt
haben, weiß ich plötzlich nicht
mehr, ob ich Dich zum Abschied
in den Arsch gekniffen habe.
Um Gottes willen – hab ich's getan
oder nicht!?!
In leichter Panik
Dein J.

1 Im Herbst 1993 war J. B. mit seinem Roman *Amanda herzlos* erneut auf einer dreiwöchigen Lesereise durch Städte in der Bundesrepublik und der Schweiz.

TUPPERWARE HOME PARTY, SARASOTA, FLORIDA, 1958
PHOTOGRAPH BY JOE STEINMETZ STUDIO

11.10.93

Du alter Kostenvoranschlag,
ich sitze in Hamburg-Harburg
in einem Café, das 'Prinz' heißt,
esse Kaiserschmarren und
denke an die Königin meines
Herzens. Auch wenn wir uns
erst vor vier Stunden getrennt
haben, weiß ich plötzlich nicht
mehr, ob ich Dich zum Abschied
in den Arsch gekniffen habe.
Um Gottes willen – hab ich's getan
oder nicht!?!
In leichter Panik
Dein J.

Seit 1.7. gelten neue Postleitzahlen.

Cilly Aussem Deutsche Bundespost 20
Dorothea Erxleben Deutsche Bundespost 60

fotofolio

CHRISTINE BECKER
HAGELBERGER STR. 10c
10965 BERLIN

©1982 JOE STEINMETZ STUDIO. THE PHOTOGRAPHY ARCHIVE,
CARPENTER CENTER FOR THE VISUAL ARTS, HARVARD UNIVERSITY
© FOTOFOLIO, BOX 661 CANAL STA., NY, NY 10013
A59

An: Jeka/Braune, Berlin

13. 10. 1993 [Hannover]

Ihr Lieben,
gestern nach der Lesung fragte mich eine Dame, ob ich denn immer so komplizierte, verschachtelte Sätze schreiben müsse, anstatt wieder etwas so Hübsches zu machen wie damals die Schwarzwaldklinik[1]. Ich habe ihr gesagt, daß sie mich verwechselt, ich sei nicht der Autor der Schwarzwaldklinik, sondern von Ein Platz für Tiere[2]. Aber so richtig gelungen fand ich das selber nicht. Ach, diese Lesereisen! …
Küsse von Jurek

1 *Die Schwarzwaldklinik* war eine deutsche Fernsehserie (1985-1989).

2 *Ein Platz für Tiere* war eine Tierfilmreihe, von 1956 bis 1987 im deutschen Fernsehen zu sehen.

An: Edith Jeka, Berlin

16. 10. 1993 [Goslar]

Liebe Edith,
diese Aufnahme wurde
unmittelbar nach einer
Lesung gemacht. Ich will
nicht prahlen, aber
Du kannst Dir nun
selbst ein Bild davon
machen, wie ich bei den
Leuten ankomme.
Ein wenig stolz und
in Liebe
Jurek

THUMBS UP
Photo: Hulton Picture Co.

16. 10. 93

Liebe Edith,
diese Aufnahme wurde
unmittelbar nach einer
Lesung gemacht. Ich will
nicht prahlen, aber
Du kannst Dir nun
selbst ein Bild davon
machen, wie ich bei den
Leuten ankomme.
Ein wenig stolz und
in Liebe
Jurek

GOSLAR
Kaiserstadt am Harz

Edith Jeka
Düsterhauptstr. 5
13469 Berlin

5 018997 500002

© Santoro Graphics Ltd · Tel: (0709) 369153
Unit 3C · Thornhill Ind. Est. · Hope St.
Rotherham · South Yorks · S60 1LH
All Rights Reserved · Printed in England

An: Manfred Krug, Berlin

17. 10. 1993 [Erfurt]

Lieber Manfred,
das Jenaer Studententheater hat mich gefragt, ob ich nicht Lust hätte, ein Stück für die Jungs zu schreiben. Seit ich weiß, daß ich keine Serien mehr für Dich schreiben darf[1], fürchte ich die Leere, die nun in meine Tage einziehen wird und stehe solchen Vorschlägen daher offen gegenüber.
Dein Freund Jurek

1 Eine Anspielung auf Kritik des Schauspielers an den Drehbüchern zur neuen Fernsehserie *Wir sind auch nur ein Volk*.

An: Ottilie Krug, Berlin

18. 10. 1993 [Erfurt]

Liebste Ottilie,
ich gehe durch Erfurt
und sehe plötzlich vor ei-
nem Bäckerladen eine
Schlange. Ob Du es glaubst
oder nicht – ich habe mich
mitangestellt. Als ich dran
war, habe ich gesagt – drei
Brötchen –, obwohl ich dafür
überhaupt keine Verwen-
dung hatte. Geheimnis-
volles Leben. –
Dein Jurek

An: Christine Becker, Berlin

20.10.1993 [Schwäbisch Hall]

Du alte Einreisebeschränkung,
in MARKTHEIDENFELD stehen
an jeder Straßenecke zwei alte
Frauen und unterhalten sich.
Ich kann nicht sagen, ob sie es
freiwillig tun oder dafür bezahlt
werden. Jede von ihnen hält eine
große, leere Tasche in der Hand
und macht den Eindruck als
hätte sie es eigentlich eilig.
Obwohl ich nie sehe, daß eine
sich von der Stelle bewegt. Wunderbare Welt!
Dein Duweißtschon

MIKE TODD'S PEEP SHOW, 1950
PHOTOGRAPH BY PHILIPPE HALSMAN

20.10.93

Du alte Einreisebeschränkung
in MARKTHEIDENFELD stehen
an jeder Straßenecke zwei alte
Frauen und unterhalten sich.
Ich kann nicht sagen, ob sie es
freiwillig tun oder dafür bezahlt
werden. Jede von ihnen hält eine
große, leere Tasche in der Hand
und macht den Eindruck als
hätte sie es eigentlich eilig.
Obwohl ich nie sehe, daß eine
sich von der Stelle bewegt. Wunderbare Welt!

Dein Duweißtschon

Freilichtspiele
Schwäbisch
Hall

SCHWÄBISCH
20.10.93-18
745

Deutsche Bundespost
Clara Schumann
80

fotofolio

Christine Becker
Hagelberger Str. 10c
10965 Berlin

©YVONNE HALSMAN
©FOTOFOLIO, BOX 661 CANAL STA., NY, NY 10013
PH45

An: Christine Becker, Berlin

21. 10. 1993 [Augsburg]

Du alte Vorwarnstufe,
in Augsburg wohne ich in einem Gästehaus St. Ullrich (frag mich nicht warum), das von der katholischen Kirche betrieben wird. An der Wand hängt eine Hausordnung, wonach FRAUENBESUCHE auf den Zimmern verboten sind. Ich werde mich an der Rezeption erkundigen, warum die Schwulen es so viel besser haben sollen als unsereins. Ist doch sonst nicht Johannes Pauls[1] Art.
D. D. h. l.[2] Jurek

Vespa rosé, 1959

21. 10. 93

Du alte Vorwarnstufe,
in Augsburg wohne ich in einem
Gästehaus St. Ullrich (frag mich
nicht warum), das von der katho-
lischen Kirche betrieben wird.
An der Wand hängt eine Haus-
ordnung, wonach FRAUENBE-
SUCHE auf den Zimmern verbo-
ten sind. Ich werde mich an der
Rezeption erkundigen, warum
die Schwulen es so viel besser
haben sollen als unsereins. Ist
doch sonst nicht Johannes
Pauls Art.
D. D. h. l. Jurek

Serie 107 Vespa Stracciatella
Hrsg.: Peter Roos
Karte 1 von 5

Bestell-Nr. 107/1

GEBR. KÖNIG POSTKARTENVERLAG BREITESTR. 93 D-5000 KÖLN 1 PRINTED IN GERMANY

Christine Becker
Hagelberger Str. 10a
10965 Berlin

1 Gemeint ist Papst Johannes Paul II. (1920-2005).

2 Die Anfangsbuchstaben stehen vermutlich für »Dein Dich heiß liebender«.

An: Jeka/Braune, Berlin

21. 10. 1993 [Augsburg]

Liebe Edith, lieber Helge,
weil ich an jedem Abend dasselbe vorlese, kommt es immer wieder vor, daß ich bei der Lesung gähne. Weil ich aber fürchte, daß das einen ungünstigen Eindruck macht, senke ich den Kopf während der Lesung tief nach unten. Das finden die Leute sicher seltsam, aber es ist ja besser, für seltsam gehalten zu werden als für flegelhaft – man kann nicht alles haben.
Euer Jurek

A tall Kiss © Popperfoto 1990
21. 10. 93
Liebe Edith, lieber Helge,
weil ich an jedem Abend dasselbe vorle-
se, kommt es immer wieder vor, daß
ich bei der Lesung gähne. Weil ich
aber fürchte, daß das einen ungün-
stigen Eindruck macht, senke
ich den Kopf während der Lesung
tief nach unten. Das finden die
Leute sicher seltsam, aber es
ist ja besser, für seltsam
gehalten zu werden als
für flegelhaft – man kann
nicht alles haben.
Euer Jurek

Jeka/Braune
Düsterhauptstr. 5
13469 Berlin

An: Frau Christine Becker, Berlin

22. 10. 1993 [Baden-Baden]

Du alte Funkstille,
ich glaube, das Hotel Hirsch gehört dem KGB[1]: Im Telefon knackt es verdächtig, die Frau an der Rezeption ist mindestens 70 und hat was Russisches im Blick, die Zimmermädchen rauchen im Flur und der Portier hat eine Fahne. Wahrscheinlich machen die es nicht mehr lange. Wenn ich irgendwo eine Wanze finde, ist alles klar. Tschüß, ich muß suchen.
Dein Lieblingsdetektiv
Jurek

1 Geheimdienst der Sowjetunion.

BONANZA

22. 10. 93

Klasik Kards

Seit 1.7. gelten neue Postleitzahlen.

BADEN-BADEN 1
ma
24.10.93
7653

Clara Schumann
Deutsche Bundespost
80

Du alte Funkstille,
ich glaube, das Hotel Hirsch gehört dem KGB: Im Telefon knackt es verdächtig, die Frau an der Rezeption ist mindestens 70 und hat was Russisches im Blick, die Zimmermädchen rauchen im Flur und der Portier hat eine Fahne. Wahrscheinlich machen die es nicht mehr lange. Wenn ich irgendwo eine Wanze finde, ist alles klar. Tschüß, ich muß suchen.
Dein Lieblingsdetektiv
Jurek

43 ABERAVON ROAD, LONDON E3 5AR.

FRAU
CHRISTINE BECKER
HAGELBERGER STR. 10c
10965 BERLIN

An: Christine Becker, Berlin

26. 10. 1993 [Zürich]

Du alte Konjunkturschwankung,
das Beste an Zürich ist, daß ich Dich noch vor ein paar Stunden gesehen habe. Noch spüre ich Deinen heißen Atem in meinem Bart, Deine heißen Blicke auf meinem Bauch, Deine heiße Jacke in meinen Fingern, Deine heißen Eltern in meinem Weihnachten. Apropos Weihnachten: Warum lädtst Du sie nicht mal zu Jom Kippur[1] ein?
Dein Handlungsreisender
Jurek

1 Der höchste jüdische Feiertag.

An: Johnny Becker, Berlin

26. 10. 1993 [Zürich]

Du alte Ananasbirne,
in der Schweiz haben
alle Kinder einen langen
Bart, und alle Pferde haben
einen Propeller, und alle Polizisten lutschen Eis, und alle
Postboten fahren mit dem
Roller. Das ist natürlich alles Quatsch, aber wäre das
nicht lustig? Und die Autos
müßten nicht Benzin tanken, sondern Tomatensaft.
Dein Papi

26. 10. 93

Du alte Ananasbirne,
in der Schweiz haben
alle Kinder einen langen
Bart, und alle Pferde haben
ein Propeller, und alle Poli-
zisten lutschen Eis, und alle
Postboten fahren mit dem
Roller. Das ist natürlich al-
les Quatsch, aber wär das
nicht lustig? Und die Autos
müßten nicht Benzin tan-
ken, sondern Tomatensaft.
Dein Papi

Johnny Becker
Hagelberger Str. 10c
D-10965 Berlin

Colin Hawkins / from «Pirates» by Colin & Jacqui Hawkins, published by Harper Collins - London - 1987
© C. Hawkins et NOUVELLES IMAGES S.A. éditeurs 1992 / 45700 Lombreuil - France
HECTOR™ Marque déposée / offset printed in France / HC 168

An: Christine Becker, Berlin

28. 10. 1993 [Neuchâtel]

Du alte Verlegenheitslösung,
die Leute in der Westschweiz haben eine seltsame Angewohnheit – sie unterhalten sich während der Lesung. Zuerst hat mich das ja gestört, dann aber habe ich nicht weiter darauf geachtet und so viel zu einer zwanglosen Atmosphäre beigetragen. Ich glaube, meine Bescheidenheit ist gut angekommen.
Dein Lieblingsanpasser
Jurek

An: Master Johnny Becker, Berlin-Germany

29. 11. 1993 [Delhi[1]]

Du lieber Hühnerprinz,
Indien ist voller Elefanten,
aber ich habe noch keinen
einzigen gesehen. Das ist
aber gar nicht schlimm,
viel schlimmer ist, daß ich
Dich so lange nicht sehe.
Ich glaube, wenn ich komme
und Dich umarme, dann
lasse ich Dich nie wieder
los. Dein Affenpapa

1 Auf Einladung des Goethe-Instituts reiste J. B. vier Wochen durch Indien und nach Pakistan.

An: Jeka/Braune, Berlin

30. 11. 1993 [Delhi]

Ihr Besten,
für Helge nur so viel, daß der Monsunregen vorbei ist und daß es mir gut geht. Für Edith will ich anfügen, daß die Moslems unter den Indern keinen größeren Spaß kennen, als einer Kuh in den Arsch zu treten. Du glaubst gar nicht, wie munter da der müdeste Hindu wird!
Grüße und Küsse
Euer Jurek

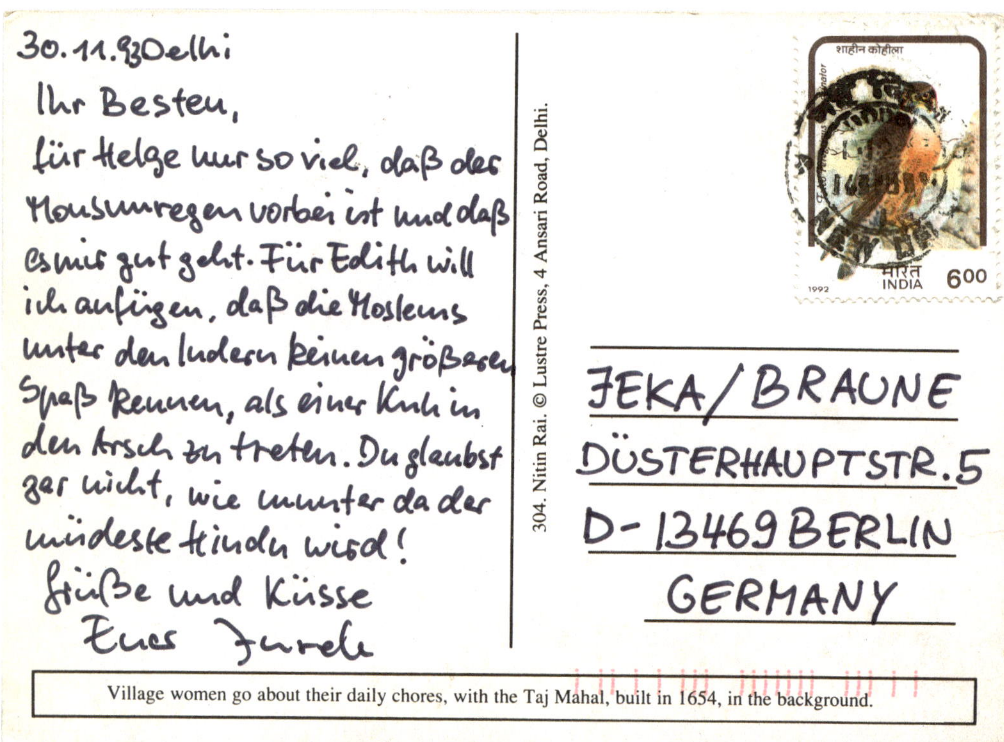

30. 11. 93 Delhi

Ihr Besten,
für Helge nur so viel, daß der Monsunregen vorbei ist und daß es mir gut geht. Für Edith will ich anfügen, daß die Moslems unter den Indern keinen größeren Spaß kennen, als einer Kuh in den Arsch zu treten. Du glaubst gar nicht, wie munter da der müdeste Hindu wird!
Grüße und Küsse
Euer Jurek

304. Nitin Rai. © Lustre Press, 4 Ansari Road, Delhi.

1992 भारत INDIA 6.00

JEKA/BRAUNE
DÜSTERHAUPTSTR. 5
D-13469 BERLIN
GERMANY

Village women go about their daily chores, with the Taj Mahal, built in 1654, in the background.

An: Rieke Becker, Berlin

1. 12. 1993 [Delhi]

Liebe Rieke,
schade, daß Du so auf Afrika fixiert bist. Was könntest Du hier in Indien für wunderbare Taten vollbringen! Glaub mir – Ungeziefer gibt es nicht nur auf Madagaskar, und auch das indische Wasser hält dem Vergleich stand.
Sei umarmt von Jurek

An: Christine Becker, Berlin

1. 12. 1993 [Delhi]

Du alter Vorderschinken,
sollte an der Sache mit der
Wiedergeburt was dran sein,
würde ich gern als jemand
wiedergeboren werden, von dem
Du nicht genugkriegen kannst.
Könntest Du bitte jetzt schon
anfangen, dafür zu üben?
Dein Globetrottel
Jurek

1.12.93
Du alter Vorderschinken,
sollte an der Sache mit der
Wiedergeburt was dran sein,
würde ich gern als jemand
wiedergeboren werden, von dem
Du nicht genugkriegen kannst.
Könntest Du bitte jetzt schon
anfangen, dafür zu üben?
Dein Globetrottel
Jurek

CHRISTINE BECKER
HAGELBERGER STR. 10c
D-10965 BERLIN
GERMANY

An: Johnny Becker, Berlin

1\. 12. 1993 [Delhi]

Du lieber Gänsebraten,
stell Dir vor, hier in Indien
laufen die Kühe mitten
auf der Straße herum. Und
wenn die Autofahrer hupen,
dann strecken die Kühe
ihnen die Zunge aus,
legen sich hin und
schlafen. Bis bald, mein
Liebster, Dein Papa

JEAN DE BRUNHOFF
UN CONCERT POUR BABAR
(EXTRAIT DE *LE ROI BABAR*, 1933)

1.12.93, Delhi
Du lieber Gänsebraten,
stell Dir vor, hier in Indien
laufen die Kühe mitten
auf der Straße herum. Und
wenn die Autofahrer hupen,
dann strecken die Kühe
ihnen die Zunge aus,
legen sich hin und
schlafen. Bis bald, mein
Liebster, Dein Papa

PRINTED IN FRANCE
© 1988 LAURENT DE BRUNHOFF
ÉDITIONS DU DÉSASTRE
21, RUE VISCONTI 75006 PARIS
JB 16

ÉDITIONS DU DÉSASTRE

INDIA 6.00

JOHNNY BECKER
HAGELBERGER STR. 10c
D-10965 BERLIN

GERMANY

An: Christine Becker, Berlin

Lahore, 5. 12. 1993

Ich grüße Dich, mio amore,
aus dem berüchtigten Lahore.
Bei Weihrauchduft aus 'ner Amphore,
inmitten ätzender Folklore,
sitz ich auf der Hotelempore
und stell mir vor, ich wär Tagore.

Zum Schluß nochmal: Mit jeder Pore
vermisse ich Dich in Lahore.
Bald steh ich lechzend vor dem Tore.

P. s.: Grüß Robert und auch Lore.

Dein Lieblingslyriker Jurek

Lahore, 5.12.93
A Woman in Sindh Dress, Sindh Pa

Ich grüße Dich, mio amore
aus dem berüchtigten Lahore.
Bei Weihrauchduft aus 'ner Amphore,
inmitten ätzender Folklore,
sitz ich auf der Hotelempore
und stell mir vor, ich wär Tagore.
Zum Schluß nochmal: Mit jeder Pore
vermisse ich Dich in Lahore.
Bald steh ich lechzend vor dem Tore.
P.s.: Grüß Robert und auch Lore.
Dein Lieblingslyriker Jurek

VENUS AGENCY P.O. BOX 2176 KARACHI - 18, PAKISTA

CHRISTINE BECKER
HAGELBERGER STR. 10c
D-10965 BERLIN
GERMANY

An: Manfred Krug, Hamburg

1994

14. 1. 1994 [Sieseby]

Lieber Manfred,
für vier Tage bin ich mit Johnny allein hier oben. Nicht etwa Christine hat sich das ausgedacht, sondern ich selbst: Es ist meine Art, den Mount Everest zu besteigen oder die Erde eigenhändig zu umsegeln oder die Sahara ohne Wasser zu durchqueren. Auf halbem Wege sieht es ganz danach aus, als würden wir beide mit dem Leben davonkommen.
In Liebe
Jurek

An: Christine Becker, Sieseby

15. 1. 1994 [Sieseby]

Du altes Sicherheitsrisiko:

Morgen bist Du hier, mein Schatz,
wir holen Dich aus Rieseby
und werden dann komplett sein.
Du fehlst mir wie vielleicht noch
nie.
Im Schliekrog[1] ist noch etwas Platz.

Ich glaub, es wird ganz nett sein.

Dein liebster Wochenenddichter
J.

1 Restaurant in Sieseby.

BADMINTON PLAYER, 1961
PHOTOGRAPH BY SAM OPPER

15.1.94

Du altes Sicherheitsrisiko:

Morgen bist Du hier, mein Schatz,
wir holen Dich aus Rieseby
und werden dann komplett sein.
Du fehlst mir wie vielleicht noch
nie.
Im Schliekrog ist noch etwas Platz.
Ich glaub, es wird ganz nett sein.

Dein liebster Wochenenddichter
J.

1223
© THE AMERICAN POSTCARD CO. INC. NEW YORK
ALL RIGHTS RESERVED PRINTED IN CANADA

APC

Paula Modersohn-Becker Deutsche Bundespost 10
Dorothea Erxleben Deutsche Bundespost 60
Paula Modersohn-Becker Deutsche Bundespost 10

17-1.94-17
24351

CHRISTINE BECKER
PASTORATSWEG 16
24351 SIESEBY

An: Manfred Krug, Hamburg

15. 1. 1994 [Sieseby]

Lieber Manfred,
an jedem Tag ereignet
sich irgendetwas, das mich
an Dich denken läßt.
Heute war es zum Beispiel
ein Kotelett, das ich mir
gebraten habe. Beim Essen
mußte ich denken: Wenn
Manfred es gebraten hätte,
wäre es nicht so zäh.
In Liebe Jurek

An: Manfred Krug, Hamburg

17. 1. 1994 [Sieseby]

Lieber Manfred,
Oder nimm, was heute früh
passiert ist: Ich bitte Christine
um einen Tee, sie sagt, ich
soll mir selber welchen kochen,
und schon denke ich: Das
würde Manfred sich nicht
bieten lassen.
In Liebe Jurek

P.s.: Jetzt sind die Indien-Vorräte an Karten aufgebraucht.

An: Christine Becker, Berlin

13. 2. 1994 [Sieseby]

Du alter Wackelkontakt,
ich habe mir von der Olympiade[1]
das Eishockeyspiel Malediven gegen
Osterinseln aufgezeichnet, weil zur
selben Zeit auf einem anderen Kanal
das Spiel San Marino gegen Faröer
Inseln lief. Als ich mir die Aufzeich-
nung ansah, hatte ich plötzlich
keine Lust, die Torszenen noch-
einmal in Zeitlupe zu wieder-
holen. Sag es mir schonungslos:
Ist das eine Alterserscheinung?
In tiefer Sorge Dein Jurek

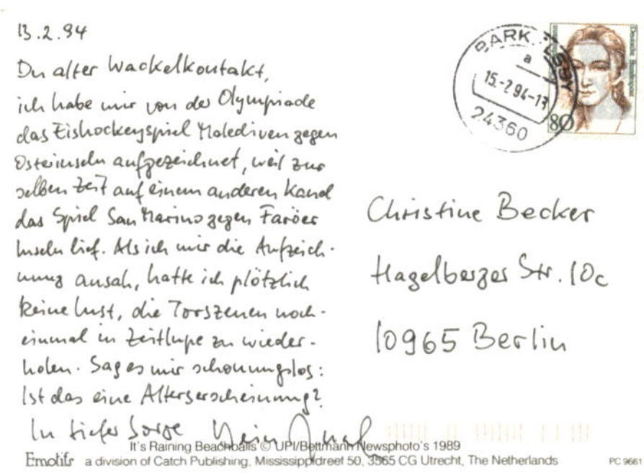
13.2.94
Du alter Wackelkontakt,
ich habe mir von der Olympiade
das Eishockeyspiel Malediven gegen
Osterinseln aufgezeichnet, weil zur
selben Zeit auf einem anderen Kanal
das Spiel San Marino gegen Faröer
Inseln lief. Als ich mir die Aufzeich-
nung ansah, hatte ich plötzlich
keine Lust, die Torszenen noch-
einmal in Zeitlupe zu wieder-
holen. Sag es mir schonungslos:
Ist das eine Alterserscheinung?
In tiefer Sorge Dein Jurek

Christine Becker
Hagelberger Str. 10c
10965 Berlin

It's Raining Beachballs © UPI/Bettmann Newsphoto's 1989
Emotifs a division of Catch Publishing, Mississippidreef 50, 3565 CG Utrecht, The Netherlands
PC 9661

1 Die Olympischen Winterspiele, die vom 12. bis 27. Februar 1994 in Lillehammer/Norwegen ausgetragen wurden.

An: Hotel Madison, Herrn Krug, Hamburg

14. 2. 1994 [Sieseby]

Lieber Manfred,
zur Zeit sind Olympische Spiele, und wenn mich jemand fragt, ob Christine und Johnny hier in Sieseby sind oder in Berlin, dann muß ich wahrheitsgemäß antworten: Ich weiß es nicht. Aber neugierig bin ich manchmal schon. Heute früh wurde der Mülleimer geleert, das könnte was heißen, allerdings kann das auch die Nachbarin gewesen sein. DDlF[1]
Jurek

1 Die Anfangsbuchstaben stehen sehr wahrscheinlich für »Dein Dich liebender Freund«.

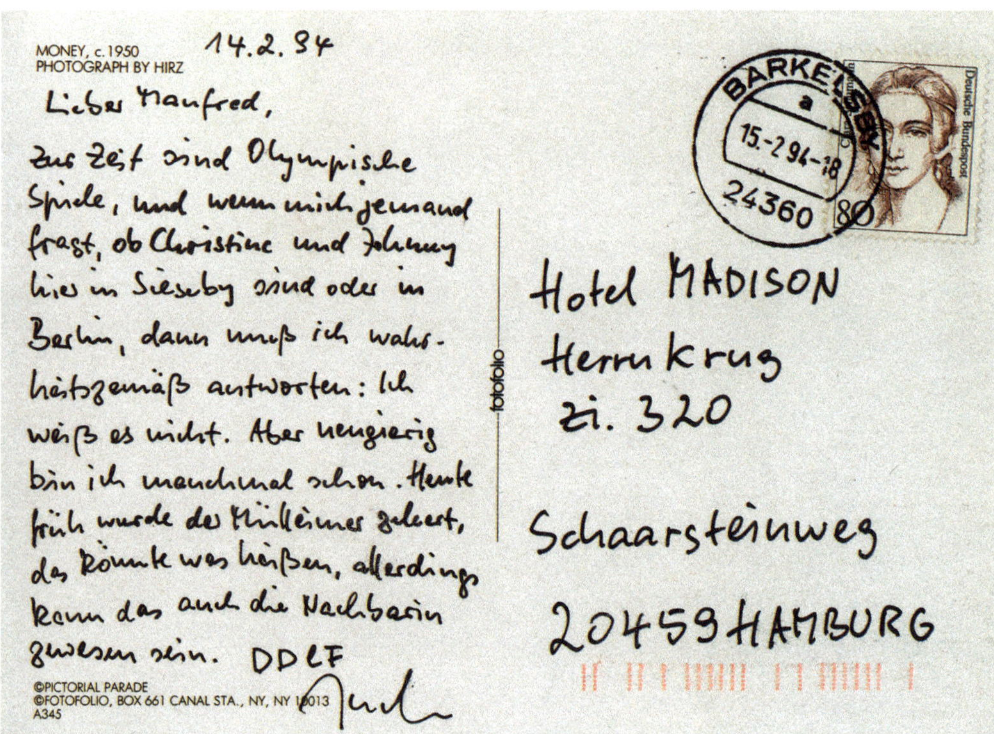
MONEY, c. 1950
PHOTOGRAPH BY HIRZ

14. 2. 94

Lieber Manfred,
zur Zeit sind Olympische Spiele, und wenn mich jemand fragt, ob Christine und Johnny hier in Sieseby sind oder in Berlin, dann muß ich wahrheitsgemäß antworten: Ich weiß es nicht. Aber neugierig bin ich manchmal schon. Heute früh wurde der Mülleimer geleert, das könnte was heißen, allerdings kann das auch die Nachbarin gewesen sein. DDlF
Jurek

©PICTORIAL PARADE
©FOTOFOLIO, BOX 661 CANAL STA., NY, NY 10013
A345

fotofolio

BARKELSBY
a
15.-2.94-18
24360

Deutsche Bundespost
80

Hotel MADISON
Herrn Krug
Zi. 320

Schaarsteinweg

20459 HAMBURG

An: Christine Becker, Berlin

17. 3. 1994 [Berlin]

Du alte Vorzugsaktie,
ist Fasching eigentlich schon vorbei, oder steht er uns noch bevor? Jedes Jahr neu nehme ich mir vor, darauf zu achten. Aber weißt Du, wir Juden haben unsere eigenen Bräuche, die weichen von den Euren doch ziemlich ab, und ich habe meine kleinen Probleme mit der Umstellung. Sieh es mir nach, meine Pessachkugel[1].
Dein J

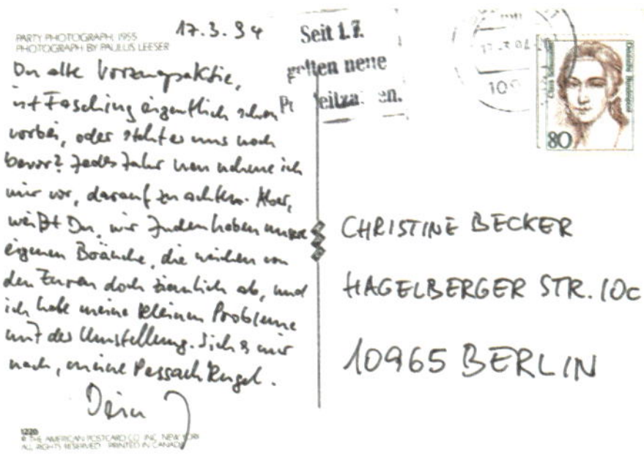
PARTY PHOTOGRAPH, 1955
PHOTOGRAPH BY PAULUS LEESER
17. 3. 94
Du alte Vorzugsaktie,
ist Fasching eigentlich schon vorbei, oder steht er uns noch bevor? Jedes Jahr neu nehme ich mir vor, darauf zu achten. Aber weißt Du, wir Juden haben unsere eigenen Bräuche, die weichen von den Euren doch ziemlich ab, und ich habe meine kleinen Probleme mit der Umstellung. Sieh es mir nach, meine Pessach Kugel.
Dein J
CHRISTINE BECKER
HAGELBERGER STR. 10c
10965 BERLIN

1 Pessach ist eines der wichtigsten Feste des Judentums und wird im Frühjahr gefeiert. Kugel ist ein traditionelles Gericht der jüdischen Küche, es kann zu Pessach, aber auch sonst gereicht werden.

An: Johnny Becker, Berlin

22. 3. 1994 [Sieseby]

Du alter Fliegenpilz,
hier in Sieseby fragen mich alle: Wo ist denn der Johnny? Der Frau Wohlsen habe ich gesagt, der Johnny ist Piratenhauptmann geworden und ist mit seinem Piratenschiff unterwegs. Aber es ist möglich, daß sie mir das nicht ganz geglaubt hat.
Dein
Piratenpapa

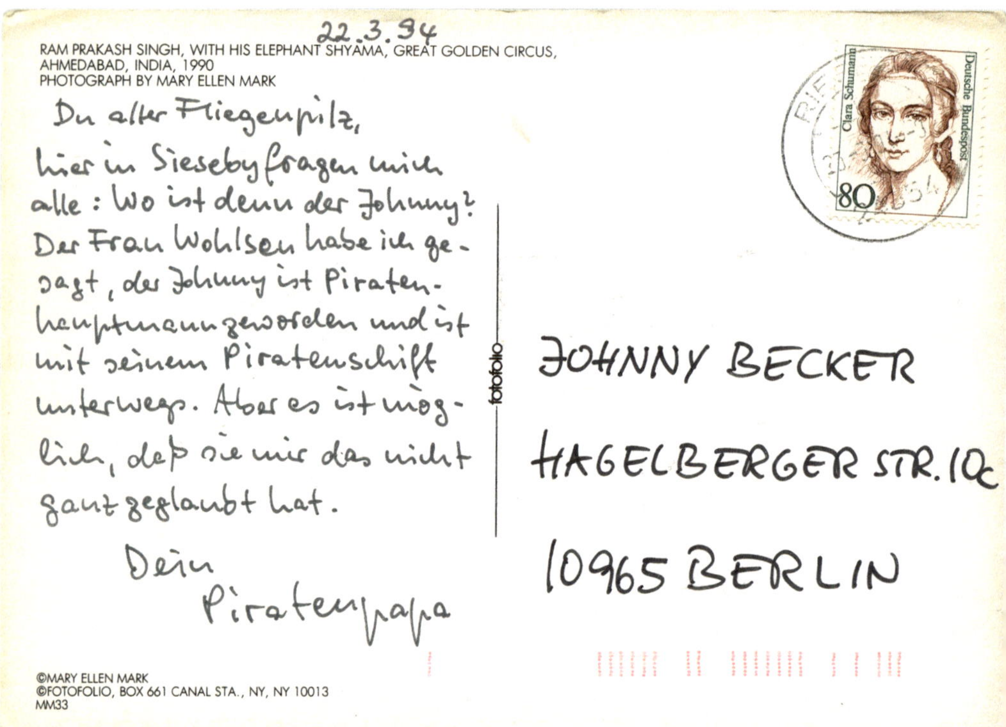

22.3.94

RAM PRAKASH SINGH, WITH HIS ELEPHANT SHYAMA, GREAT GOLDEN CIRCUS, AHMEDABAD, INDIA, 1990
PHOTOGRAPH BY MARY ELLEN MARK

Du alter Fliegenpilz,
hier in Sieseby fragen mich alle: Wo ist denn der Johnny? Der Frau Wohlsen habe ich gesagt, der Johnny ist Piratenhauptmann geworden und ist mit seinem Piratenschiff unterwegs. Aber es ist möglich, daß sie mir das nicht ganz geglaubt hat.
Dein
Piratenpapa

fotofolio

Clara Schumann
Deutsche Bundespost
80

JOHNNY BECKER
HAGELBERGER STR. 10a
10965 BERLIN

©MARY ELLEN MARK
©FOTOFOLIO, BOX 661 CANAL STA., NY, NY 10013
MM33

An: Christine Becker, Sieseby

27. 3. 1994 [Sieseby]

Liebe Christine,
ich habe mir alles wohl
überlegt: Wir dürfen uns
nicht wiedersehen, denn
Dein Platz ist an der Seite
Deines Mannes. Du gehörst
zu ihm! Leb wohl, ich
werde Dich nicht vergessen.
Dein J.

An: Christine Becker, Sieseby

28. 3. 1994 [Sieseby]

Du altes Korallenriff,
hier schnell noch ein paar Ratschläge, bevor Deine Eltern kommen:

1. Sieh zu, daß Johnny nicht alle Flaschenöffner verkramt.
2. Laß nicht zu, daß Deine Mutter den Garten umgräbt.
3. Wenn Dein Vater uns zum Essen einladen sollte, sag nicht: Endlich!
4. Kümmere Dich nicht um mich, es kommen noch andere Tage.

All dies rät Dir
Dein J

60 Zündapp „Janus“. Von 1957–1958 stellten die Zündapp-Werke in Nürnberg das Rollermobil „Janus“ her (Einzylinder-Zweitakt, 250 ccm-Mittelmotor, 14 PS, 85 km/h). 28.3.94

Du altes Korallenriff,
hier schnell noch ein paar Ratschläge, bevor Deine Eltern kommen:
1. Sieh zu, daß Johnny nicht alle Flaschenöffner verkramt.
2. Laß nicht zu, daß Deine Mutter den Garten umgräbt.
3. Wenn Dein Vater uns zum Essen einladen sollte, sag nicht: Endlich!
4. Kümmere Dich nicht um mich, es kommen noch andere Tage.
All dies rät Dir
Dein J

Museum für Verkehr und Technik Berlin

Christine Becker
Pastoratsweg 16
24351 Sieseby

An: Tina Becker, Sieseby

30. 3. 1994 [Sieseby]

Du altes Zinsgefälle,
ich habe mit J. gesprochen.
Er ist nicht bereit zu
Kompromissen, er will
Dich für sich allein. O wie
gut ich ihn verstehe,
aber welch eine Verschwen-
dung! Würdest Du nicht
für uns beide reichen?
Dein A.

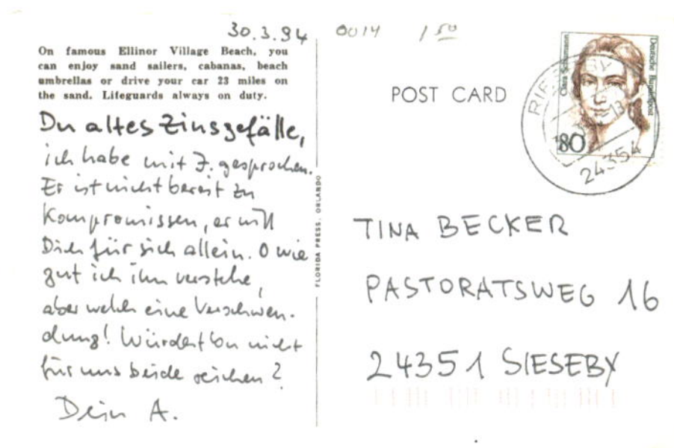
30.3.94
On famous Ellinor Village Beach, you can enjoy sand sailers, cabanas, beach umbrellas or drive your car 23 miles on the sand. Lifeguards always on duty.
Du altes Zinsgefälle,
ich habe mit J. gesprochen.
Er ist nicht bereit zu
Kompromissen, er will
Dich für sich allein. O wie
gut ich ihn verstehe,
aber welch eine Verschwen-
dung! Würdest Du nicht
für uns beide reichen?
Dein A.
POST CARD
TINA BECKER
PASTORATSWEG 16
24351 SIESEBY

An: Christine Becker, Sieseby

4. 4. 1994 [Sieseby]

Du alter Gerinnungsfaktor,
kannst Du Dir vorstellen, daß
Deine bloße Existenz mich zu
immer neuen Höchstleistungen
anspornt? Und zwar auf künstle-
rischem, vitalem, neurologischem
und auf kulinarischem Gebiet? Und
nicht zu vergessen auf dem großen
Gebiet der Verträglichkeit? Das kannst
Du nicht? Dann kannst Du Dir
wohl auch nicht vorstellen, daß
Du ein Yang bist?
Dein Ying

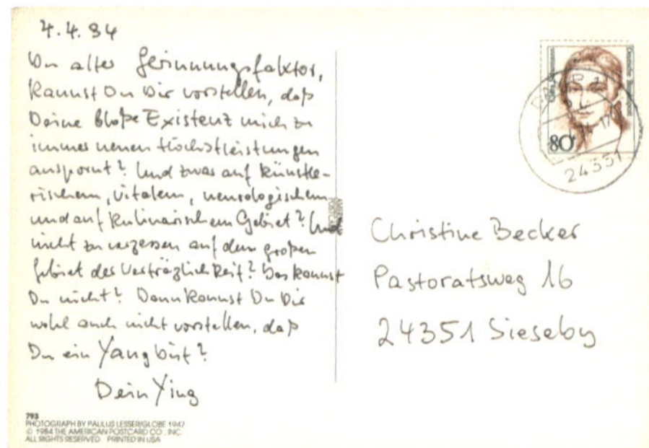
4. 4. 94
Du alter Gerinnungsfaktor,
Kannst Du Dir vorstellen, daß
Deine bloße Existenz mich zu
immer neuen Höchstleistungen
anspornt? Und zwar auf künstle-
rischem, vitalem, neurologischem
und auf kulinarischem Gebiet? Und
nicht zu vergessen auf dem großen
Gebiet der Verträglichkeit? Das kannst
Du nicht? Dann kannst Du Dir
wohl auch nicht vorstellen, daß
Du ein Yang bist?
Dein Ying

Christine Becker
Pastoratsweg 16
24351 Sieseby

An: Kerstin Bark, Hamburg

18. 4. 1994 [Berlin]

Liebe Kerstin,
wir stehen kurz vor dem Kauf eines Betts fürs Gästezimmer, und da mußt Du natürlich gefragt werden. Reichen 1,40 m, sollten es lieber 1,60 sein, 1,80 oder gar 2 m? Würdest Du einzelne Betten bevorzugen, gar mit einer Trennwand dazwischen? Du weißt, daß ich Dich so verehre, daß ich selbst vor einem Wasserbett nicht zurückschrecken würde!
Der beste Mann Deiner Freundin
Jurek

An: Christine Becker, Berlin

19. 6. 1994 [Berlin]

Du altes Studentenfutter,
ich meine natürlich – Du
junges Studentenfutter. Oder
überhaupt kein Studentenfutter,
ich meine Schriftstellerfutter.
Genau genommen auch das nicht,
sondern MEIN Futter. Aber wieso
Futter, bin ich Kannibale oder
was? Wahrscheinlich stelle ich
mich nur ungeschickt an und
will sagen – ich bin verrückt nach
Dir. Ja, das kommt der Sache
am nächsten.
J.

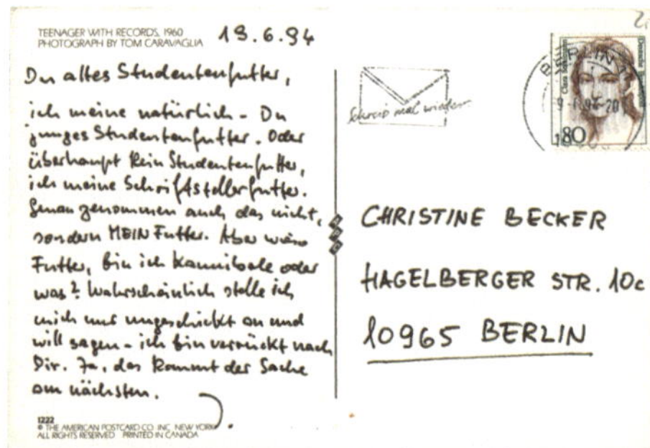
TEENAGER WITH RECORDS, 1960
PHOTOGRAPH BY TOM CARAVAGLIA
19.6.94
Du altes Studentenfutter,
ich meine natürlich – Du
junges Studentenfutter. Oder
überhaupt kein Studentenfutter,
ich meine Schriftstellerfutter.
Genau genommen auch das nicht,
sondern MEIN Futter. Aber wieso
Futter, bin ich Kannibale oder
was? Wahrscheinlich stelle ich
mich nur ungeschickt an und
will sagen – ich bin verrückt nach
Dir. Ja, das kommt der Sache
am nächsten.
J.
1222 © THE AMERICAN POSTCARD CO. INC. NEW YORK
ALL RIGHTS RESERVED PRINTED IN CANADA
Schreib mal wieder
CHRISTINE BECKER
HAGELBERGER STR. 10c
10965 BERLIN

An: Johnny Becker, Berlin

20. 6. 1994 [Berlin]

Du alter Mäuseklops,
weißt Du, daß es hier verdammt einsam ist ohne Dich? Und daß mir die viele Ruhe überhaupt nicht gefällt? Und daß ich himmelhöllenhundekatzenmäusefroh bin, daß Du endlich wieder zu hause bist?

Dein Papa

© David Burnett/Contact Press Images
Colombus, Ohio, U.S.A. – August, 1979.
"Baseball Kid" at New York Yankees Minor League Camp.

20. 6. 94

Du alter Mäuseklops,
weißt Du, daß es hier verdammt einsam ist ohne Dich? Und daß mir die viele Ruhe überhaupt nicht gefällt? Und daß ich himmelhöllenhundekatzenmäusefroh bin, daß Du endlich wieder zu hause bist?

Dein Papa

JOHNNY BECKER
HAGELBERGER STR. 1C
10965 BERLIN

Musée de l'Elysée, Lausanne
© News Productions, CH-1446 Baulmes
56012 Printed in Switzerland

An: Christine Becker, Berlin

15. 9. 1994 [Berlin]

Verehrte Gewürzgurke,
bevor alles eingerichtet[1] ist, hier schnell noch eine Anregung. Die Sesselchen sind vielleicht nicht der Hit, aber nimm doch bitte zur Kenntnis, daß Lampen nicht immer so dicht unter der Decke zu hängen brauchen, wie Du es meist für angebracht hältst.
Dein glühender J.
P.S. Auch Deine Ansprüche müssen ja nicht immer so hoch hängen.

1 J.B. hatte mit seiner Familie im Juli 1994 in Berlin eine neue Wohnung bezogen.

An: Johnny Becker, Berlin

17. 9. 1994 [Berlin]

Du alte Schneeflocke,
es wird langsam Zeit, daß Du
in Deiner neuen Wohnung auch
mal eine Karte kriegst. Denn
alles muß ja nicht anders werden,
bloß weil man umgezogen ist.
Schließlich gibt es Micky Mouse
immer noch und Donald Duck
und Babar und Robin Hood und
wie sie alle heißen. Und Bat-
man natürlich und Deinen
Papa, der Dich wie verrückt
lieb hat.

An: Christine Becker, Berlin

17. 9. 1994 [Berlin]

Du altes Sachverständigengutachten, weißt Du eigentlich, daß Dich jetzt ein elend langes Glück erwartet? Mit allem Drum und Dran? Wenigstens im Prinzip. Halte bloß die Augen offen, damit's Dir nicht unbeachtet vor der Nase rumtanzt und sich irgendwann gekränkt wieder verzieht. Ich weiß, wovon ich rede, ich bin darin Experte. Dies sagt Dir der mit Abstand größte unter Deinen Fans

J

HERIBERT KONOPKA
Scharlachberg, Oster 1956

17. 9. 94

Du altes Sachverständigengutachten, weißt Du eigentlich, daß Dich jetzt ein elend langes Glück erwartet? Mit allem Drum und Dran? Wenigstens im Prinzip. Halte bloß die Augen offen, damit's Dir nicht unbeachtet vor der Nase rumtanzt und sich irgendwann gekränkt wieder verzieht. Ich weiß, wovon ich rede, ich bin darin Experte. Dies sagt Dir der mit Abstand größte unter Deinen Fans

J

KÄNGURU-PRESSE BREITESTR. 93 D-50667 KÖLN PRINTED IN GERMANY

Bestell-Nr.: K 7007

CHRISTINE BECKER

12165 BERLIN

An: Johnny Becker, Berlin

21. 9. 1994 [Berlin]

Du liebe Hühnerkastanie,
wenn ich so sitze und
arbeite, muß ich andauernd
an Dich denken. Kannst
Du mir erklären warum?
Und kannst Du mir erklä-
ren, warum ich Dir an-
dauernd Karten schreibe,
obwohl ich Dir dasselbe auch
sagen könnte?
Dein Papa

An: Christine Becker, Berlin

3. 10. 1994 [Berlin]

Du blaues Wunder,

Montag, Tag der deutschen Einheit,
Tag des Aufbruchs wie des Bleibens,
Schritt vom Ich zur Allgemeinheit,
Tag des frohen Kartenschreibens.

Heute braucht es keinen Einfall,
um die Zeilen hinzuschreiben:
Dieser Tag kennt keinen Reinfall,
ach! Könnt's immer doch so bleiben!

J.

3.10.94

MYSTERY HOUSE
An Amazing Scientific Discovery
Located on Top of Lookout Point
CLARKSVILLE, MO.
Here the legends of all scientific history have been buried for thousands of years. Deep under the green covered surface of LOOKOUT POINT is hidden the dark black magic of Mystery that will puzzle and intrigue your greatest imagination.

Du blaues Wunder,

Montag, Tag der deutschen Einheit,
Tag des Aufbruchs wie des Bleibens,
Schritt vom Ich zur Allgemeinheit,
Tag des frohen Kartenschreibens.

Heute braucht es keinen Einfall,
um die Zeilen hinzuschreiben:
Dieser Tag kennt keinen Reinfall,
ach! Könnt's immer doch so bleiben!

J.

Distr. by Clarksville Sky Lift, Inc.

W. C. Pine Co., 4710 Fuller, Indep., Mo.

21485

BERLIN

100

POST CARD

Christine Becker

12165 Berlin

An: Christine Becker, Berlin

9.10.1994 [Berlin]

Du wunder Punkt,

noch ist Polen[1] nicht verloren
noch ist alles nicht im Arsch,
noch liegst Du mir in den Ohren,
noch bin ich nicht auf dem Marsch.

Morgen dann, das wird ein Glück sein,
hau ich ab, und dann ist Ruh.
Doch bald werde ich zurück sein,
und dann heißt es wieder: Du.

J.

1 Auf Einladung des Goethe-Instituts trat J.B. am 10. Oktober 1994 eine neuntägige Reise nach Polen an.

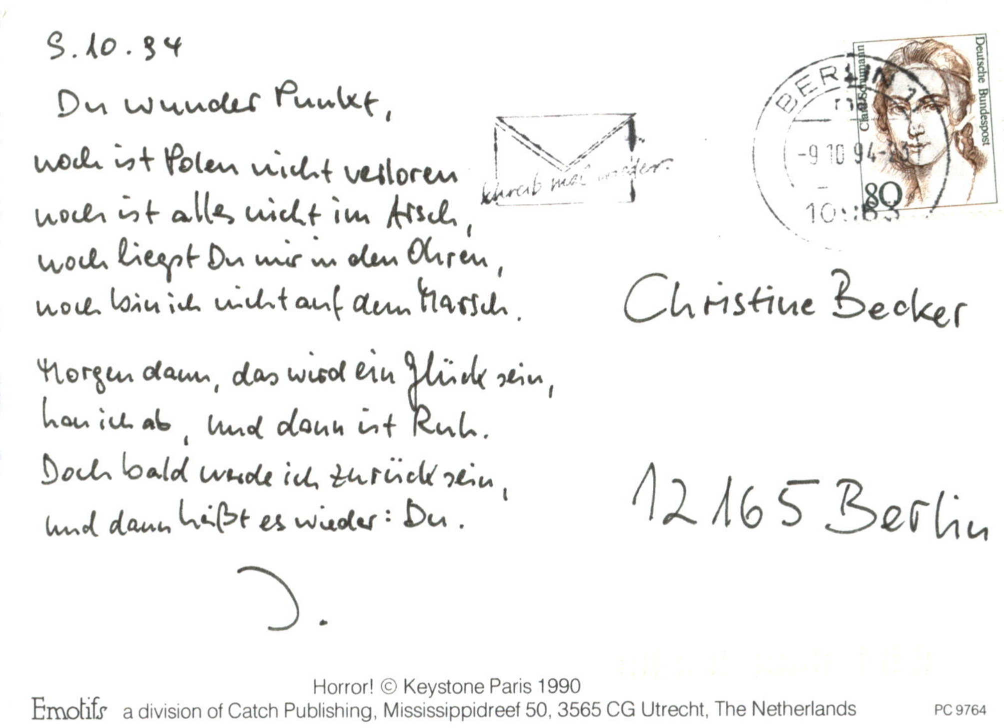

9.10.94

Du wunder Punkt,

noch ist Polen nicht verloren
noch ist alles nicht im Arsch,
noch liegst Du mir in den Ohren,
noch bin ich nicht auf dem Marsch.

Morgen dann, das wird ein Glück sein,
hau ich ab, und dann ist Ruh.
Doch bald werde ich zurück sein,
und dann heißt es wieder: Du.

J.

Christine Becker

12165 Berlin

Horror! © Keystone Paris 1990
Emotifs a division of Catch Publishing, Mississippidreef 50, 3565 CG Utrecht, The Netherlands PC 9764

An: Johnny Becker, Berlin

9. 10. 1994 [Berlin]

Du alter Katzenbuckel,
kaum bin ich einen Tag weg,
schon halte ich es nicht mehr ohne
Dich aus. Deswegen werde ich Dir
andauernd Karten schicken,
damit wir nicht so weit aus-
einander sind. Gefällt Dir die
hier mit dem dicken Babar?
Dein Papa

JEAN DE BRUNHOFF
BABAR AU BAIN
(EXTRAIT DE *HISTOIRE DE BABAR*, 1931)

9.10.94

Du alter Katzenbuckel,
kaum bin ich einen Tag weg,
schon halte ich es nicht mehr ohne
Dich aus. Deswegen werde ich Dir
andauernd Karten schicken,
damit wir nicht so weit aus-
einander sind. Gefällt Dir die
hier mit dem dicken Babar?
Dein Papa

Schreib mal wieder.

BERLIN

Clara Schumann
Deutsche Bundespost
80

ÉDITIONS DU DÉSASTRE

Johnny Becker

12165 Berlin

PRINTED IN FRANCE
BABAR CHARACTERS ™ & © 1990 L. DE BRUNHOFF
ÉDITIONS DU DÉSASTRE
21, RUE VISCONTI 75006 PARIS
JB25

An: Christine Becker, Berlin

10. 10. 1994 [Warschau]

Du heller Wahnsinn,
als ich mich das erstemal ins Café gesetzt habe, um Dir eine Karte zu schreiben, hatte ich die Brille verloren. Da hab ich eine Fertigbrille gekauft. Die ist mir im zweiten Café runtergefallen und zerbrochen. War aber nicht weiter tragisch, denn es war sowieso eine falsche. Und im Hotelzimmer hat die verlorene Brille seltsamerweise auf dem Tisch gelegen. Kein Mensch kann mir sagen, wie die da hingekommen ist.
Dadadein J

ADVERTISING PHOTOGRAPH, 1939
PHOTOGRAPH BY RALPH BARTHOLOMEW

10. 10. 94

Du heller Wahnsinn,
als ich mich das erstemal ins Café gesetzt habe, um Dir eine Karte zu schreiben, hatte ich die Brille verloren. Da hab ich eine Fertigbrille gekauft. Die ist mir im zweiten Café runtergefallen und zerbrochen. War aber nicht weiter tragisch, denn es war sowieso eine falsche. Und im Hotelzimmer hat die verlorene Brille seltsamerweise auf dem Tisch gelegen. Kein Mensch kann mir sagen, wie die da hingekommen ist.
Dadadein J

POLSKA 4000 zł

Christine Becker

D-12165 Berlin

Germany

An: Jonathan Becker, Berlin

11. 10. 1994 [Warschau]

Du alte Quetschkommode,
hier in Polen, wo ich jetzt
bin, sehen die Polizisten aus,
wie bei uns die Briefträger.
Und die Briefträger sehen
aus, wie bei uns die Eisen-
bahner. Bloß die Kinder sehen
genauso aus wie bei uns. Je-
desmal, wenn ich eins sehe –
und das geschieht sehr oft –,
muß ich an meinen Johnny
denken.
Dein Papa

An: Christine Becker, Berlin

Lublin, 12. 10. 1994

Du teures Vergnügen,
ach, diese Polen! Der eine geht
dahin, der andere dorthin. Der eine
sagt dies, der andere jenes. Der
eine versteht deutsch, der andere
nicht. Der eine heißt Bogdan,
der andere Jurek. Wer soll sich
denn da auskennen!
Dein Lieblingsgrübler
J

An: Manfred Krug, Berlin

12. 10. 1994 [Lublin]

Lieber Manfred,
jetzt bin ich in Lublin am Rande Galiziens, wo ich möglicherweise einen größeren Teil meines Lebens verbracht hätte, wenn diese dumme Sache damals nicht passiert wäre[1]. Aber so vergnüglich, wie Du vielleicht denkst, ist diese Vorstellung nun auch wieder nicht.
Bis nächste Woche
Dein Jurek

1 Im September 1939 überfielen und besetzten Wehrmachtstruppen des Deutschen Reichs Polen. Jurek Becker, seine Mutter und sein Vater wurden in der Folge in ein Ghetto eingewiesen und beim Näherrücken der Roten Armee im Herbst 1944 in verschiedene deutsche Konzentrationslager deportiert.

An: Christine Becker, Berlin

Warschau, 13. 10. 1994

Du krumme Tour,
ach, dieses Polen! Mal ist es kalt, mal noch kälter. Einmal regnet es den ganzen Tag, das anderemal die ganze Woche. Mal ist das Essen versalzen, dann wieder angebrannt. Mal hat der Zug Verspätung, dann wieder fällt er aus. Wahrscheinlich dauert es Jahre, bis man da zurechtkommt.
Dein Lieblingscholeriker
J

Warschau, 13. 10. 94
PHOTOGRAPH BY HAROLD M. LAMBERT
Du krumme Tour,
ach, dieses Polen! Mal ist es
kalt, mal noch kälter. Einmal
regnet es den ganzen Tag, das
anderemal die ganze Woche.
Mal ist das Essen versalzen,
dann wieder angebrannt. Mal
hat der Zug Verspätung, dann
wieder fällt er aus. Wahrschein-
lich dauert es Jahre, bis man
da zurechtkommt.
Dein Lieblingscholeriker
J
POLSKA 4000
Christine Becker
D-12165 Berlin
Germany
©PICTORIAL PARADE

An: Johnny Becker, Berlin

Krakau, 14. 10. 1994

Du olle Kuchengabel,
die Stadt, in der ich jetzt bin,
heißt Krakau und hat eine ganz
verrückte Kirche. Überall sonst
läuten zu jeder Stunde die Kirchenglocken, aber hier öffnet
immer ein Mann ein kleines
Fenster im Turm und spielt
auf der Trompete. Ist das nicht
zum Staunen?
Dein Papi

HERIBERT KONOPKA
Gelsenkirchen – Horst, 1957

KRAKAU, 14. 10. 94

Du olle Kuchengabel,
die Stadt, in der ich jetzt bin,
heißt Krakau und hat eine ganz
verrückte Kirche. Überall sonst
läuten zu jeder Stunde die Kirchenglocken, aber hier öffnet
immer ein Mann ein kleines
Fenster im Turm und spielt
auf der Trompete. Ist das nicht
zum Staunen?
Dein Papi

Serie 215 *Fünfziger Jahre im Ruhrgebiet*
Fotoarchiv Ruhrlandmuseum, Essen
Karte 6 von 10
Bestell-Nr. 215/6

GEBR. KÖNIG POSTKARTENVERLAG · BREITESTR. 93 · D-50667 KÖLN · PRINTED IN GERMANY

POLSKA 4000 zł

Johnny Becker
D-12165 Berlin
Germany

An: Christine Becker, Berlin

14. 10. 1994 [Krakau]

Du hohe Schule,
die Goethe-Leute hier sind felsen-
fest davon überzeugt, daß ich nur des-
halb nach Krakau gekommen bin, um
Auschwitz zu besuchen. Es hilft alles
nichts, morgen muß ich hin. Ich werde
mir Mühe geben, Dich auf dem
Laufenden zu halten.
Dein verschossener
J

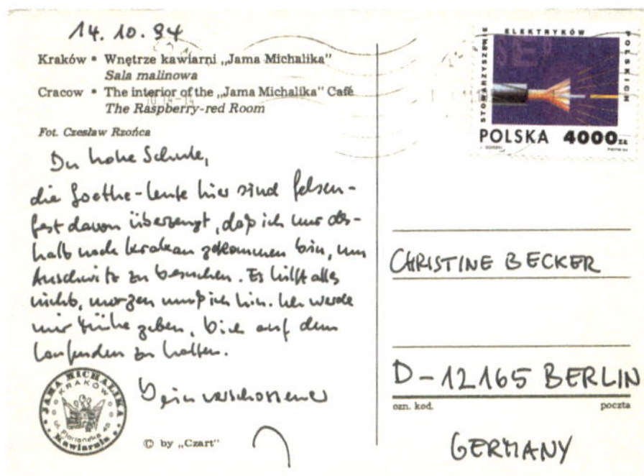

An: Christine Becker, Berlin

17.10.1994, Opole

Du lange Leitung,
als ich nach Tschenstochau kam, war ich ehrlich bereit, der kath. Kirche eine letzte Chance zu geben: Ein noch so kleines Wunder, und ich hätte mich glaubenstechnisch von der Stelle bewegt. Wir haben uns lange in die Augen gesehen, die Schwarze Madonna[1] und ich. Das kleinste Lächeln von ihr hätte genügt, ein Augenblinkern, meinetwegen ein Naserümpfen. Aber es kam nichts, absolut NICHTS!
Für mich ist die Sache erledigt.
Dein in Maßen enttäuschter, Dich
aber natürlich dennoch usw.
J

1 Die Schwarze Madonna von Tschenstochau, ein Marienbild im Kloster Jasna Gora, ist Ziel von Wallfahrtsreisenden aus der ganzen Welt.

An: Christine Becker, Berlin

25. 11. 1994 [Berlin]

Du toller Einfall,

Es hat ja wirklich keinen Sinn,
noch ein Geheimnis draus zu machen,
daß ich Dir so verfallen bin,
daß schon die Hühner lachen.

Verfalle mir doch bitte auch,
am besten auf der Stelle.
Ich steh schon lange auf dem Schlauch
und leide unter dem Gefälle.

J.

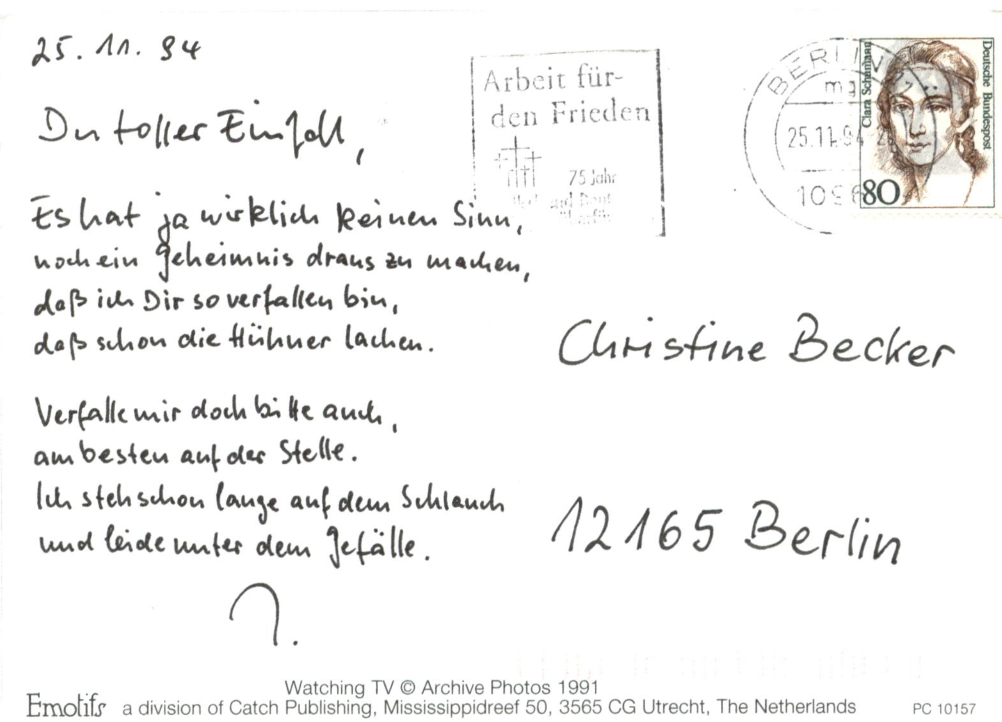

25. 11. 94

Du toller Einfall,

Es hat ja wirklich keinen Sinn,
noch ein Geheimnis draus zu machen,
daß ich Dir so verfallen bin,
daß schon die Hühner lachen.

Verfalle mir doch bitte auch,
am besten auf der Stelle.
Ich steh schon lange auf dem Schlauch
und leide unter dem Gefälle.

J.

Arbeit für den Frieden
75 Jahr

25.11.94

Clara Schumann
Deutsche Bundespost
80

Christine Becker

12165 Berlin

Watching TV © Archive Photos 1991
Emotifs a division of Catch Publishing, Mississippidreef 50, 3565 CG Utrecht, The Netherlands PC 10157

An: Burgel Zeeh, Suhrkamp Verlag, Frankfurt [am Main]

19. 12. 1994 [Berlin]

Liebste Burgel,
als ich heute zwei Stunden nach dem Weckerklingeln aufgewacht bin und so einen sauwichtigen Termin verpaßt habe, nachdem Johnny mir mitgeteilt hat, daß er nur noch dann in den Kindergarten geht, wenn ICH ihn bringe, nachdem das Finanzamt eine hübsche Steuernachzahlung für 92 von mir verlangte, und nachdem ich aus dem Briefkasten das in Seidenpapier gewickelte Foto von uns beiden geholt habe, fand ich plötzlich, daß heute ein ganz wunderbarer Tag ist.
Danke, Du frohes Fest
Dein Jurek

I LOVE LUCY "LUCY DOES A TV COMMERCIAL"
Episode #30 Originally broadcast May 5, 1952

19. 12. 94

Liebste Burgel,
als ich heute zwei Stunden nach dem Weckerklingeln aufgewacht bin und so einen sauwichtigen Termin verpaßt habe, nachdem Johnny mir mitgeteilt hat, daß er nur noch dann in den Kindergarten geht, wenn ICH ihn bringe, nachdem das Finanzamt eine hübsche Steuernachzahlung für 92 von mir verlangte, und nachdem ich aus dem Briefkasten das in Seidenpapier gewickelte Foto von uns beiden geholt habe, fand ich plötzlich, daß heute ein ganz wunderbarer Tag ist.
Danke, Du frohes Fest
Dein Jurek

I Love Lucy

Burgel

Burgel Zeeh
Suhrkamp Verlag
Lindenstr. 29-35
60325 Frankfurt

719
I LOVE LUCY © 1983 CBS INC.
© 1983 THE AMERICAN POSTCARD CO. INC.
ALL RIGHTS RESERVED PRINTED IN USA
PHOTOGRAPH FROM THE COLLECTION OF THOMAS J. WATSON
AMERICAN POSTCARD

An: Christine Becker, Berlin

19. 12. 1994 [Berlin]

Du heißer Tip,
könntest Du Dir vorstellen,
mit mir durchzubrennen?
Wenn ja, mache ich Dir fol-
genden Vorschlag: Ich sage
der Nova-Film[1] und meiner Frau
nichts, Du sagst Deinem Mann
und Deiner Ärztin nichts,
dann setzen wir uns mit
unseren Kalendern zusammen
hin und suchen uns einen
guten Termin. Okay?
Dein J

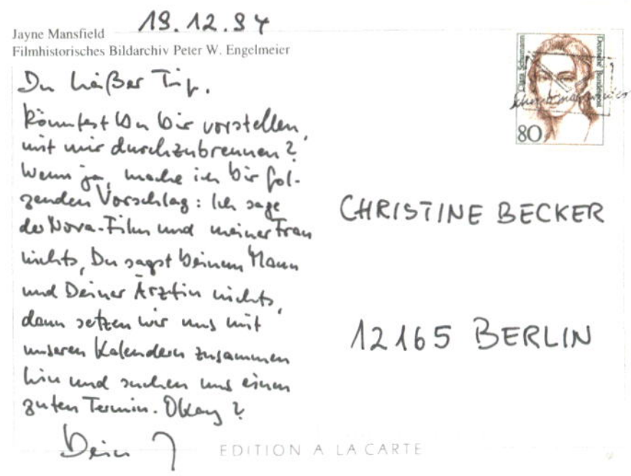
Jayne Mansfield
Filmhistorisches Bildarchiv Peter W. Engelmeier

19. 12. 94

Du heißer Tip,
könntest Du Dir vorstellen,
mit mir durchzubrennen?
Wenn ja, mache ich Dir fol-
genden Vorschlag: Ich sage
der Nova-Film und meiner Frau
nichts, Du sagst Deinem Mann
und Deiner Ärztin nichts,
dann setzen wir uns mit
unseren Kalendern zusammen
hin und suchen uns einen
guten Termin. Okay?
Dein J

CHRISTINE BECKER

12165 BERLIN

EDITION A LA CARTE

1 Die Filmproduktionsgesellschaft Novafilm, unter der Leitung von Otto Meissner, produzierte die Fernsehserien *Liebling Kreuzberg* und *Wir sind auch nur ein Volk* sowie drei Filme nach Drehbüchern J. B. s.

An: Christine Becker, Berlin

4. 1. 1995 [Berlin]

Dies ist ein später
Neujahrsgruß,
unverdient, aber
seit wann fragt
Liebe nach
Verdienst!
J

4.1.95

Dies ist ein später
Neujahrsgruß,
unverdient, aber
seit wann fragt
Liebe nach
Verdienst!

J

Neue Nationalgalerie
Berlin - New York

Christine Becker

12165 Berlin

Farewell Kiss © Frederic Lewis 1990
a division of Catch Publishing, Mississippidreef 50, 3565 CG Utrecht, The Netherlands
PC 9745

An: Christine Becker, Berlin

Genua, 14. 2. 1995[1]

Du unverhoffte Wendung,
im Restaurant hat mich ein junger Mann (sehr hübsch übrigens, wirklich sehr hübsch), der mir schräg gegen-über saß, gefragt, ob er rauchen darf, während ich noch esse. Weil ich nicht wußte, was »Ich weiß nicht, ich habe sowas noch nie erlebt« auf Italienisch heißt, habe ich, blöde lächelnd, ge-nickt. Erst auf der Straße ist mir eingefallen, daß ich ihm auch einen Vogel hätte zeigen können.
I. s. z. L. J

1 J. B. reiste auf Einladung des Goethe-Instituts durch Italien.

HIGH SCHOOL PEP RALLY, SAN ANTONIO, TEXAS, 1976
PHOTOGRAPH BY GEOFF WINNINGHAM
Genua, 14.2.95
Du unverhoffte Wendung,
im Restaurant hat mich ein junger Mann (sehr hübsch übrigens, wirklich sehr hübsch), der mir schräg gegen-über saß, gefragt, ob er rauchen darf, während ich noch esse. Weil ich nicht wußte, was "Ich weiß nicht, ich habe sowas noch nie erlebt" auf Italienisch heißt, habe ich, blöde lächelnd, ge-nickt. Erst auf der Straße ist mir eingefallen, daß ich ihm auch einen Vogel hätte zeigen können.
I.s.z.L. J
CHRISTINE BECKER
D-12165 BERLIN
©GEOFF WINNINGHAM
©FOTOFOLIO, BOX 661 CANAL STA., NY, NY 10013
OW13

An: Braune/Jeka, Berlin

15. 2. 1995 [Neapel]

Ihr Lieben,
in Neapel wohne ich im siebten Stock eines Hotels, das eine große Besonderheit hat: Man muß, um den Fahrstuhl zu benutzen, eine Münze von 50 Lira einwerfen. Das ist zwar nicht viel Geld, aber die Dinger sind nicht mehr im Umlauf. So mußte ich dem Portier zehn solcher Münzen abkaufen, zum Gesamtpreis von 10 000 Lira. Einfach genial!
Euer Jurek

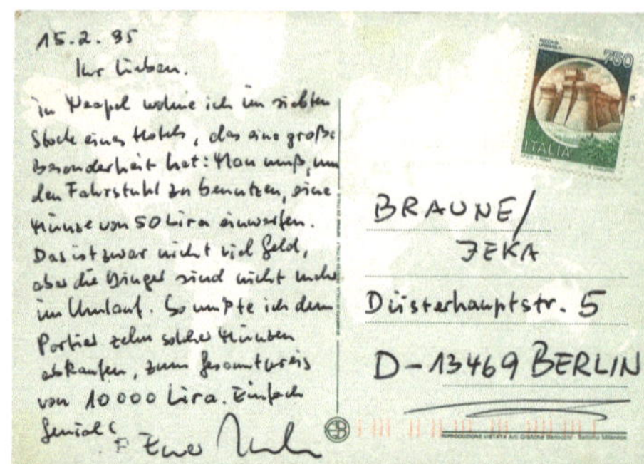

An: Ottilie und Manfred Krug, Berlin

18. 2. 1995 [Palermo]

Ihr Lieben,
ich glaube, ich bin einem großen Geheimnis auf der Spur: Die Mafia kassiert die Kirche ab! Oder die Kirche kassiert die Mafia ab! Oder sie kassieren sich gegenseitig ab! Oder sie arbeiten Hand in Hand und teilen sich den Ramsch! Jedenfalls ist da irgendwas, ich spüre es deutlich.
Euer Euch unendlich
liebender Jurek

An: Christine Becker, Berlin

28. 2. 1995 [Berlin]

Du schneller Brüter,
vielleicht gibt Dir das Foto
eine Ahnung, wie die Reise
mit mir hätte werden können.
Noch aber ist es nicht zu spät,
bald kannst Du es selbst
prüfen, irgendwie ist
überall Palermo.
D. J.

Gran Café Nobel
Viale della Libertà, 35
Palermo

28. 2. 95

Du schneller Brüter,
vielleicht gibt Dir das Foto
eine Ahnung, wie die Reise
mit mir hätte werden können.
Noch aber ist es nicht zu spät,
bald kannst Du es selbst
prüfen, irgendwie ist
überall Palermo.
D. J.

Neue Nationalgalerie
GEORGE GROSZ
Berlin – New York
21. 12. 94 – 17. 4. 95

CHRISTINE BECKER

12165 BERLIN

An: Sonnenberg-Klinik, Edith Jeka, Bad Soden-Allendorf

9. 3. 1995 [Berlin]

Liebste Edith,
ich selbst war ja noch nie zur Kur, weiß also wenig über Deine jetzige Situation.[1] Andererseits stelle ich mir vor, daß Faulenzen dabei eine gewisse Rolle spielt, und da kenne ich mich wiederum sehr gut aus. Erlaube mir einen winzigen Rat: Zwischen Nichtstun und fast nichts tun ist ein gewaltiger Unterschied, den der Erholungsbedürftige nicht aus dem Auge verlieren sollte.

Im übrigen sind wir bald für sechs Wochen in den USA und so weiter, von wo aus ich mein Kartenwerk fortsetzen werde.
In Liebe Jurek

1 Edith Jeka hatte sich nach einer Krebsoperation zur Rehabilitation in eine Fachklinik begeben.

An: Edith Jeka, Berlin

25. 3. 1995, St. Louis[1]

Liebe Edith,
Tag um Tag stehe ich stundenlang am Fenster, starre auf den Mississippi, trommle mit den Fingern und warte darauf, daß der Fluß über die Ufer tritt[2]. Um die Wahrheit zu sagen – das ist auf die Dauer ein wenig langweilig, und ich sehe es schon kommen, daß ich mir bald einen anderen Zeitvertreib werde suchen müssen.
Grüß Deinen Freund von mir und sei selbst geherzt
und umarmt Jurek

1 Auf Einladung von Paul Michael Lützeler war J. B. an die Washington University nach St. Louis gekommen. Anlass war ein Symposium zur Feier des zehnjährigen Bestehens des Max Kade Zentrums für deutschsprachige Literatur. Der Aufenthalt in St. Louis wurde auf drei Wochen ausgedehnt.

2 Von April bis Oktober 1993 war es wiederholt zu schweren Überschwemmungen durch den Mississippi und den Missouri gekommen, die bei St. Louis zusammenfließen.

An: Rieke Becker, Berlin

St. Louis, 27. 3. 1995

Liebe Rieke,
ich nehme hier an einer Konferenz teil, deren erster Redner ich war. Ich habe in meinem Vortrag die Veranstaltung als ziemlich überflüssig bezeichnet,[1] was mir entrüstete Blicke von den Professorenbänken eingebracht hat, aber bis jetzt auch fünf Einladungen zu Studentenfeten.
Liebe Grüße
Jurek

1 Als Teilnehmer des Symposiums war J. B. um einen Beitrag über multikulturelle Dimensionen im eigenen Werk gebeten worden. In seinem Vortrag mit dem Titel *Der Tausendfüßler* äußerte er sich kritisch zu der gestellten Aufgabe und nannte Gründe, warum er es ablehne, das eigene Werk zu analysieren.

An: Max Neumann[1], Rügge

St. Louis, 28. 3. 1995

Lieber Max,
nachdem ich meine Rede hier gehalten und meine drei Verabredungen hinter mir habe, befällt mich ein beängstigendes Gefühl von Leere. Christine sagt, das deutsche Wort dafür laute ›Urlaub‹, jeder normale Mensch freue sich darauf, nur diejenigen wüßten nichts damit anzufangen, deren Instinkte verkümmert seien. Ich habe ihr versprochen, noch während des Urlaubs darüber nachzudenken – wenigstens ein Projekt.
Sei umarmt
Jurek

1 Der Maler Max Neumann (geb. 1949) und J. B. waren in Berlin-Kreuzberg Nachbarn gewesen. Auch er hatte einen Wohnsitz in Schleswig-Holstein, nicht weit von J. B.s Wohnort entfernt.

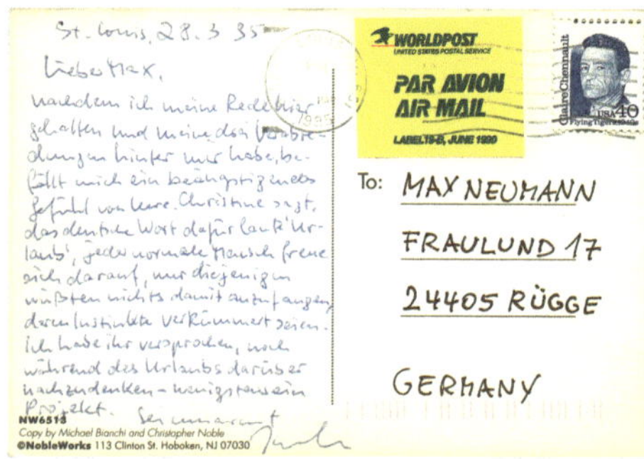

An: Burgel Zeeh, Frankfurt [am Main]

30. 3. 1995 [St. Louis]

Liebe Burgel,
wir sind nun zum fünften-
mal in St. Louis, und ich kenne
mich bestimmt nicht schlechter
aus hier als in Frankfurt. Die
Stadt macht es einem aber auch
leicht: Im Osten der Mississippi,
im Westen das Nichts, im Norden
die Slums, im Süden die Galleria,
und überall Christine.
Sei gegrüßt von
der nämlichen
und umarmt von
Jurek

30. 3. 95

Saint Louis Golden Gateway Prints...for framing
SAINT LOUIS
The sun sets behind the 630 foot Gateway Arch on the Mississippi Riverfront at Saint Louis, Missouri.
Photo © Alan Nyiri/FPG

Liebe Burgel,
wir sind nun zum fünften-
mal in St. Louis, und ich kenne
mich bestimmt nicht schlechter
aus hier als in Frankfurt. Die
Stadt macht es einem aber auch
leicht: Im Osten der Mississippi,
im Westen das Nichts, im Norden
die Slums, im Süden die Galleria,
und überall Christine.
Sei gegrüßt von
der nämlichen
und umarmt von
Jurek

Published by
© Mississippi River Trading Co.
634-A Woodson Road
St. Louis, Missouri 63134
Terrell 0892162
Printed in Korea

Insist on genuine LASER Made Golden Gateway Prints by MRTC...
your assurance of quality

ST. LOUIS, MO
30 MAR 1995

William T. Piper
Aviation Pioneer
USAirmail 40

BURGEL ZEEH
OBERLINDAU 61
60323 FRANKFURT

GERMANY

An: Nicki Becker, Berlin

St. Louis, 3. 4. 1995

Lieber Nicki,
gestern hat mir im Supermarkt SCHNUCKS ein Typ vier Tüten vollgepackt, und als ich nach Hause kam, hab ich gesehen, daß es die falschen waren. Jemand oder ich muß den Einkaufswagen vertauscht haben. Als alles ausgepackt war, war das Unglück aber nur klein, denn mein Leidensgenosse ist Jude: Jetzt fressen wir seinen Gefilte Fisch und seine Mazze, und er muß unseren Soave saufen und unsere Schweineleberwurst den Nachbarn schenken.
Küsse von Deinem Papa + Chrissie

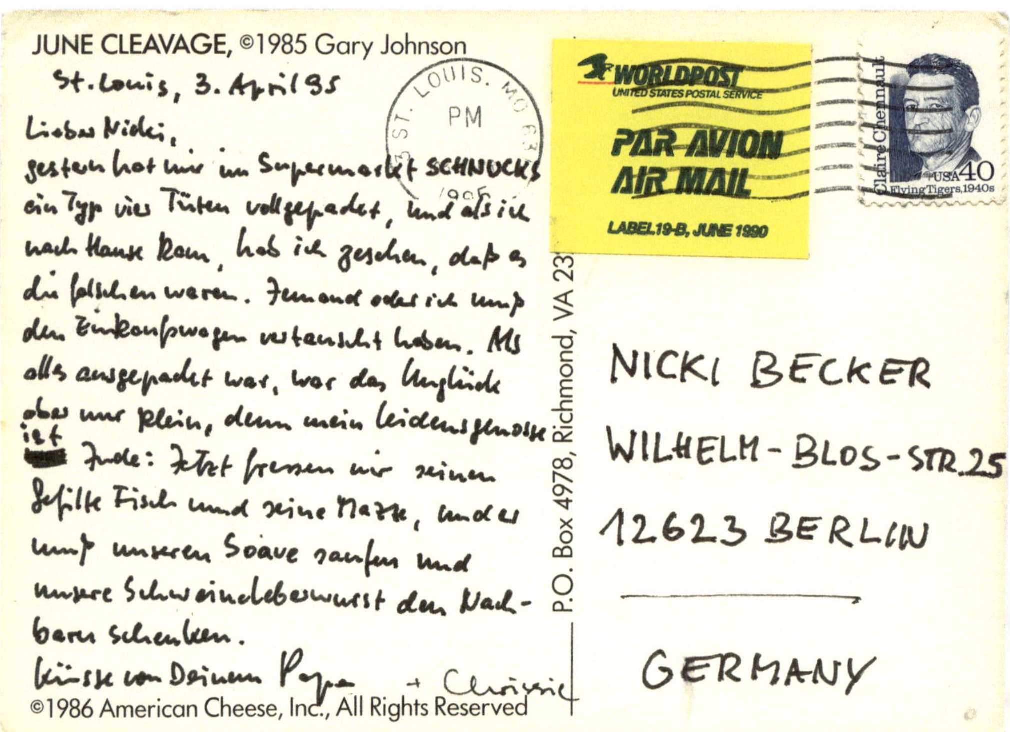

An: Braune/Jeka, Berlin

St. Louis, 3. 4. 1995

Ihr Lieben,
dies ist eine der wenigen Karten,
mit denen ich hoffen darf, Euer
beider Bedürfnissen nachzukom-
men: Helge wird sie, wenn ich nicht
irre, interessant genug finden und
Edith vermutlich lächerlich genug.
Im übrigen geht es uns ausgezeich-
net, wenn man davon absieht, daß
Johnny nicht mal in der Badewanne
seine neuen Turnschuhe ausziehen will.
Umarmendst
Jurek + Chrissie

An: Rieke Becker, Berlin

4.4.1995 [St. Louis]

Liebe Rieke,
da wir hier manchmal mit Babysittern kooperieren, versuchen wir, Johnny ein paar englische Redewendungen beizubringen. Wir haben ihm vorgeschlagen, zuerst ›ich habe Hunger‹, ›ich habe Durst‹ oder ›ich möchte noch mehr‹ zu lernen, aber er bestand darauf, daß sein erster englischer Satz lautet: Ich habe keine Lust. Mein Sohn eben.
Grüße über Grüße
Jurek

An: Kerstin Bark, Hamburg

St. Louis, 5. 4. 1995

Liebe Kerstin,
als wir zum letztenmal hier
waren, haben sie uns gesagt, daß
wir Pech hatten, weil es so kalt war.
Diesmal ist es noch kälter, aber
alle sagen, wir haben Glück, weil
St. Louis nicht unter Wasser
steht. Ist es nicht erschreckend,
wie die Menschen es lernen, sich
nach der Decke zu strecken und
ihre Ansprüche von gestern zu
vergessen!
Liebesgrüße von Jurek

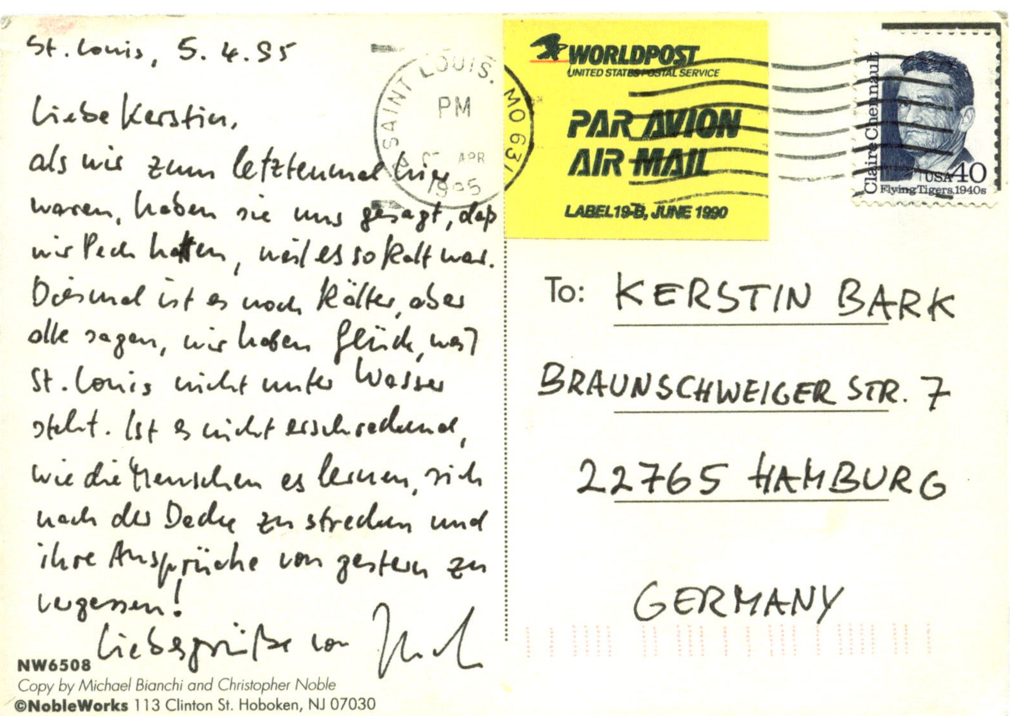

St. Louis, 5. 4. 95

Liebe Kerstin,
als wir zum letztenmal hier
waren, haben sie uns gesagt, daß
wir Pech hatten, weil es so kalt war.
Diesmal ist es noch kälter, aber
alle sagen, wir haben Glück, weil
St. Louis nicht unter Wasser
steht. Ist es nicht erschreckend,
wie die Menschen es lernen, sich
nach der Decke zu strecken und
ihre Ansprüche von gestern zu
vergessen!
Liebesgrüße von

SAINT LOUIS MO 631 PM APR 1995

WORLDPOST
UNITED STATES POSTAL SERVICE
PAR AVION
AIR MAIL
LABEL 19-B, JUNE 1990

Claire Chennault USA 40 Flying Tigers 1940s

To: KERSTIN BARK
BRAUNSCHWEIGER STR. 7
22765 HAMBURG
GERMANY

NW6508
Copy by Michael Bianchi and Christopher Noble
©NobleWorks 113 Clinton St. Hoboken, NJ 07030

An: Lonni Becker, Berlin

6. 4. 1995 [St. Louis]

Lieber Lonni, findest Du nicht auch, daß von jungen Familien ein unwiderstehlicher Reiz ausgeht? In diesem einen Fall ist es zwar ein Brechreiz, aber es ist sehr interessant zu verfolgen, was aus den Leuten geworden ist: Die Frau ist Schauspielerin in der Serie ›Feuerstein‹[1], der Mann lebt unerkannt als Kneiper im Mittleren Westen, und das Baby ist die Frau von Michael Jackson. Wir werden weiter die Augen für Euch offenhalten.
Seid alle umarmt
Jurek

1 *Familie Feuerstein* (Originaltitel: *The Flintstones*) ist eine US-amerikanische Zeichentrickserie.

An: Christine Becker, Berlin

7. 4. 1995 [St. Louis]

Du und ewig lockt das Weib,
erinnerst Du Dich, wie wir in dieser Bar gesessen haben? Oder waren wir dort etwa nicht? Haben wir dort keine Margaritas getrunken? Haben wir uns nicht bei der Hand gehalten, als die Kellnerin Dir Eiswasser übers Kleid goß? Haben wir nicht gelächelt, als die dicke Frau am Nebentisch fragte, ob wir einen schönen Tag hatten? Waren wir nicht entzückt, als der Manager nach Deinem Pass fragte, um zu prüfen, ob Du alt genug zum Weintrinken bist? Habe ich das alles nur geträumt?!!
Dein von der Reise mit Dir
verwirrter J.

An: Helge Braune, Berlin

[8. 4. 1995, St. Louis]

Lieber Helge,
D. W. i. g., u.
e. g. u. p.
D. J.
P. s.: G. b. E.[1]

1 Die Anfangsbuchstaben stehen sehr wahrscheinlich für »Das Wetter ist gut, und es geht uns prima. Dein Jurek. Postskriptum: Grüße bitte Edith.«

An: Harsch-Niemeyer, Tübingen

New Orleans, 13. 4. 1995

Liebe Lore, lieber Robert,
in Louisiana hat man uns zu einem sehr günstigen Preis eine Baumwollfarm angeboten. Auf den ersten Blick ist das Anwesen sehr schön, geradezu prächtig; allerdings muß das Dach des Herrenhauses komplett erneuert werden, die Landarbeiter sind alle in der Gewerkschaft, und der Weltmarktpreis für Baumwolle steckt im Keller. So haben wir uns entschlossen, unser bisheriges Leben weiterzuführen, obwohl es uns ein wenig leidtut.
Die herzlichsten Grüße
Euer Jurek + Tina

New Orleans, 13. 4. 95

PRALINES — OLD FASHIONED CREOLE CANDIES
Pralines came to the U.S. from France about 1750. A plantation owner's chef used local ingredients (cane sugar & pecans) to imitate the French candies. After the Civil War, pralines were sold on the streets of New Orleans by free black women who carried them in baskets.

Liebe Lore, liebe Robert,
in Louisiana hat man uns zu einem sehr günstigen Preis eine Baumwollfarm angeboten. Auf den ersten Blick ist das Anwesen sehr schön, geradezu prächtig; allerdings muß das Dach des Herrenhauses komplett erneuert werden, die Landarbeiter sind alle in der Gewerkschaft, und der Weltmarktpreis für Baumwolle steckt im Keller. So haben wir uns entschlossen, unser bisheriges Leben weiterzuführen, obwohl es uns ein wenig leidtut.
Die herzlichsten Grüße
Euer Jurek + Tina

NEW ORLEANS
1995
WORLDPOST
UNITED STATES POSTAL SERVICE
PAR AVION
AIR MAIL
LABEL 19-B, JUNE 1990
USA 50

Harsch-Niemeyer
Im Kleeacker 14
72072 Tübingen
Germany

An: Max Neumann, Rügge

New Orleans, 13. 4. 1995

Lieber Max,
wir sind nun in New Orleans, von dem man uns erzählt hat, es hätte einen starken französischen Einfluß. Mein flüchtiger Eindruck allerdings ist, daß dieser Einfluß etwa so bedeutsam ist wie der usbekische Einfluß in Eckernförde oder meiner auf Christine und Johnny.
Je eine Umarmung für Dich
und Sonja[1]
Jurek

MAMMYGRAM

New Orleans, 13.4.95

Lieber Max,
wir sind nun in New Orleans, von dem man uns erzählt hat, es hätte einen starken französischen Einfluß. Mein flüchtiger Eindruck allerdings ist, daß dieser Einfluß etwa so bedeutsam ist wie der usbekische Einfluß in Eckernförde oder meiner auf Christine und Johnny.
Je eine Umarmung für Dich und Sonja
Jurek

MAX NEUMANN
FRAULUND 17
24405 RÜGGE
GERMANY

1 Sonja Kopp.

An: Nicki Becker, Berlin

13. 4. 1995 [New Orleans]

Lieber Nicki,
in einem Voodoo-Laden haben sie mir gestern für nur 25 Dollar eine Essenz angeboten, mit deren Hilfe ich ohne Probleme Mädchen zeugen können soll. Ich war schon drauf und dran, das Zeug zu kaufen, dann hab ich aber vorsichtshalber an der Flasche gerochen und verzichtet: Ich konnte nicht glauben, daß das einzige Mädchenmittel, von dem ich je gehört habe, ausgerechnet Spearmint-Geschmack haben soll. Christine findet das natürlich übertrieben mißtrauisch.
Liebstens Dein Vater

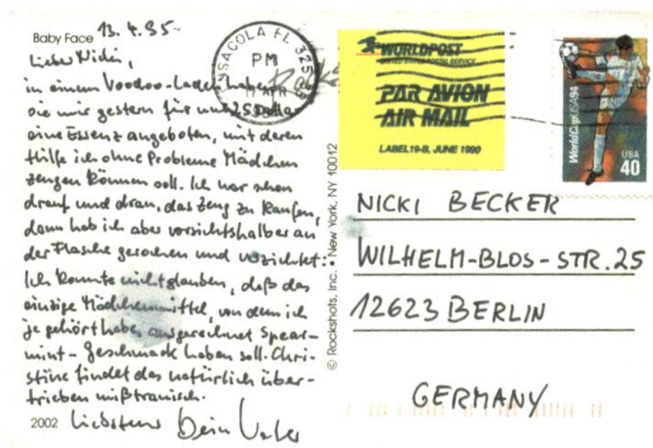

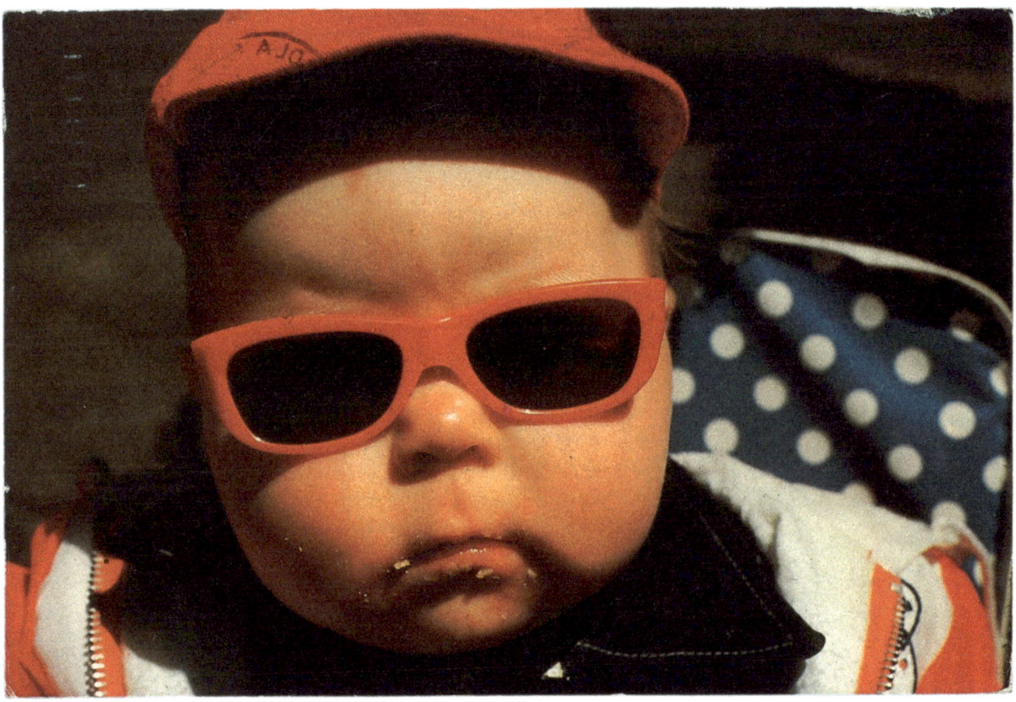

An: Berkéwicz/Unseld, Frankfurt [am Main]

22. 4. 1995 [St. Thomas]

Liebe Ulla, lieber Siegfried,
als wir in Amerika noch zwei
Wochen übrighatten, ist
uns eine Empfehlung von Euch
eingefallen: St. Thomas.
Da sind wir nun, fallen
von einem Tropenentzücken
ins andere, und wenn der süße
Johnny nicht auch hier wäre
könnte es die erholsamste Reise
sein.
Umarmungen von Jurek
und Chrissie

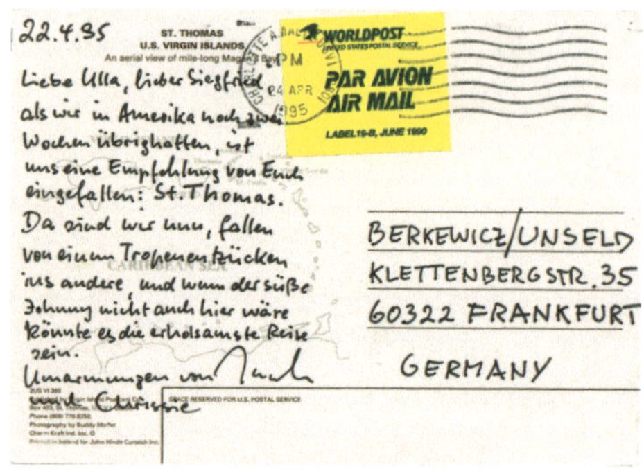
22.4.95
ST. THOMAS
U.S. VIRGIN ISLANDS
WORLDPOST
PAR AVION
AIR MAIL
LABEL 19-8, JUNE 1990
Liebe Ulla, lieber Siegfried
als wir in Amerika noch zwei
Wochen übrighatten, ist
uns eine Empfehlung von Euch
eingefallen: St. Thomas.
Da sind wir nun, fallen
von einem Tropenentzücken
ins andere, und wenn der süße
Johnny nicht auch hier wäre
könnte es die erholsamste Reise
sein.
Umarmungen von Jurek
und Chrissie
BERKEWICZ/UNSELD
KLETTENBERGSTR. 35
60322 FRANKFURT
GERMANY

An: Jeka/Braune, Berlin

22. 4. 1995 [St. Thomas]

Ihr ungewöhnlich Lieben,
am Ende hat uns der Reisewind auf
die Jungfern-Inseln geweht. Wir können uns noch kein Urteil bilden, denn
es ist erst unser zweiter Tag hier. Aber soviel
steht wohl fest, daß es viel wärmer als zu
Hause ist, daß auf jedem Tisch Hibiscus-Blüten stehen, in denen Milliarden
Insekten wohnen, und daß wir aller
Voraussicht nach einen Malaria-Anfall
nach dem anderen erleiden werden.
Seid geküßt von Jurek

22.4.95

ST. THOMAS
VIRGIN ISLANDS

St. Thomas is considered the liveliest of the U.S. Virgin Islands with t
most popular cruise ship port-of-call in the West Indies, Charlotte Amal
This lovely deep-water port is framed by rolling green hills sprinkled w
red-roofed pastel houses.

Ihr ungewöhnlich Lieben,
am Ende hat uns der Reisewind auf
die Jungfern-Inseln geweht. Wir können uns noch kein Urteil bilden, denn
es ist erst unser zweiter Tag hier. Aber soviel
steht wohl fest, daß es viel wärmer als zu
Hause ist, daß auf jedem Tisch Hibiscus-Blüten stehen, in denen Milliarden
Insekten wohnen, und daß wir aller
Voraussicht nach einen Malaria-Anfall
nach dem anderen erleiden werden.
Seid geküßt von Jurek

Malaria bekämpft man doch
mit Cocktails, oder?
herzlich Eure Christie

2US VI 102
Phone (809) 776-3435 (with permission only).

SPACE RESERVED FOR U.S. POSTAL SERVICE

WORLDPOST
UNITED STATES POSTAL SERVICE
PAR AVION
AIR MAIL
LABEL 19-B, JUNE 1990

World Cup USA 94
USA 40

JEKA / BRAUNE
DÜSTERHAUPTSTR. 5
13469 BERLIN

GERMANY

An: Lonni Becker, Berlin

22. 4. 1995 [St. Thomas]

Lieber Lonni,
zu guter Letzt sind wir auf
den Jungfern-Inseln ge-
landet, die 1917 von den
USA gekauft worden sind, weil sie
verhindern wollten, daß die
Inseln ein deutscher Stützpunkt
werden. Jeder Besucher kann sich
davon überzeugen, daß dieser
Plan ein Schuß in den Ofen
gewesen ist.
Seid alle herzlich
Jurek
+ Chrissie

An: Nicky Becker, Berlin

22. 4. 1995 [St. Thomas]

Liebster Sohn,
mein schönstes Urlaubserlebnis: Ich habe bis ½ 9 durchgeschlafen (was nie passiert), Christine schlief noch ewig (was immer passiert), Johnny schlief bis 10 (sonst steht er um 7 auf der Matte), im Fernsehen spielten die Chicago Bulls gegen Utah Jazz, und im Kühlschrank war noch ein halber Apfel. Ich glaube, diese anderthalb Stunden werde ich lange nicht vergessen.
Dein zufriedener Vater
mit Chrissie

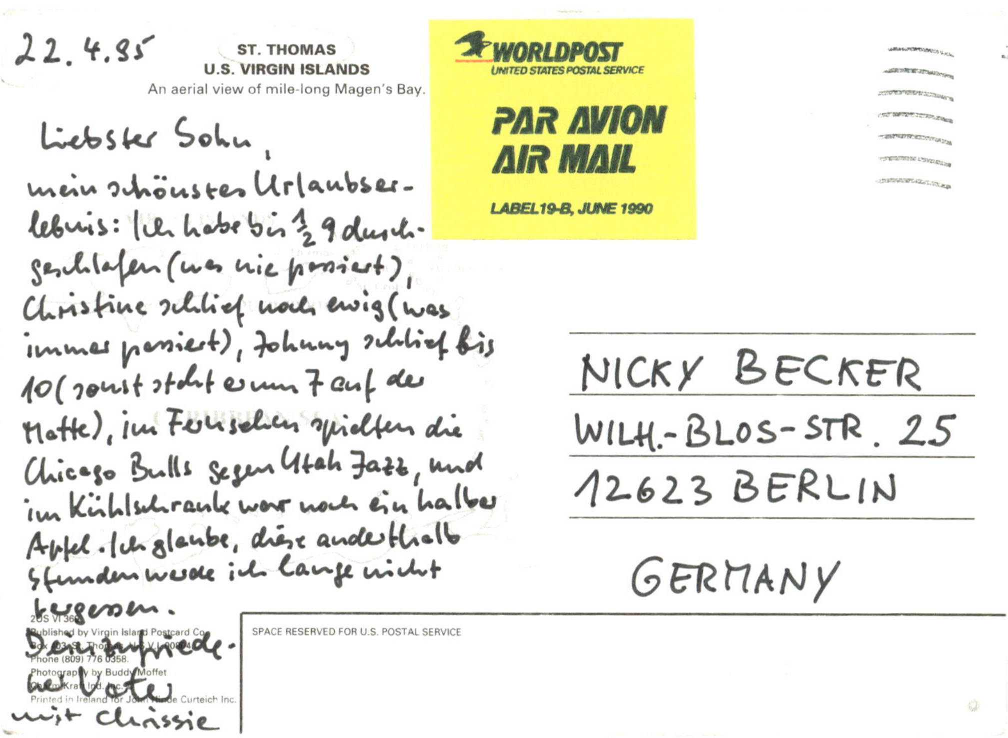

22. 4. 95

ST. THOMAS
U.S. VIRGIN ISLANDS
An aerial view of mile-long Magen's Bay.

WORLDPOST
UNITED STATES POSTAL SERVICE
PAR AVION
AIR MAIL
LABEL 19-B, JUNE 1990

Liebster Sohn,
mein schönstes Urlaubserlebnis: Ich habe bis ½ 9 durchgeschlafen (was nie passiert), Christine schlief noch ewig (was immer passiert), Johnny schlief bis 10 (sonst steht er um 7 auf der Matte), im Fernsehen spielten die Chicago Bulls gegen Utah Jazz, und im Kühlschrank war noch ein halber Apfel. Ich glaube, diese anderthalb Stunden werde ich lange nicht vergessen.
Dein zufriedener Vater
mit Chrissie

NICKY BECKER
WILH.-BLOS-STR. 25
12623 BERLIN
GERMANY

SPACE RESERVED FOR U.S. POSTAL SERVICE

Published by Virgin Island Postcard Co.
Photography by Buddy Moffet
Printed in Ireland for John Hinde Curteich Inc.

An: Lore + Robert Harsch-Niemeyer, Tübingen

23. 4. 1995 [St. Thomas]

Liebe Lore, lieber Robert,
zum Schluß hat das Reise-
roulette Eure Tochter, Euren
Enkel und mich auf die
Jungferninseln verschlagen.
Die Hotels hier sind fürchterlich
teuer, locken die Kundschaft aber
mit einem Trick: Weil Alkohol we-
nig kostet, sind im Zimmerpreis
so viele Cocktails inbegriffen, wie
man nur trinken kann. Wenn
Christine abreist, werden diese
Herrschaften vor den Trümmern
ihrer Kalkulation stehen.
Die liebsten Grüße
Jurek + Tina

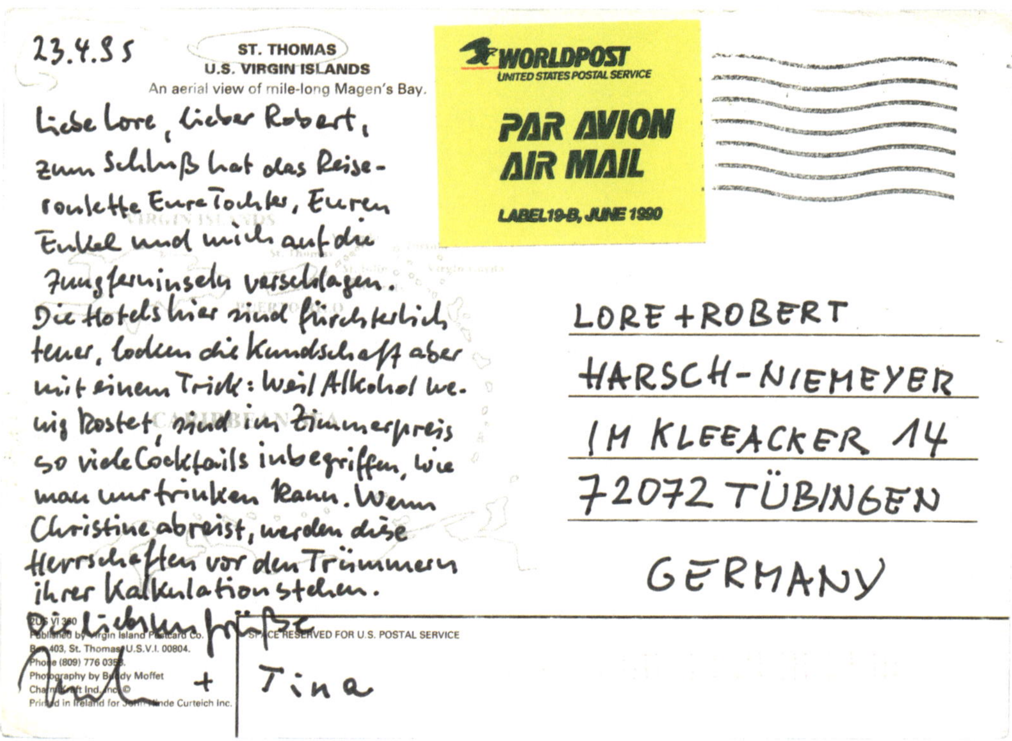

23.4.95

ST. THOMAS
U.S. VIRGIN ISLANDS
An aerial view of mile-long Magen's Bay.

WORLDPOST
UNITED STATES POSTAL SERVICE
PAR AVION
AIR MAIL
LABEL 19-B, JUNE 1990

Liebe Lore, lieber Robert,
zum Schluß hat das Reise-
roulette Eure Tochter, Euren
Enkel und mich auf die
Jungferninseln verschlagen.
Die Hotels hier sind fürchterlich
teuer, locken die Kundschaft aber
mit einem Trick: Weil Alkohol we-
nig kostet, sind im Zimmerpreis
so viele Cocktails inbegriffen, wie
man nur trinken kann. Wenn
Christine abreist, werden diese
Herrschaften vor den Trümmern
ihrer Kalkulation stehen.
Die liebsten Grüße
Jurek + Tina

LORE + ROBERT
HARSCH-NIEMEYER
IM KLEEACKER 14
72072 TÜBINGEN
GERMANY

SPACE RESERVED FOR U.S. POSTAL SERVICE

An: Christine Becker, Berlin

11. 5. 1995 [Berlin]

Du kühne Tat,
falls Du es noch nicht gemerkt hast – Du bist wieder zu Hause. Sieh nur aus dem Fenster – das ist nicht die Karibik! Zum Abendbrot gibt es nicht mehr Lobster, sondern Käsebrote, man trinkt Bier und nicht mehr die Daiquiris von Tony, und beim Einkauf kann man die Händler nicht mehr mit so einem Stückchen Plastik hinters Licht führen, sondern muß richtiges Geld hinlegen. Nur ich bin hier derselbe wie dort, aufmerksam, fröhlich und vor Liebe verglühend.
J

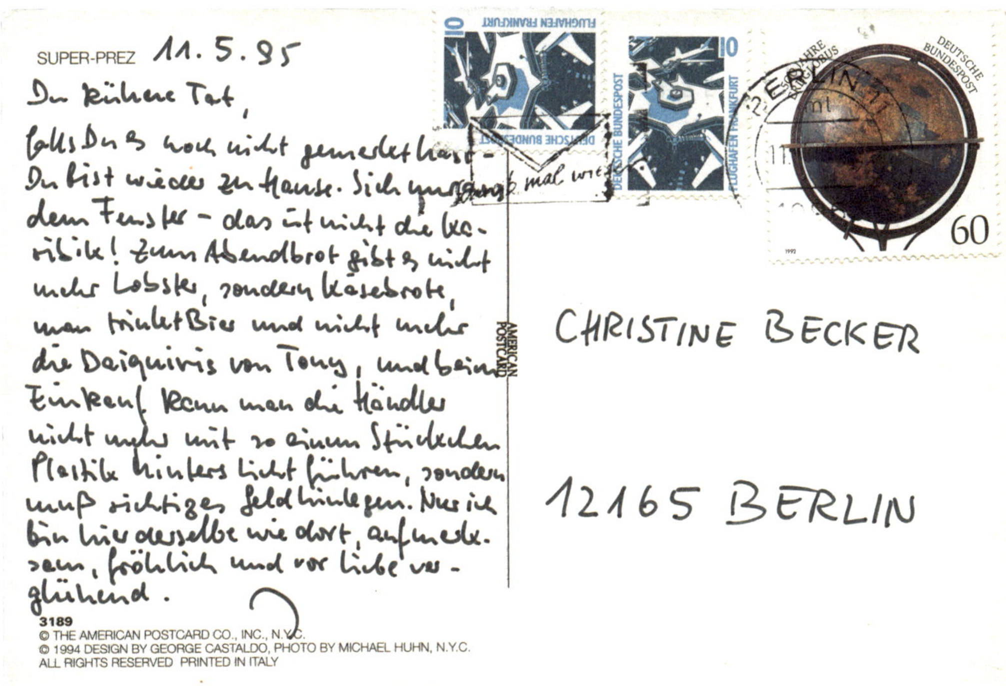
SUPER-PREZ 11. 5. 95
Du kühne Tat,
falls Du es noch nicht gemerkt hast – Du bist wieder zu Hause. Sich nur aus dem Fenster – das ist nicht die Karibik! Zum Abendbrot gibt es nicht mehr Lobster, sondern Käsebrote, man trinkt Bier und nicht mehr die Daiquiris von Tony, und beim Einkauf kann man die Händler nicht mehr mit so einem Stückchen Plastik hinters Licht führen, sondern muß richtiges Geld hinlegen. Nur ich bin hier derselbe wie dort, aufmerksam, fröhlich und vor Liebe verglühend.
J

CHRISTINE BECKER

12165 BERLIN

3189

An: Johnny Becker, Berlin

11. 5. 1995 [Berlin]

Du alte Handschelle,
was war das Beste an Amerika?
Die Officers, die Feuerwehrautos,
die Sheriffs, die Hamburger oder Baseball? Wenn Du mich fragst – das
Schönste war, daß wir uns so viel
gekitzelt haben, daß Du einen
Blick unter Wasser geworfen hast,
und daß keiner von uns den
Schnupfen kriegte.
Dein Papa

John Callahan is a witty, painfully funny cartoonist. His outrageous sense of humor is shaped in part by a car accident which left John a quadriplegic. Now, twenty years later, his cartoons reflect life from his own unique perspective. The results are bizarre, twisted, thoughtful, and extremely hilarious!

11.5.95
Du alte Handschelle,
was war das Beste an Amerika?
Die Officers, die Feuerwehrautos,
die Sheriffs, die Hamburger oder Base-
ball? Wenn Du mich fragst – das
Schönste war, daß wir uns so viel
gekitzelt haben, daß Du einen
Blick unter Wasser geworfen hast,
und daß keiner von uns den
Schnupfen kriegte.
Dein Papa

JC5088/75
John Callahan©
Represented by Levin Represents
© NobleWorks 113 Clinton St. Hoboken, NJ 07030

Schreib mal wieder.

BERLIN
80

JOHNNY BECKER

12165 BERLIN

An: Johnny Becker, Berlin

22. 5. 1995 [Berlin]

Du alter Batman,
als Du heute im Kinder-
garten warst, haben die
Vögel so laut gesungen,
daß ich nicht arbeiten
konnte hier oben unterm
Dach. Da hab ich gedacht,
Schreib wenigstens dem
Johnny 'ne Karte, daß Du
nicht arbeiten kannst,
aber an ihn denkst.
Papa

BATMAN 22.5.95

Du alter Batman,
als Du heute im Kinder-
garten warst, haben die
Vögel so laut gesungen,
daß ich nicht arbeiten
konnte hier oben unterm
Dach. Da hab ich gedacht,
Schreib wenigstens dem
Johnny 'ne Karte, daß Du
nicht arbeiten kannst,
aber an ihn denkst.
Papa

JOHNNY BECKER

12165 BERLIN

An: Johnny Becker, Berlin

6. 8. 1995 [Sieseby]

Du altes Mauseloch,
meine Güte, ist das den
ganzen Tag still hier im
Haus! Keiner heult, weil
er sich gestoßen hat, keiner
hört »ein Bett im Kornfeld«[1]
oder Michael Jackson, keiner
ruft »Papi!« und keiner kommt
in mein Zimmer und fragt, ob
ich mit ihm spiele. Ich kann
Dir sagen – sooo gut ist das
auch wieder nicht.
Bis gleich – Dein Papi

1 Der Hitparadenerfolg des deutschen Schlagersängers Jürgen Drews (nach der Melodie des Country-Pop-Songs *Let Your Love Flow*) war im Jahr 1995 neu aufgenommen worden, interpretiert von Stefan Raab, Bürger Lars Dietrich und Jürgen Drews.

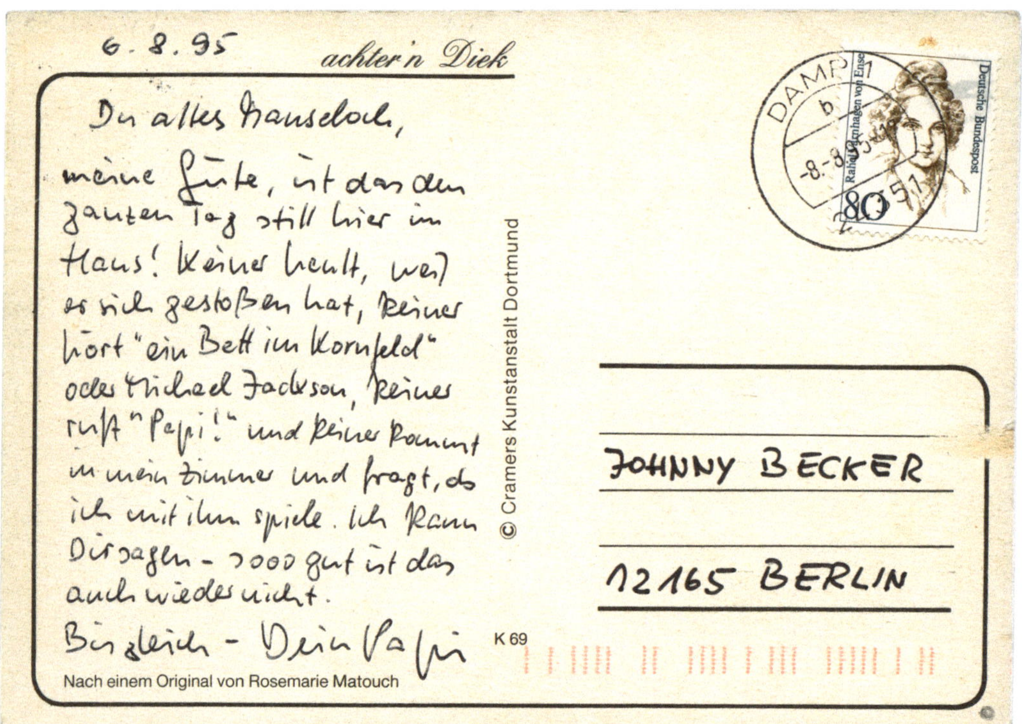

An: Christine Becker, Berlin

9. 8. 1995 [Sieseby]

Du Stunde der Bewährung,
also, was erlebt man hier schon groß
ohne Dich. Die Rosen in der gelben Vase
sind langsam hin, Frau Wohlsen hat
drei tote Mäuse in die Mülltonne geworfen, und mit dem Abnehmen
könnte es auch besser laufen.
Vermisse mich bitte.
J.

9.8.95

Joseph G. Pittenhedd

Joe holds a degree of International Wine Sommelier (Counsellor) and is privileged to wear the Gold Medallion for having passed advanced study and tests given him on wine knowledge, preparation of food and mixology technique. He received 2nd honors in 1953 for the National Wine-Week promotions, in which over 28,000 restaurants participated.
Joe is also a member of the Society of Bacchus in America (a research group starting a Wine Museum in the U.S.A.), and the Guild of Sommeliers of London, England, and Sidney, Australia.

1402 Grant, San Francisco, CA 94133 Tel. (415) 986-8866

Du Stunde der Bewährung,
also, was erlebt man hier schon groß
ohne Dich. Die Rosen in der gelben Vase
sind langsam hin, Frau Wohlsen hat
drei tote Mäuse in die Mülltonne ge
worfen, und mit dem Abnehmen
könnte es auch besser laufen.
Vermisse mich bitte.

J.

Deutsche Bundespost
Rahel Varnhagen von Ense
80

CHRISTINE BECKER

12165 BERLIN

QUANTITY POSTCARDS

Mfr./Pub./Wholesale/Retail/Mail Order

Catalogue available

An: Christine Becker, Berlin

26. 8. 1995 [Berlin]

Du milde Gabe,
ist Dir eigentlich klar, daß
jede Karte auch ein kleiner
Seufzer ist: Ach, sie ist
nicht hier!
Falls Du noch nie daran ge-
dacht haben solltest (zuzutrauen
wärs Dir), dann nimm die
vielen Karten, halt sie an Dein
inneres Ohr (nicht zu verwech-
seln mit dem Innenohr), und
Du wirst eine mächtige Sin-
fonie des Herzens hören.
J

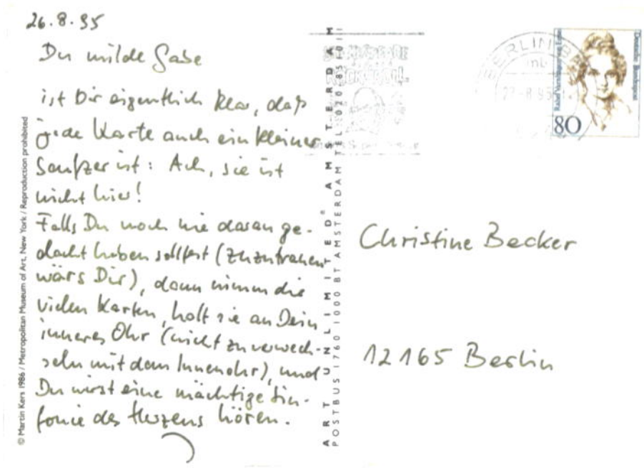
26. 8. 95
Du milde Gabe
ist Dir eigentlich klar, daß
jede Karte auch ein kleiner
Seufzer ist: Ach, sie ist
nicht hier!
Falls Du noch nie daran ge-
dacht haben solltest (zuzutrauen
wärs Dir), dann nimm die
vielen Karten, halt sie an Dein
inneres Ohr (nicht zu verwech-
seln mit dem Innenohr), und
Du wirst eine mächtige Sin-
fonie des Herzens hören.
J

Christine Becker

12165 Berlin

An: Christine Becker, Berlin

8. 9. 1995 [Berlin]

Du beglaubigte Abschrift,
zur Zeit denke ich viel
über Umweltschutz nach,
und mir geht gerade
durch den Sinn, daß
es wohl keine effekti-
vere Form des Umweltschutzes gibt
als Liebe. Sie braucht keine Ver-
packung, der Schadstoffausstoß
ist praktisch null, und zugleich
stellt sie eine unerschöpfliche Quelle
ständig erneuerbarer Energie
dar. Der beste Beweis bin ich.
J.

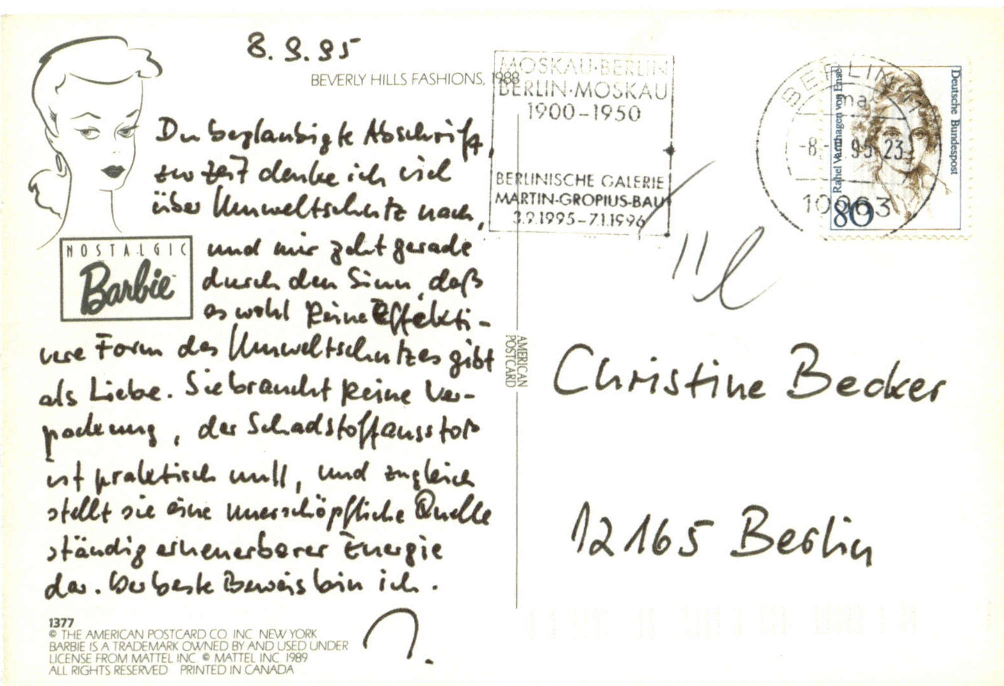
8. 9. 95
BEVERLY HILLS FASHIONS, 1988
NOSTALGIC Barbie
MOSKAU-BERLIN BERLIN-MOSKAU 1900–1950
BERLINISCHE GALERIE MARTIN-GROPIUS-BAU 3.9.1995–7.1.1996
BERLIN 10963 8.9.95
Rahel Varnhagen von Ense
Deutsche Bundespost 80
AMERICAN POSTCARD

Du beglaubigte Abschrift,
zur Zeit denke ich viel
über Umweltschutz nach,
und mir geht gerade
durch den Sinn, daß
es wohl keine effekti-
vere Form des Umweltschutzes gibt
als Liebe. Sie braucht keine Ver-
packung, der Schadstoffausstoß
ist praktisch null, und zugleich
stellt sie eine unerschöpfliche Quelle
ständig erneuerbarer Energie
dar. Der beste Beweis bin ich.
J.

Christine Becker

12165 Berlin

1377
© THE AMERICAN POSTCARD CO. INC. NEW YORK
BARBIE IS A TRADEMARK OWNED BY AND USED UNDER
LICENSE FROM MATTEL INC. © MATTEL INC. 1989
ALL RIGHTS RESERVED PRINTED IN CANADA

An: Christine Becker, Berlin

Swansea, 6. 10. 1995[1]

Du letzter Heuler,
an meinem ersten Morgen hier
hatte ich ein starkes Erlebnis:
Ich saß allein im Frühstücks-
raum, der Kellner war nicht zu seh-
hen, da überkam es mich, und
ich schlug das Ei mit dem Messer
auf! Es war verrückt, ich glaube,
irgendwann werde ich es wieder
tun. Bei Gelegenheit mußt Du mir
aber sagen, ob es gefährlich ist,
die vielen kleinen Stückchen Eier-
schale einfach runterzuschlucken.
In hingebungsvoller
Zuneigung J

1 Auf Einladung von Mererid Hopwood, Dozentin für Germanistik an der University of Wales, war J. B. nach Swansea gereist.

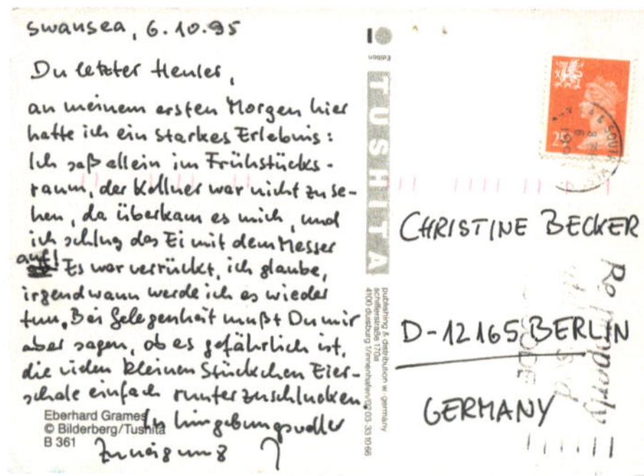

An: Johnny Becker, Berlin

Swansea, 6. 10. 1995

Du Liebster,
ich bin jetzt in einer Stadt,
die Swansea heißt. Es
regnet hier so viel, daß auf
der Straße die Enten herum-
schwimmen, und die Polizi-
sten kleine Schirme an ihren
Helmen montiert haben.
Ich glaube, zu Hause
gefällt es mir besser.
Dein Papa

THE SYDENHAM RIVER, ONTARIO, CANADA, 1975
PHOTOGRAPH BY LARRY TOWELL

Swansea, 6.10.95
Du Liebster,
ich bin jetzt in einer Stadt,
die Swansea heißt. Es
regnet hier so viel, daß auf
der Straße die Enten herum-
schwimmen, und die Polizi-
sten kleine Schirme an ihren
Helmen montiert haben.
Ich glaube, zu Hause
gefällt es mir besser.
Dein Papa

HAVE A BREAK
25p

JOHNNY BECKER
D-12165 BERLIN
GERMANY

© LARRY TOWELL/MAGNUM PHOTOS, INC.
© FOTOFOLIO, BOX 661 CANAL STA., NY, NY 10013
MP204 ISBN 1-881270-62-9

An: Christine Becker, Berlin

7. 10. 1995, Swansea

Du glückliche Fügung,
ich kriege so oft zu hören: ›Your
english is excellent‹, daß
mich allmählich die gute
Laune verläßt. Da ich aber
noch nicht herausgefunden
habe, ob es sich dabei um
antideutschen oder um
antisemitischen Hohn han-
delt, muß ich mir vorerst
die passende Antwort verknei-
fen.
Kisses over kisses
J

An: Rieke Becker, Berlin

9. 10. 1995, Swansea

Liebste Rieke,
ich habe einen großen Fehler begangen: Als ich gefragt wurde, wie es mir hier gefällt, habe ich gesagt, ich fühlte mich immer wieder wohl in England. Darauf wurden die Mienen eisig, jemand sagte spitz, in diesem Fall sollte ich doch wohl besser nach England fahren, und seither redet niemand mehr mit mir. Ich fürchte, die lange Benachteiligung hat die Menschen in Wales viel von ihrer Lockerheit gekostet, wie man es ja auch aus Ostdeutschland kennt.
Sei umarmt
Jurek

An: Burgel Zeeh, Suhrkamp Verlag, Frankfurt [am Main]

Swansea, 9. 10. 1995

Liebe Burgel,
warst Du schon mal in Wales?
Die Lieblingsbeschäftigung der
Waliser besteht darin, einem zu
erzählen, wie schön es in Wales
ohne Regen und ohne die Engländer sein könnte. Anschließend
fragen sie Dich, ob Du noch ein Bier
möchtest, und wenn Du den Kopf
schüttelst, wundern sie sich, wie
man schon nach acht Gläsern
genug haben kann.
Sei umarmt Jurek

An: Christine Becker, Berlin

11. 10. 1995, Swansea

Du neidlose Anerkennung,
an der Universität wundern sie sich
hinter vorgehaltener Hand, daß die
Leute in der DDR bei ihrer Eroberung
durch das westdeutsche Empire so
wenig Widerstand geleistet haben. Wenn
ich dann sage, sie würden sich schon
deswegen nicht wehren, weil sie unbedingt zu den Westdeutschen
wollten, schüttelt es die Waliser, und
sie wechseln schnell das Thema,
weil sie schwer daran zweifeln,
ob man meinen Aussagen
trauen kann.
Bis gleich, Du Buttercremetorte,
J

An: Jeka – Braune, Berlin

Arica[1], 28. 10. 1995

Ihr Lieben,
in der nordchilenischen Stadt Arica hat es noch nie geregnet. Jedenfalls nicht, solange der Kellner sich erinnern kann. Jedenfalls erzählt er das. Jedenfalls uns. Und warum sollten wir ihm nicht glauben. Jedenfalls tun wir so.
Liebstens Chrissie
+ Jurek

1 Auf Einladung des Goethe-Instituts reiste J. B. zu Lesungen nach Bolivien, Ecuador, Kolumbien, Venezuela, Costa Rica und Mexiko. Der private Teil der Reise führte ihn auch durch Chile und Peru.

An: Christine Becker, Berlin

28. 10. 1995

Du fette Beute,
wir stehen im Zug an der
Chile-Bolivien-Grenze, und
es geht und geht nicht weiter.
Du bist neben mir eingeschlafen,
mir gelingt ein so nützlicher Zeit-
vertreib nicht, also nutze ich die
Notlage, um Dir mein Herz zu
Füßen zu legen.
Dein Marco Polo
J

An: Nicki Becker c/o Schröter, Berlin

La Paz, 31. 10. 1995

Lieber Nicki,
bei einer Diskussion an
der hiesigen Uni bin ich gefragt
worden, warum ich nicht versucht habe,
den Untergang der DDR mit der Waffe in
der Hand zu verhindern. Ich glaube,
meine Erklärungen wurden für die
Ausflüchte eines Feiglings gehalten.
Und als ich ging, kam ich mir nicht
wie ein strahlender Held vor. Aber
nun ist es ja wohl zu spät.
Umarmungen von Deinem
Vater

BOLIVIA
BAILARINAS EN LA FIESTA DEL GRAN PODER
LA PAZ
FOTO: Carmelo Corzón M.

La Paz, 31. 10. 95
Lieber Nicki,
bei einer Diskussion an der hiesigen Uni bin ich gefragt worden, warum ich nicht versucht habe, den Untergang der DDR mit der Waffe in der Hand zu verhindern. Ich glaube, meine Erklärungen wurden für die Ausflüchte eines Feiglings gehalten. Und als ich ging, kam ich mir nicht wie ein strahlender Held vor. Aber nun ist es ja wohl zu spät.
Umarmungen von Deinem
Vater

Nicki Becker c/o
Schröter
Kochstr. 16
D-10969 Berlin
Alemaña

F-194

An: Max Neumann, Rügge

Quito, 6. 11. 1995

Lieber Max + Verlobte,
auf einer fünfstündigen
Eisenbahnfahrt durch die Anden
saßen zwei blütenweiße peruanische
Kellner in unserem abgeriegelten
Pullmann-Wagen und verkauften
Getränke. Nach zwei Stunden fingen
sie an, das Bier zu trinken, das bis
dahin nicht verkauft war. Dann
schliefen sie ein und waren nicht
einmal dann wachzukriegen, als
der Zug ankam und wir unsere
Rechnung bezahlen wollten. Ja,
der Inka-Schlaf ist tief.
In schier bodenloser
Zuneigung Jurek

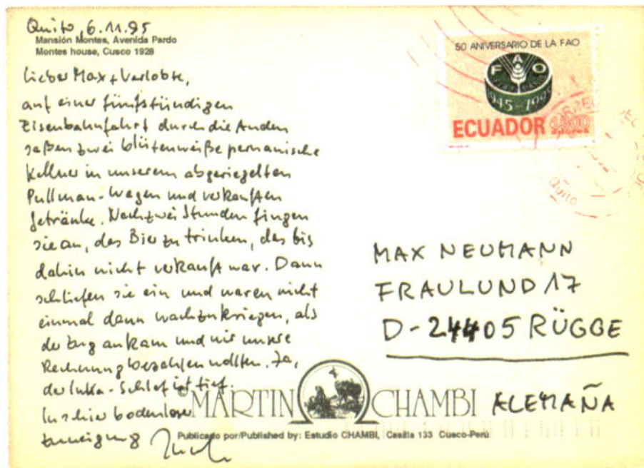

An: Christine Becker, Berlin

Bogota, 9. 11. 1995

Du glückliche Fügung,
ohne Dich ist Südamerika
wie ein Regenbogen ohne grün.
Oder wie ein Fußballspiel ohne Tore.
Beziehungsweise wie Prosecco ohne
Kohlensäure. Vielleicht könnte
man auch sagen – wie ein Fortune
cookie[1] mit nix drin.
Ich hoffe, es wird einigermaßen
deutlich, was ich mit alldem
zum Ausdruck zu bringen
versuche.
I n e w L[2] Jurek

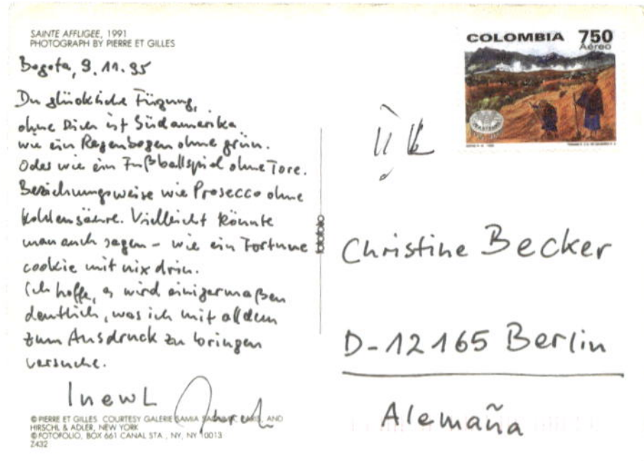
SAINTE AFFLIGEE, 1991
PHOTOGRAPH BY PIERRE ET GILLES

Bogota, 9. 11. 95

Du glückliche Fügung,
ohne Dich ist Südamerika
wie ein Regenbogen ohne grün.
Oder wie ein Fußballspiel ohne Tore.
Beziehungsweise wie Prosecco ohne
Kohlensäure. Vielleicht könnte
man auch sagen – wie ein Fortune
cookie mit nix drin.
Ich hoffe, es wird einigermaßen
deutlich, was ich mit alldem
zum Ausdruck zu bringen
versuche.
I n e w L

COLOMBIA 750 Aéreo

Christine Becker
D-12165 Berlin
Alemaña

1 Glückskeks.

2 Die Anfangsbuchstaben stehen sehr wahrscheinlich für »In nicht enden wollender Liebe«.

An: Nicki Becker c/o Schröter, Berlin

Bogota, 11. 11. 1995

Liebster Sohn,
die Nachfahren der Inkas haben eine Vorstellung von Pünktlichkeit, die der Deinen ziemlich nahekommt. Als ich hier in Bogota meine Lesung mit halbstündiger Verspätung begann, ärgerte ich mich doch ein wenig, weil es so leer war. Aber später als es Wein und Häppchen gab, wurde es doch noch erfreulich voll.
In Liebe
Dein Vater

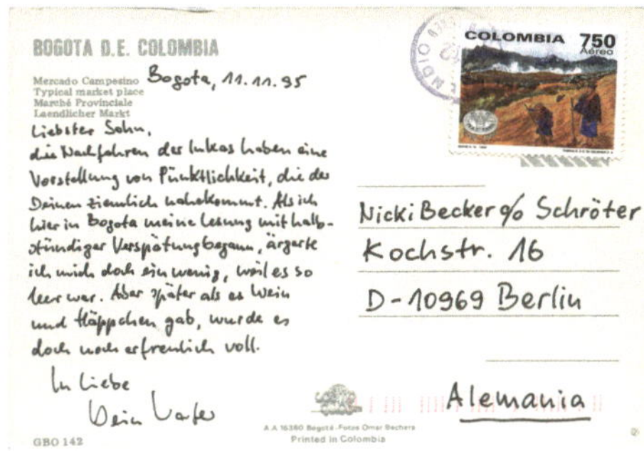

An: Lonni Becker c/o Borsdorf, Berlin

San José, 15. 11. 1995

Liebster Sohn,
gestern hatte ich ein Interview, das zuerst ganz normal zu verlaufen schien. Als sich die junge Journalistin aber von mir verabschiedete, sagte sie: »Auf Wiedersehen, MAESTRO.« In ihren Augen war nicht der Hauch von Spott. Ich glaube, es ist nicht vielen Menschen vergönnt, solch einen Augenblick zu erleben.
Dein stolzer Vater

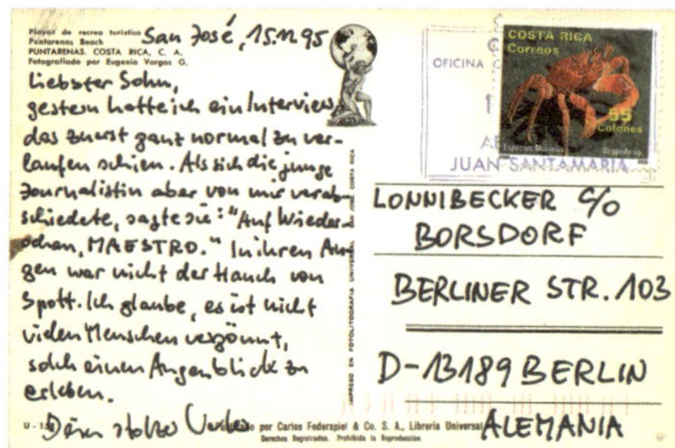
San José, 15.11.95
Liebster Sohn,
gestern hatte ich ein Interview, das zuerst ganz normal zu verlaufen schien. Als sich die junge Journalistin aber von mir verabschiedete, sagte sie: "Auf Wiedersehen, MAESTRO." In ihren Augen war nicht der Hauch von Spott. Ich glaube, es ist nicht vielen Menschen vergönnt, solch einen Augenblick zu erleben.
Dein stolzer Vater

LONNI BECKER c/o
BORSDORF
BERLINER STR. 103
D-13189 BERLIN
ALEMANIA

An: Christine Becker, Berlin

11. 12. 1995 [Berlin]

Du verschwiegenes Plätzchen,
es ist leider so – ich habe eine
ausgedehnte Einfallspause. Weiß
der Himmel, wohin sich all die vielen
hübschen Einfälle verkrochen haben,
ich finde sie nicht. Und was könnte
ich da besseres tun, als glühend und
sehnsuchtsvoll an Dich zu denken.
Hoffentlich nicht für allzu lange
Zeit.
J
Vielleicht hast Du doch recht,
und wir sollten einmal Urlaub
in solch einem Wagen machen?

Aus der Sammlung von ULRICH KUBISCH
The Boring Fifties
„Wohnwagenidyll mit Daimler"
11. 12. 95
MOSKAU-BERLIN BERLIN-MOSKAU 1900–1950 BERLINISCHE GALERIE MARTIN-GROPIUS-BAU 3.9.1995–7.1.1996
Du verschwiegenes Plätzchen
es ist leider so – ich habe eine
ausgedehnte Einfallspause. Weiß
der Himmel, wohin sich all die vielen
hübschen Einfälle verkrochen haben,
ich finde sie nicht. Und was könnte
ich da besseres tun, als glühend und
sehnsuchtsvoll an Dich zu denken.
Hoffentlich nicht für allzu lange
Zeit.
J
Vielleicht hast Du doch recht,
und wir sollten einmal Urlaub
in solch einem Wagen machen?
Christine Becker
12165 Berlin

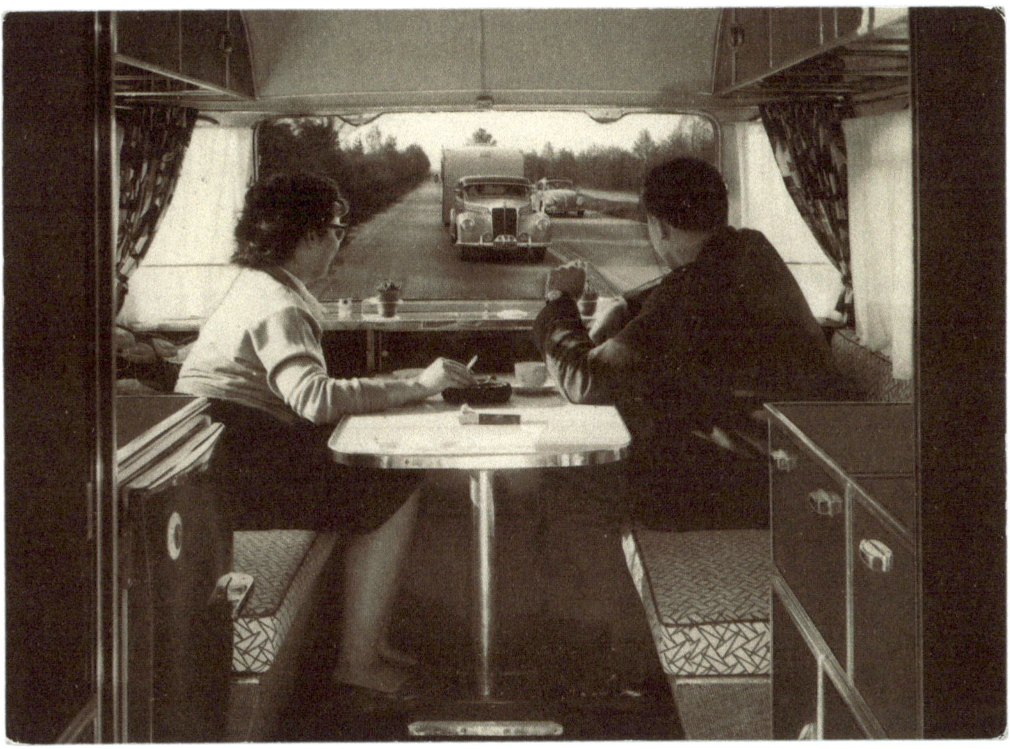

An: Christine Becker, Berlin

21. 12. 1995 [Berlin]

Du griffige Formel,
Weihnachten ist ein wunderbares Fest: Mit einem Schlag erledigt sich die Frage, ob man genug Geschenke eingekauft hat oder nicht. Welch eine Befreiung! Es fällt eine krankhafte Geschäftigkeit von uns Menschen ab, wir nehmen uns an den Händen, lächeln so lange, bis uns wirklich nach Lächeln zumute ist, und irgendwann denken wir: So furchtbar ist es eigentlich gar nicht.
Merry Chrissimas
J

Joan Collins 21.12.95
Filmhistorisches Bildarchiv Peter W. Engelmeier

Du griffige Formel,
Weihnachten ist ein wunderbares Fest: Mit einem Schlag erledigt sich die Frage, ob man genug Geschenke eingekauft hat oder nicht. Welch eine Befreiung! Es fällt eine krankhafte Geschäftigkeit von uns Menschen ab, wir nehmen uns an den Händen, lächeln so lange, bis uns wirklich nach Lächeln zumute ist, und irgendwann denken wir: So furchtbar ist es eigentlich gar nicht.
Merry Chrissimas

CHRISTINE BECKER
12165 BERLIN

EDITION A LA CARTE

An: Christine Becker, Berlin

30. 12. 1995 [Berlin]

Du unauflösbarer Widerspruch,
nach einem Jahr, das, man kann es nicht anders sagen, ziemlich saugut war, stehen wir nun an der Wende zum neuen. Was wird es bringen, vor allem uns?[1]
Du wirst es erleben: Ein bißchen Achgottachgott, ein unvermeidliches Quantum Naja und eine riesige Menge Wow!
Das schwört Dir
DDl Lieblingsprophet
J

1 Am 28. Dezember 1995 hatte J. B. von seiner Krebserkrankung erfahren.

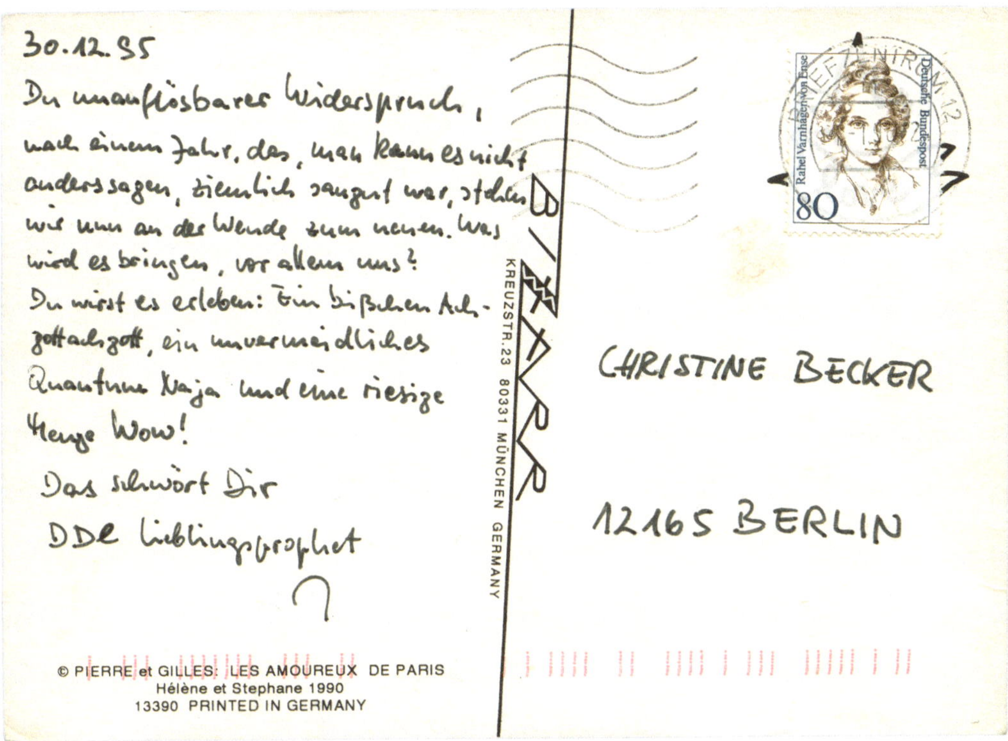

30.12.95
Du unauflösbarer Widerspruch,
nach einem Jahr, das, man kann es nicht
anderssagen, ziemlich saugut war, stehen
wir nun an der Wende zum neuen. Was
wird es bringen, vor allem uns?
Du wirst es erleben: Ein bißchen Ach-
gottachgott, ein unvermeidliches
Quantum Naja und eine riesige
Menge Wow!
Das schwört Dir
DDl Lieblingsprophet
J

© PIERRE et GILLES: LES AMOUREUX DE PARIS
Hélène et Stephane 1990
13390 PRINTED IN GERMANY

BIZARR
KREUZSTR. 23 80331 MÜNCHEN GERMANY

Rahel Varnhagen von Ense
Deutsche Bundespost
80

CHRISTINE BECKER

12165 BERLIN

An: Christine Becker, Berlin

Virchow-Krankenhaus, 18. 1. 1996

Du verwinkeltes Viertel,
als ich aus der Narkose aufwachte,
wurden über mich so seltsame Be-
hauptungen aufgestellt, daß mir
plötzlich der Verdacht kommt, daß
sie mich verwechseln. Heute geschehen
ja die seltsamsten Dinge. Prüf das
doch bitte nach, damit sich nicht
später herausstellt, daß wir alle
mich für einen halten, der ich über-
haupt nicht bin. Hoffentlich bin ich
da nicht in eine dumme Sache
geraten.
Dein Lieblingsmystiker J.

Virchow-Krankenhaus, 18.1.96
Du verwinkeltes Viertel,
als ich aus der Narkose aufwachte,
wurden über mich so seltsame Be-
hauptungen aufgestellt, daß mir
plötzlich der Verdacht kommt, daß
sie mich verwechseln. Heute geschehen
ja die seltsamsten Dinge. Prüf das
doch bitte nach, damit sich nicht
später herausstellt, daß wir alle
mich für einen halten, der ich über-
haupt nicht bin. Hoffentlich bin ich
da nicht in eine dumme Sache
geraten
Dein Lieblingsmystiker J.

Christine Becker
12165 Berlin

An: Christine Becker, Berlin

Virchow-Krankenhaus, 20. 1. 1996

Du gewisses Etwas,
die Chefärzte lassen sich von ihren Oberärzten einflüstern, was sie den Patienten sagen sollen, die Oberärzte von den Stationsärzten, die Stationsärzte von den Schwestern. Wenn ich jetzt noch rauskriege, wer den Schwestern etwas sagt, werde ich wissen, was auf so einer Station wirklich los ist. Kann es sein, daß die mich raffiniert aushorchen, und daß ich selbst am Ende derjenige bin, der aus dem Munde des Chefarztes zu mir spricht?
J.
P.s.: Ist es das, was Dein Vater einen circulus vitiosus nennen würde?

An: Christine Becker, Berlin

Virchow-Krankenhaus, 22. 1. 1996

Du heilloses Durcheinander,
heute haben sie mir zu Mittag das Essen
M 2 gebracht, obwohl ich ausdrücklich
M 3 bestellt hatte. Als ich darauf hinwies,
kam das der Schwester wohl ein wenig
beckmesserisch vor. Da mußte ich
ihr erklären, daß der Unterschied
zwischen 2 und 3 eine der Säulen ist,
auf denen die Welt ruht. Als sie aus
dem Zimmer ging, hatte ich allerdings
nicht den Eindruck, daß sie es einge-
sehen hatte. Aber ich will es mal einfacher
sagen: Wenn der Unterschied zwischen
Möhreneintopf und Putenschnitzel
nicht mehr zählt, woran soll man
sich denn da noch halten!
Dein J

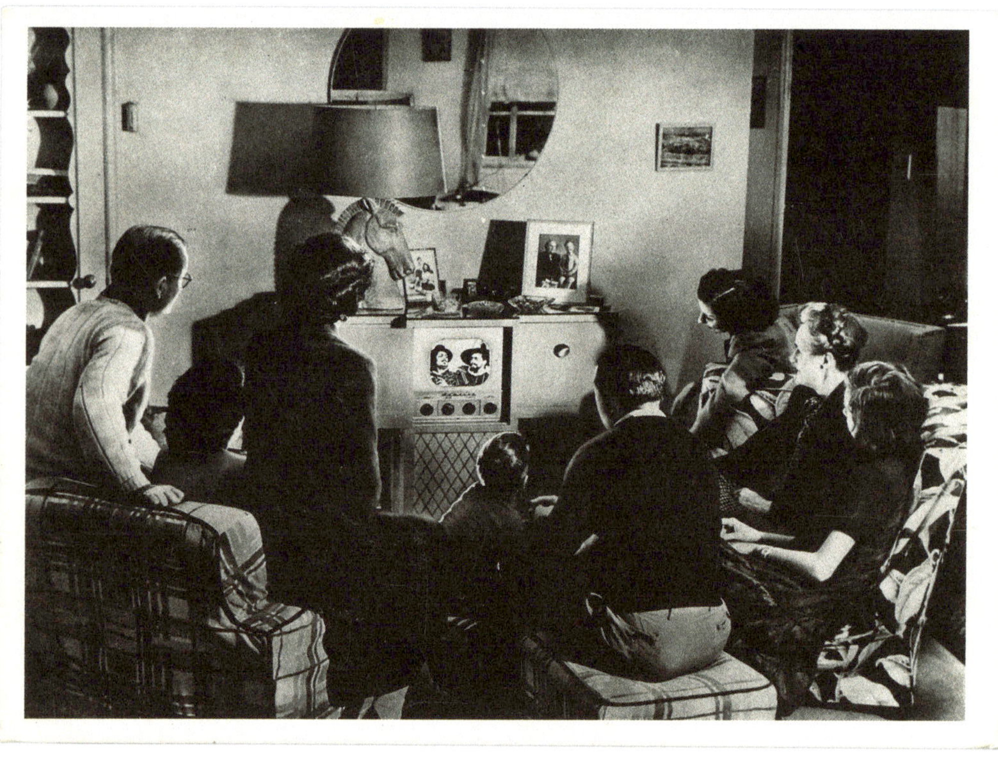

An: Christine Becker, Berlin

28. 1. 1996 [Berlin]

Du betörender Duft,
man sagt, ein gewisser
Vorteil von Situationen wie der meinen
könnte darin liegen, daß man die Vorzüge seines Partners viel intensiver erlebt. Das wird bei mir nicht klappen, denn schon in der Vergangenheit habe ich jeden Deiner Vorzüge mit einer Intensität genossen, die nicht zu überbieten ist. Willkommener wäre mir eine Krankheit, bei der man die Nachteile seines Partners vergißt, aber man kann sich seine Malaisen schließlich nicht aussuchen.
J
Ich weiß – das ist eine etwas merkwürdige Art zu sagen, daß
ich Dich liebe.

An: Johnny Becker, Berlin

18. 2. 1996 [Berlin]

Du alte Piratenschrippe,
was hältst Du davon, in den nächsten Tagen ins Restaurant oben auf dem Funkturm zu gehen? Und wenn wir dann am Tisch sitzen und der Kellner uns fragt, was wir wollen, sagst Du: Radiescheneis! Und wenn der Kellner sagt, daß es das nicht gibt, dann bestellen wir eben Vanilleeis. Okay?
Dein PAPA

An: Christine Becker, Berlin

1. 3. 1996 [Berlin]

Du undurchsichtiger Vorgang,
aus meinem Arbeitszimmerfenster
kann ich auf das für mich zuständige
Finanzamt sehen. Seit ich das vor
fünf Minuten erkannt habe, frage
ich mich, ob das meinen Einfallsreichtum entfacht oder ihn behindert. Die
nächsten Tage werden es zeigen.
In tiefsinniger Hinwendung (?!)
J

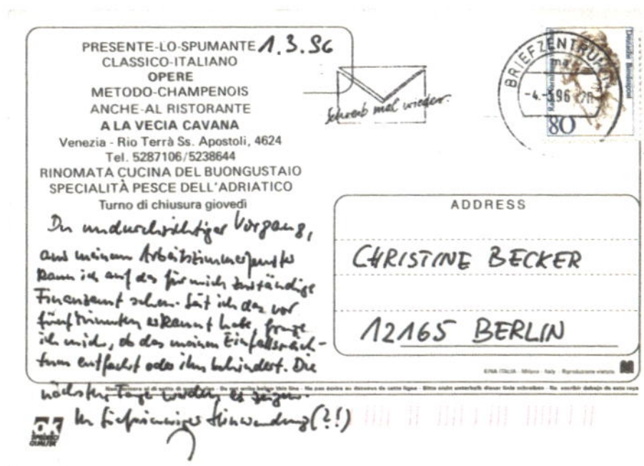

An: Christine Becker, Berlin

3. 3. 1996, Berlin

Du tiefer Einblick,
während ich hier sitze und Szene um Szene schreibe, kommt mir in den Sinn, ob ich mich zu viel um die Gestaltung von Problemen kümmere und zu wenig um die Probleme von Gestaltung. Nicht auszudenken, wenn das so wäre.
In [gezeichnetes Herz], Dein hellsichtiger
Teetrinker J

NOW AVAILABLE
THE EXOTIC DANCES OF BETTY PAGE b&w shorts on video
TEASERAMA the lost color film with Betty Page on video

COMING: 3.3.96, Berlin
VARIETEASE the lost color film with Betty Page on video
THE BONDAGE FILMS OF BETTY PAGE b&w shorts on video

from BIZARR VIDEO or CULT VIDEO

Schreib mal wieder

80

Christine Becker

12165 Berlin

An: Christine Becker, Sieseby

9. 4. 1996 [Berlin[1]]

Du verschlafenes Nest,
Du da und ich hier, das ist
kein guter, ja, es ist ein gera-
dezu unnatürlicher Zustand.
Unvergleichlich besser ist Du da
und ich da, bzw. Du hier und
ich hier, oder, am allerbesten,
Du oben und ich unten. Oder
umgekehrt?
Dein Lieblingsrekonvaleszent
J

1 J. B. hatte einen längeren Aufenthalt in Sieseby unterbrochen, um sich in Berlin für einige Tage in Therapie zu begeben.

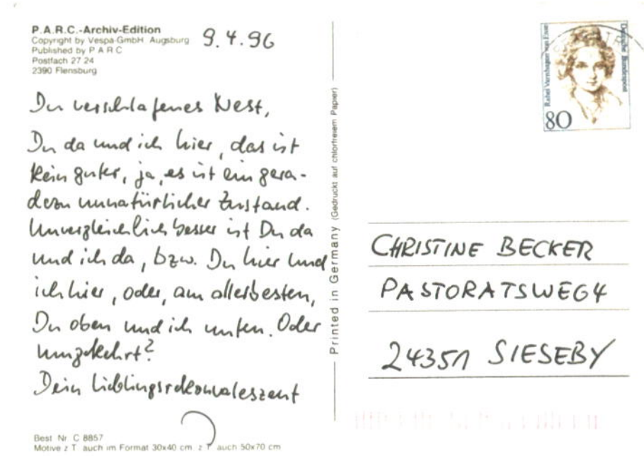
P.A.R.C.-Archiv-Edition
Copyright by Vespa-GmbH Augsburg
Published by P A R C
Postfach 27 24
2390 Flensburg

9. 4. 96

Du verschlafenes Nest,
Du da und ich hier, das ist
kein guter, ja, es ist ein gera-
dezu unnatürlicher Zustand.
Unvergleichlich besser ist Du da
und ich da, bzw. Du hier und
ich hier, oder, am allerbesten,
Du oben und ich unten. Oder
umgekehrt?
Dein Lieblingsrekonvaleszent
J

Best. Nr. C 8857
Motive z. T. auch im Format 30x40 cm, z. T. auch 50x70 cm

Printed in Germany (Gedruckt auf chlorfreiem Papier)

80

CHRISTINE BECKER
PASTORATSWEG 4
24351 SIESEBY

An: Edith Jeka, Sonnenbergklinik, Bad Soden-Allendorf

25. 4. 1996 [Berlin]

Meine Liebe,
hast Du's mit der Angst gekriegt,
ich würde Dir keine Karte schreiben? Keine Bange, ich ahne, wie
ätzend Kuren sind, deswegen will
ich ja keine machen.
Aus Berlin gibt es wenig zu berichten: Zum erstenmal war mir nach
einem Therapie-Zyklus etwas
schlecht (allerdings hatte Christine
mehrmals hintereinander gekocht),
Helge leidet ohne Dich wie ein Hund,
und wir haben einen Kammerjäger
beauftragt, eine Taubenvergrämungsanlage für uns zu bauen.
Sei umarmt
Jurek

An: Johnny Becker, Berlin

30. 4. 1996 [Berlin]

Du oller Mäusekuchen,
ich kucke und kucke auf das
Bild und kriege einfach nicht raus,
ob der Fisch das Schiff zieht, oder
ob das Schiff den Fisch schiebt.
Vielleicht kannst Du mir helfen,
die Frage zu beantworten? Oder
meinst Du am Ende, daß das jeder
für sich selbst entscheiden muß?
Dein Papa, der Dich schweine-
lieb hat

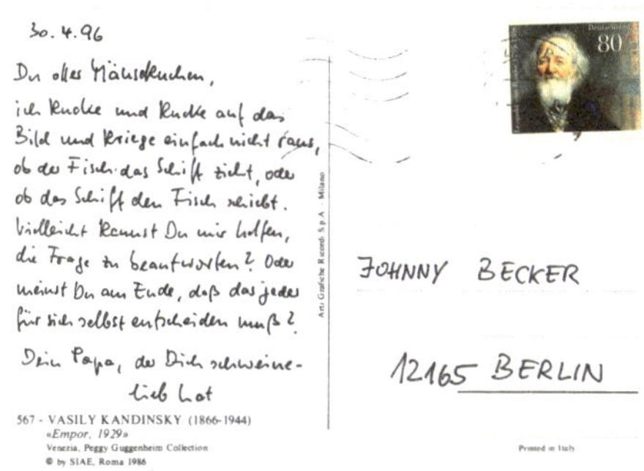
30. 4. 96
Du oller Mäusekuchen,
ich kucke und kucke auf das
Bild und kriege einfach nicht raus,
ob der Fisch das Schiff zieht, oder
ob das Schiff den Fisch schiebt.
Vielleicht kannst Du mir helfen,
die Frage zu beantworten? Oder
meinst Du am Ende, daß das jeder
für sich selbst entscheiden muß?
Dein Papa, der Dich schweine-
lieb hat

JOHNNY BECKER
12165 BERLIN

567 - VASILY KANDINSKY (1866-1944)
«Empor, 1929»
Venezia, Peggy Guggenheim Collection
© by SIAE, Roma 1986

Arti Grafiche Ricordi S.p.A. Milano

Printed in Italy

An: Christine Becker, Berlin

30. 4. 1996 [Berlin]

Du unmißverständliche Drohung,
ach, wenn ich doch ein neues Auto kaufen dürfte! Wohin würde ich Dich überallhin fahren! Man kann doch nicht immer nur reiten! Die Zeit ist einfach nicht mehr danach. Auch wenn die Beziehung Fahrer/Auto nie der Beziehung Reiter/Pferd gleichkommen wird. Aber überlege, daß wir, allein um mit unserem Gepäck nach Sieseby zu kommen, mindestens drei Pferde brauchten, wenn nicht vier. Und auch daß es immer weniger Tankstellen gibt, die Hafer im Angebot haben. Kurz und gut, sei meinen Wünschen gnädig[1].
Dein Lieblingsreiter
J

ROY ROGERS 30.4.96

Du unmißverständliche Drohung,
ach, wenn ich doch ein neues Auto kaufen dürfte! Wohin würde ich Dich überallhin fahren! Man kann doch nicht immer nur reiten! Die Zeit ist einfach nicht mehr danach. Auch wenn die Beziehung Fahrer/Auto nie der Beziehung Reiter/Pferd gleichkommen wird. Aber überlege, daß wir, allein um mit unserem Gepäck nach Sieseby zu kommen, mindestens drei Pferde brauchten, wenn nicht vier. Und auch daß es immer weniger Tankstellen gibt, die Hafer im Angebot haben. Kurz und gut, sei meinen Wünschen gnädig.
Dein Lieblingsreiter
J

CHRISTINE BECKER

12165 BERLIN

1129
© THE AMERICAN POSTCARD CO. INC. NEW YORK
ALL RIGHTS RESERVED PRINTED IN ITALY

1 Ein neues Auto wurde bald darauf bestellt.

An: Manfred Krug, Berlin

4. 5. 1996 [Berlin]

Lieber Manfred,
vielleicht ist es Dir eine kleine Hilfe, wenn ich Dir zum Drehbeginn[1] einen (natürlich nicht vollständigen) Katalog menschlicher Ausdrucksmöglichkeiten schicke. Laß Dich anregen und verlaß Dich darauf, daß kein Mensch je von mir erfahren wird, woher Du Deine Inspiration beziehst. Wozu sind Freunde schließlich da, wenn nicht, um Geheimnisse zu bewahren.
Dein Dich liebender
Jurek

1 Beginn der Dreharbeiten zur fünften Staffel der Fernsehserie *Liebling Kreuzberg*.

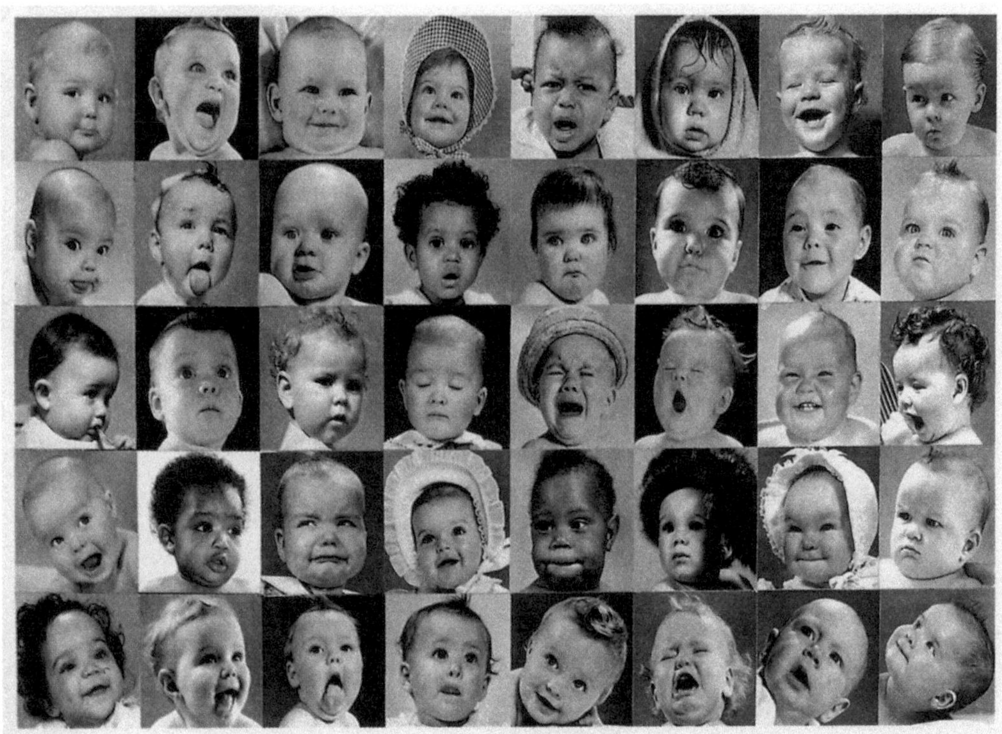

An: Christine Becker, Berlin

4. 5. 1996 [Berlin]

Du unbedingter Gehorsam,
Dir brauche ich nicht zu erklären, auf welch seltsamen Wegen das Glück oft daherkommt. Den einen ereilt es plötzlich beim Anblick einer Immobilie, den zweiten beim Sieg über einen Widersacher, den dritten beim unschuldigen Lächeln eines Kindes, den vierten beim Blick auf den Kontoauszug. Wie froh kann da ein Mann sein, für den Du Immobilie, Widersacherin, Unschuld und Kontoauszug in einem bist. Und ausgerechnet ich bin dieser Mann!
J

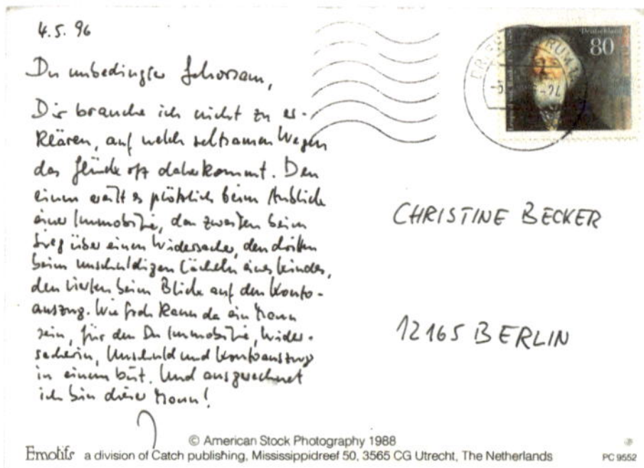

An: Max Neumann, Rügge

22. 5. 1996 [Berlin]

Lieber Max,
seit zwei Tagen ist unser Einundalles für eine knappe Woche mit seinem Kindergarten verreist. Zu unserer Verblüffung stellen wir fest: Es läßt sich ertragen. Allerdings kommen wir uns ein wenig wie dieser Vogelkäfigvogel vor, dem die Tür geöffnet wird und der nicht recht weiß, was er mit seinem Glück anfangen soll. Jedenfalls schlagen wir kräftig mit den Flügeln (ohne bisher abzuheben); und wenn wir flügge sein werden, ich ahne es, steht das corpus delicti wieder vor der Tür, um von unseren Umarmungen erdrückt zu werden. Dies alles auch als kleiner Ausblick auf Dein eigenes Glück.
In Liebe Jurek

An: Christine Becker, Berlin

31. 5. 1996 [Berlin]

Du flammendes Inferno,
am 30. Mai, so heißt es, ist Weltuntergang[1]. Also gestern. Hast Du etwas davon gemerkt? Tatsache ist, daß die Grassens[2] sehr lange geblieben sind, und daß wir beide müde waren. So ist der Weltuntergang leider ins Wasser gefallen.
Ich finde, daß wir ihn unbedingt und schleunigst nachholen sollten.
O wie liebe ich unsere Weltuntergänge!
Dein Apokalyptiker J

31. Mai 96
Du flammendes Inferno,
am 30. Mai, so heißt es, ist Weltuntergang. Also gestern. Hast Du etwas davon gemerkt? Tatsache ist, daß die Grassens sehr lange geblieben sind, und daß wir beide müde waren. So ist der Weltuntergang leider ins Wasser gefallen.
Ich finde, daß wir ihn unbedingt und schleunigst nachholen sollten.
O wie liebe ich unsere Weltuntergänge!
Dein Apokalyptiker J

CHRISTINE BECKER

12165 BERLIN

Reading your Weight away © Sygma-Keystone-Paris 1989
Emotif a division of Catch Publishing, Mississippidreef 50, 3565 CG Utrecht, The Netherlands PC 9616

1 »Am 30. Mai ist der Weltuntergang« war in der Bundesrepublik im Jahr 1954 ein sogenannter Nummer-1-Hit einer Musikgruppe, die sich Golgowski-Quartett nannte.

2 Ute und Günter Grass.

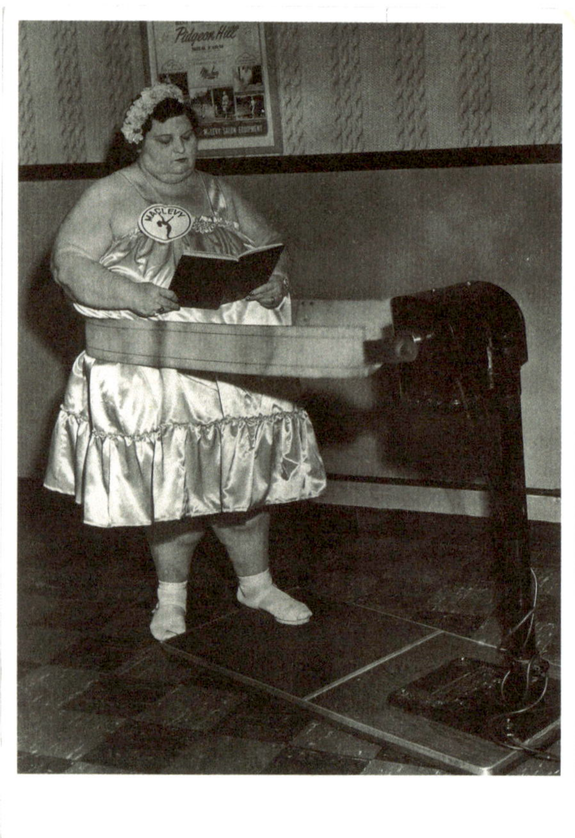

An: Christine Becker, Sieseby

18. 6. 1996 [Sieseby]

Du rauschende Ballnacht,
daß wir Johnny einige Jahre lang
zur Schule werden bringen müssen,
um ihn an- und auszuziehen,
dürfte inzwischen unvermeidlich
sein. Aber hast Du Dir schon die
Frage gestellt, wie wir uns verhal-
ten sollen, wenn seine Klasse einen
Fahrradausflug macht? Entwe-
der wir rennen neben ihm her und
halten ihn fest, oder unser armes
Baby muß zu Hause bleiben.
Wollen wir's vom Wetter abhängig
machen?
Dein Lieblingsprognostiker
J

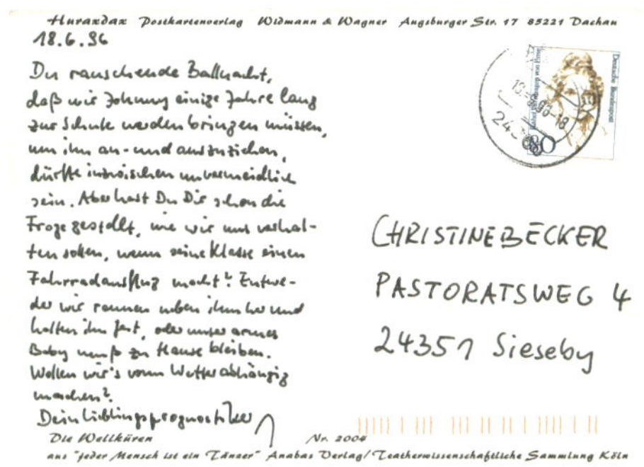
Huraxdax Postkartenverlag Widmann & Wagner Augsburger Str. 17 85221 Dachau
18.6.96
Du rauschende Ballnacht,
daß wir Johnny einige Jahre lang
zur Schule werden bringen müssen,
um ihn an- und auszuziehen,
dürfte inzwischen unvermeidlich
sein. Aber hast Du Dir schon die
Frage gestellt, wie wir uns verhal-
ten sollen, wenn seine Klasse einen
Fahrradausflug macht? Entwe-
der wir rennen neben ihm her und
halten ihn fest, oder unser armes
Baby muß zu Hause bleiben.
Wollen wir's vom Wetter abhängig
machen?
Dein Lieblingsprognostiker J
CHRISTINE BECKER
PASTORATSWEG 4
24357 Sieseby
Die Wellküren Nr. 2006
aus "Jeder Mensch ist ein Tänzer" Anabas Verlag/Teaterwissenschaftliche Sammlung Köln

An: Johnny Becker, Sieseby

23. 6. 1996 [Sieseby]

Mein lieber Kullerpfirsich,
Du fragst Dich, was der Mann unter dem Elefanten zu suchen hat, dabei ist das ganz klar: Der Auspuff des Elefanten war kaputt und mußte gelötet werden. Und der andere Mann fragt, wie lange es noch dauert, denn er hat es eilig und will auf dem Elefanten in den Urlaub reiten.
Diesen Geburtstagsquatsch
erzählt Dir Dein
Papa, der Dich
Du weißt schon

23. Juni 96
Mein lieber Kullerpfirsich,
Du fragst Dich, was der Mann unter dem Elefanten zu suchen hat, dabei ist das ganz klar: Der Auspuff des Elefanten war kaputt und mußte gelötet werden. Und der andere Mann fragt, wie lange es noch dauert, denn er hat es eilig und will auf dem Elefanten in den Urlaub reiten.
Diesen Geburtstagsquatsch
erzählt Dir Dein
Papa, der Dich
Du weißt schon

UNDER PRESSURE
© AKG Berlin / TUSHITA
B 523

TUSHITA

Johnny Becker
Pastoratsweg 4
24351 Sieseby

An: Johnny Becker, Sieseby

11. 7. 1996 [Berlin[1]]

Du olles Vorderrad,
letzte Nacht habe ich davon geträumt, wie wir beide Fußball gespielt haben und wie ich gewonnen habe. Leider geht das nur im Traum, denn in Wirklichkeit verliere ich ja immer. Wenn auch manchmal ganz knapp.
Bis ganz gleich
Dein Pappi

1 J.B. hatte einen längeren Aufenthalt in Sieseby unterbrochen, um sich in Berlin ein weiteres Mal in Therapie zu begeben.

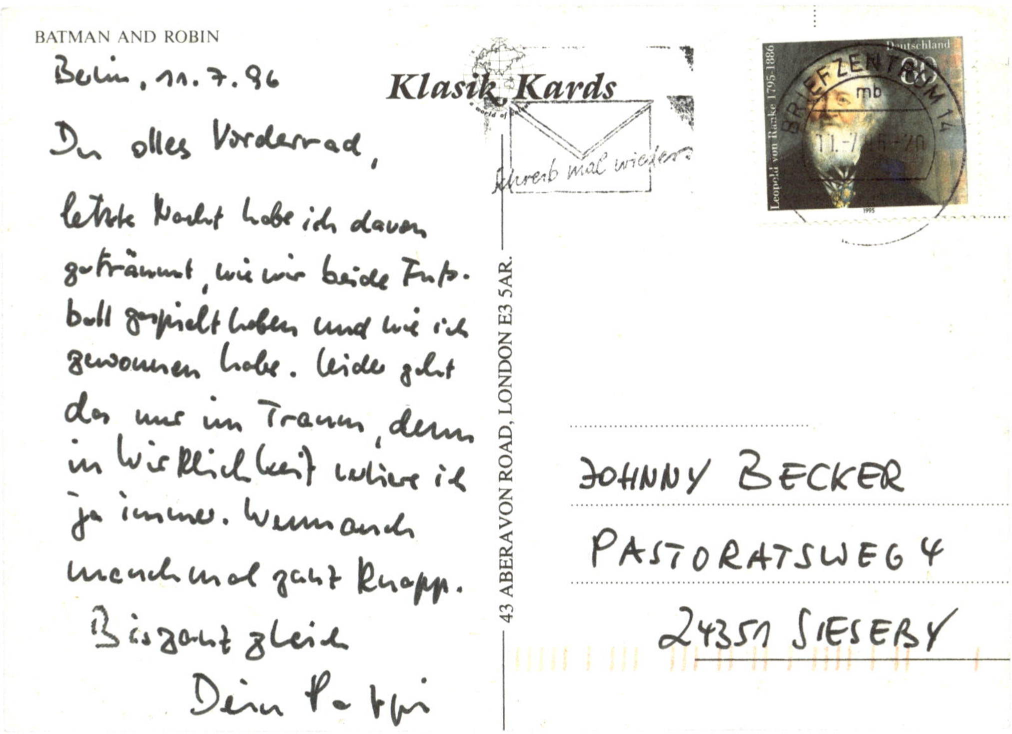
BATMAN AND ROBIN

Berlin, 11.7.96

Du olles Vorderrad,

letzte Nacht habe ich davon geträumt, wie wir beide Fuß-ball gespielt haben und wie ich gewonnen habe. Leider geht das nur im Traum, denn in Wirklichkeit verliere ich ja immer. Wenn auch manchmal ganz knapp.

Bis ganz gleich

Dein Pappi

Klasik Kards

schreib mal wieder

43 ABERAVON ROAD, LONDON E3 5AR.

Deutschland
Leopold von Ranke 1795-1886
1995
BRIEFZENTRUM 14
mb
11.-7.96-20

JOHNNY BECKER
PASTORATSWEG 4
24351 SIESEBY

An: Christine Becker, Sieseby

15. 7. 1996 [Sieseby]

Du unermeßliche Weite,
heute schnell nur dies: Ich bin von meiner kleinen Reise zurück, es geht mir gut. Ich halte diese Nachricht deshalb nicht für überflüssig, weil ich (BEI ALLER BESCHEIDENHEIT) so gut und wohl aussehe, daß Du mich vermutlich für einen bezahlten Doppelgänger halten wirst. Laß also ab von diesem Verdacht und genieße mich – ich bin es wirklich.
D.D.s.i.m.l.
J.

Sieseby, 15. Juli 96
Du unermeßliche Weite,
heute schnell nur dies: Ich bin von meiner kleinen Reise zurück, es geht mir gut. Ich halte diese Nachricht deshalb nicht für überflüssig, weil ich (BEI ALLER BESCHEIDENHEIT) so gut und wohl aussehe, daß Du mich vermutlich für einen bezahlten Doppelgänger halten wirst. Laß also ab von diesem Verdacht und genieße mich – ich bin es wirklich.
D.D.s.i.m.l.
J.

Cecami
563

Stampato in Italia – Importé D'Italie – Printed in Italy

Rahel Varnhagen von Ense
Deutsche Bundespost
80

Christine Becker
Pastoratsweg 4
24351 Sieseby

An: Graf[1]/Sartorius[2], Berlin

Sieseby, 15. 7. 1996

Ihr Lieben,
zufällig bin ich auf dieses Bilddokument gestoßen. Es belegt, daß JOYCE[3] in seiner Pariser Zeit unter dem Pseudonym Henri Manuel (wie durchsichtig!) als Musik-Clown aufgetreten ist. Plötzlich erschließt sich dem Betrachter eine neue Welt – denn es wird überwältigend deutlich, wie Monstrosität und Exzentrik so ganz und gar von diesem Mann Besitz ergriffen haben. Ich muß Euch bitten, diese Nachricht vorerst für Euch zu behalten, denn ich möchte noch einige andere Nachforschungen anstellen, bevor ich mit der Sache an die Öffentlichkeit trete.
In Liebe Jurek

1 Karin Graf, Übersetzerin und Literaturagentin.
2 Joachim Sartorius, Lyriker und Übersetzer, leitete damals die Abteilung für kulturelle Angelegenheiten in der Berliner Senatsverwaltung. Er ist mit Karin Graf verheiratet.
3 James Joyce (1882-1941), irischer Schriftsteller.

An: Max Neumann, Rügge

Sieseby, 17. 7. 1996

Lieber Max,
so kurz vor Beginn der Olympischen Spiele möchte ich Dich nur kurz an den Zauber all der Bewegungsabläufe, an all die Grazie, an all den zu Eleganz geronnenen Siegeswillen erinnern, die nun vor uns liegen. Ich werde auf meiner Reise viel an Dich denken. Und solltest Du mich während der kommenden Wochen sehen, dann sei nicht zu streng: es ist nur meine Hülle.
Sei umarmt
Jurek

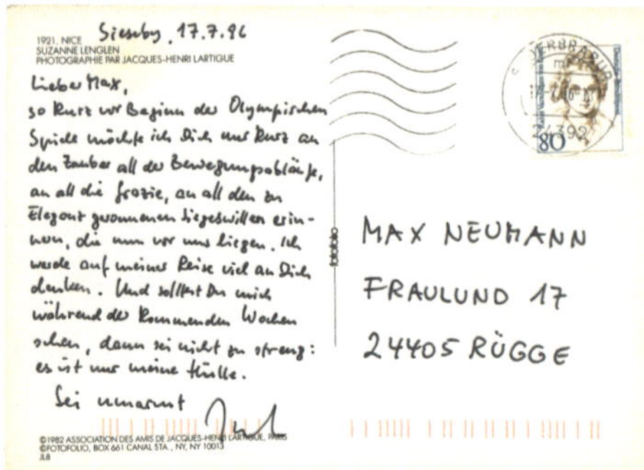
1921. NICE
SUZANNE LENGLEN
PHOTOGRAPHIE PAR JACQUES-HENRI LARTIGUE

Sieseby, 17.7.96

Lieber Max,
so kurz vor Beginn der Olympischen Spiele möchte ich Dich nur kurz an den Zauber all der Bewegungsabläufe, an all die Grazie, an all den zu Eleganz geronnenen Siegeswillen erinnern, die nun vor uns liegen. Ich werde auf meiner Reise viel an Dich denken. Und solltest Du mich während der kommenden Wochen sehen, dann sei nicht zu streng: es ist nur meine Hülle.
Sei umarmt
Jurek

MAX NEUMANN
FRAULUND 17
24405 RÜGGE

©1982 ASSOCIATION DES AMIS DE JACQUES-HENRI LARTIGUE, PARIS
©FOTOFOLIO, BOX 661 CANAL STA., NY, NY 10013
JL8

An: Ottilie Krug, Berlin

17. 7. 1996 [Sieseby]

Liebe Ti,
sicher sieht es in Kalifornien anders aus, aber auch unsere kleine norddeutsche Welt hat ihre Vorzüge. Wir liegen nicht unter Palmen, sondern unter umweltfreundlichen Windrädern; unser Bier heißt nicht Michelob oder Schlitz, sondern Hanse Pils und Flensburger, und wenn morgens ein Auto vor der Tür hupt, dann ist es der Bäcker mit frischen Brötchen und nicht das Mordkommando. Ja, wir erleben unsere Abenteuer mehr im Inneren.
Es grüßt und küßt Dich
Jurek

An: Graf/Sartorius, Berlin

Sieseby, 19. 7. 1996

Ihr Umwerfenden,
andauernd begegne ich im Haus fremden Menschen, die behaupten, mit Christine verwandt zu sein. Da die von Natur aus ängstliche Christine aber noch nie entsetzt aufgeschrien hat, scheint die Sache ihre Richtigkeit zu haben, wenn ich mich auch über die Qualität der Verwandtschaft ein wenig wundere. Jedenfalls grüße ich jedesmal höflich zurück und gebe mir Mühe zu verbergen, wie unangenehm es mir ist, von allen geduzt zu werden.
In sehnsüchtiger Liebe
Jurek

An: Graf/Sartorius, Berlin

Sieseby, 22. 7. 1996

Ihr liebes Paar,
so fliegt Ihr in meiner Vorstellung nach Brasilien ab: schön, obenauf und beneidet. Bitte kommt in ähnlichem Zustand zurück, dann will ich gern meine Freude zeigen.
Nebenbei gesagt, ist das Gewimmel in meinem Haus noch größer geworden. Ich habe beschlossen, mir keine Gedanken mehr darüber zu machen und jeden, der mir über den Weg läuft, als Verwandten zu behandeln. Bis jetzt war kaum jemand darüber verwundert.
Mit beträchtlicher Zuneigung
Jurek

Sieseby, 22.7.96
ADVERTISING PHOTOGRAPH, c.1940
PHOTOGRAPH BY GORDON COSTER

Ihr liebes Paar,

so fliegt Ihr in meiner Vorstellung nach Brasilien ab: schön, obenauf und beneidet. Bitte kommt in ähnlichem Zustand zurück, dann will ich gern meine Freude zeigen.
Nebenbei gesagt, ist das Gewimmel in meinem Haus noch größer geworden. Ich habe beschlossen, mir keine Gedanken mehr darüber zu machen und jeden, der mir über den Weg läuft, als Verwandten zu behandeln. Bis jetzt war kaum jemand darüber verwundert.
Mit beträchtlicher Zuneigung

©ESTATE OF GORDON COSTER
COURTESY KEITH DOUGLAS DE LELLIS, FINE ART PHOTOGRAPHY
©FOTOFOLIO, BOX 661 CANAL STA., NY, NY 10013
A235

Deutsche Bundespost
24354

GRAF/SARTORIUS
MOMMSENSTR. 7
10629 BERLIN

An: Christine Becker, Sieseby

Sieseby, 31. 7. 1996

Du dickes Ende,
alles geht einmal zu Ende: Die
Zeit, da unser Söhnchen nicht
lesen und schwimmen kann, die Zeit
der Streßehe mit Róza[1], die Zeit der
Liebling-Maloche, die Zeit ohne
Kinos, Restaurants und Leute, die
Zeit der Schulden bei der Bank,
eben alles.
Huh, was lieb ich Dich
J

1 In den Jahren 1992 bis 1996 schrieb Christine Becker zusammen mit der Malerin und Filmemacherin Ruza Spak Drehbücher im Auftrag der Novafilm und des WDR.

An: Christine Becker, Berlin

Sieseby, 4. 8. 1996

Du faule Ausrede,
für die allerletzte Liebling-Folge habe ich eine Idee: Liebling fühlt sich nicht wohl, geht zum Arzt, und es stellt sich heraus, daß er Krebs hat. Er gerät an den berühmten Professor Poularde[1], der behandelt ihn nach seiner sensationellen Memo-Theorie, und Liebling erstarkt, ändert keine einzige seiner Gewohnheiten und überlebt sie alle.
Warum soll man nicht auch mal eine Geschichte aus dem wahren Leben erzählen?
DDl Serienkönig J

1 J.B. war in Behandlung bei dem Onkologen Professor Dieter Huhn.

Sieseby, 4. August 96

Du faule Ausrede,
für die allerletzte Liebling-Folge habe ich eine Idee: Liebling fühlt sich nicht wohl, geht zum Arzt, und es stellt sich heraus, daß er Krebs hat. Er gerät an den berühmten Professor Poularde, der behandelt ihn nach seiner sensationellen Memo-Theorie, und Liebling erstarkt, ändert keine einzige seiner Gewohnheiten und überlebt sie alle.
Warum soll man nicht auch mal eine Geschichte aus dem wahren Leben erzählen?
DDl Serienkönig

© PIERRE et GILLES: 'SAINT GILLES', Gilles 1989
13366 PRINTED IN GERMANY

KREUZSTR. 23 80331 MÜNCHEN GERMANY

DEUTSCHLAND 80 EUROPA
PAULA MODERSOHN-BECKER
1996

Love

Christine Becker

12165 Berlin

An: Christine Becker, Berlin

12. 8. 1996 [Berlin]

Du verdiente Strafe,
ja, nun ist es eingeschult,
Dein Kind. Nun fängt gnaden-
los der Prozeß an, an dessen
Ende es, dieses Kind, ein nütz-
liches Mitglied der Gesellschaft
werden soll. Die einzigen, die
dem entgegenwirken können,
sind seine Eltern. Wollen wir
nicht unsere Kräfte zusammen-
tun und es wenigstens
versuchen?
D. D. v. J.

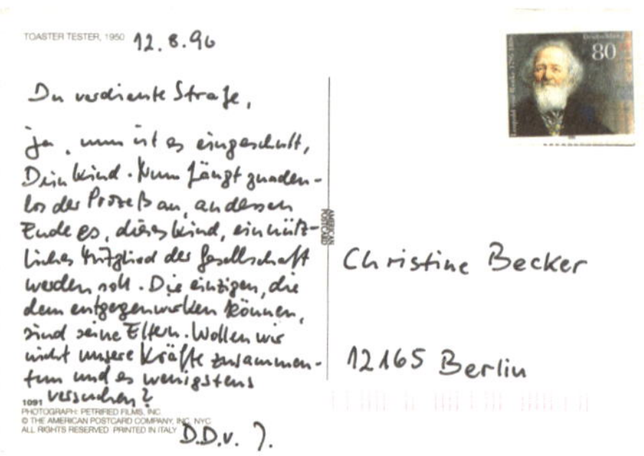
TOASTER TESTER, 1950 12. 8. 96

Du verdiente Strafe,
ja, nun ist es eingeschult,
Dein Kind. Nun fängt gnaden-
los der Prozeß an, an dessen
Ende es, dieses Kind, ein nütz-
liches Mitglied der Gesellschaft
werden soll. Die einzigen, die
dem entgegenwirken können,
sind seine Eltern. Wollen wir
nicht unsere Kräfte zusammen-
tun und es wenigstens
versuchen?
D.D.v. J.

Christine Becker

12165 Berlin

1091
PHOTOGRAPH: PETRIFIED FILMS, INC.
© THE AMERICAN POSTCARD COMPANY, INC. NYC
ALL RIGHTS RESERVED PRINTED IN ITALY

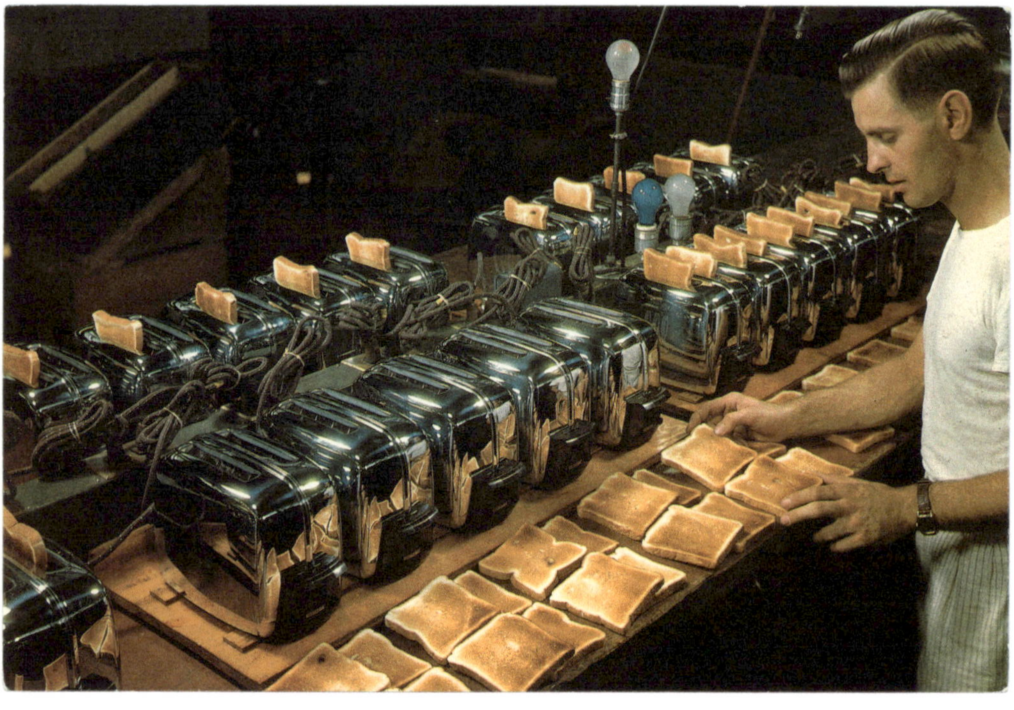

An: Christine Becker, Berlin

28. 8. 1996 [Berlin]

Du heiliger Strohsack,
die schlechte Nachricht: Ich habe noch vier Monate mit ›Liebling‹ zu tun. Die gute Nachricht: Wir kriegen sauviel Geld dafür. Die schlechte Nachricht: Wir müssen damit Schulden abzahlen. Die gute Nachricht: Dann haben wir keine mehr. Die schlechte Nachricht: Hinterher verdiene ich viel weniger. Die gute Nachricht: Wir brauchen auch viel weniger. Und so weiter, und so weiter, das Leben hält immer neue überraschende Wendungen bereit. Man muß sich immer nur schön in die Kurve legen.
Dein Meisterfahrer J

An: Herrn Achim Sartorius, Hotel Stern, Bonn

2. 9. 1996 [Berlin]

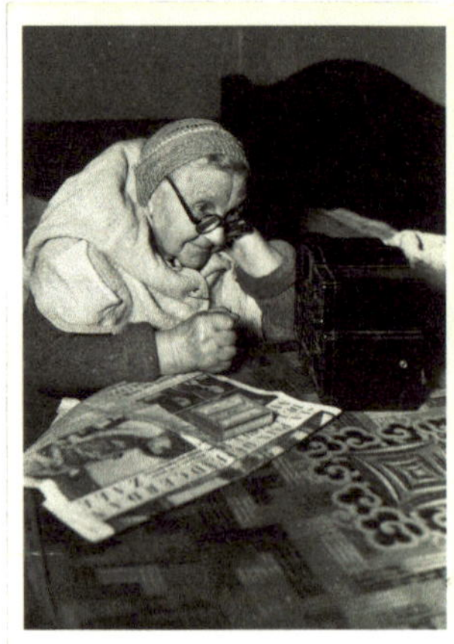

Lieber Achim,
da Du nun also eine Beschäftigung in der weiten Welt gefunden hast[1], bleibt mir nichts anderes übrig, als auf diese Weise Deine Erinnerung an mich wachzuhalten. Vielleicht nützt es auch, wenn ich Dir fürs erste einige Ratschläge gebe, die Dir helfen, die Fremde zu überleben:

1. Erwidere immer den Gruß von Leuten, auch wenn Du glaubst, sie noch nie gesehen zu haben.
2. Geh nicht jeden Abend in ein anderes Restaurant, sondern auch ein paarmal hintereinander in dasselbe.
3. Versuch nicht zu verbergen, daß Du kein Einheimischer bist, sondern sei stolz darauf.
4. Der beste Generalsekretär ist nicht der, der alles tut, was von ihm erwartet wird, sondern nur einiges davon, das allerdings glänzend. In Liebe Jurek

1 Joachim Sartorius war zum Generalsekretär des Goethe-Instituts in München ernannt worden.

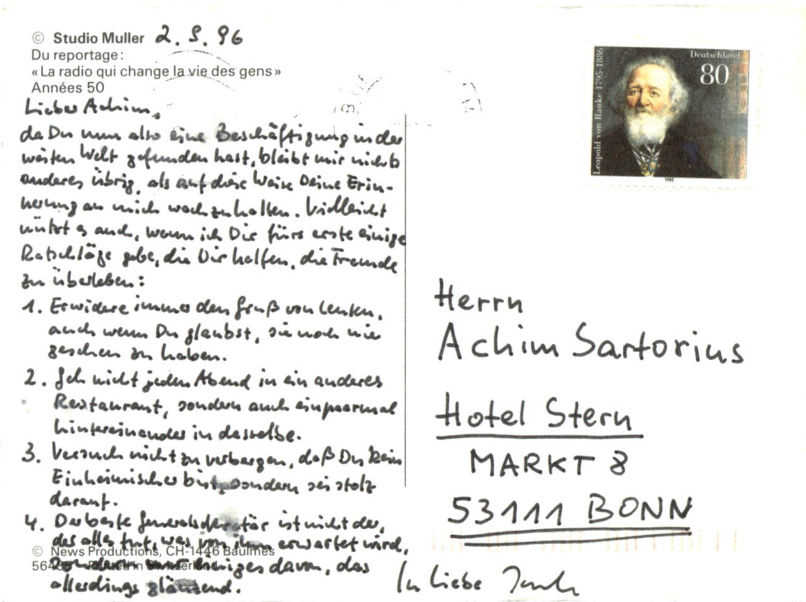

© Studio Muller 2. 9. 96
Du reportage:
«La radio qui change la vie des gens»
Années 50

Liebes Achim,
da Du nun also eine Beschäftigung in der weiten Welt gefunden hast, bleibt mir nichts anderes übrig, als auf diese Weise Deine Erinnerung an mich wachzuhalten. Vielleicht nützt es auch, wenn ich Dir fürs erste einige Ratschläge gebe, die Dir helfen, die Fremde zu überleben:
1. Erwidere immer den Gruß von Leuten, auch wenn Du glaubst, sie noch nie gesehen zu haben.
2. Geh nicht jeden Abend in ein anderes Restaurant, sondern auch ein paarmal hintereinander in dasselbe.
3. Versuch nicht zu verbergen, daß Du kein Einheimischer bist, sondern sei stolz darauf.
4. Der beste Generalsekretär ist nicht der, der alles tut, was von ihm erwartet wird, sondern nur einiges davon, das allerdings glänzend.

In Liebe Jurek

Herrn
Achim Sartorius
Hotel Stern
MARKT 8
53111 BONN

© News Productions, CH-1446 Baulmes

An: Karin Graf, Berlin

16. 9. 1996 [Berlin]

Liebe Karin,
eben geht mir die Frage durch den Sinn, ob es vertretbar ist, länger als, sagen wir, vier Wochen nichts von mir hören zu lassen. Wäre mir das früher als Gleichgültigkeit ausgelegt worden (fälschlicherweise) oder als Nachlässigkeit (das schon eher), so kann es heute leicht heißen: Was ist mit ihm, ist es schon soweit? Da ich dies unbedingt verhindern möchte, muß ich in den sauren Apfel beißen und in regelmäßigen Abständen wie eine Leuchtboje Zeichen geben. Natürlich nur für den erweiterten Kreis meiner Familie.
Hingebungsvollst
Jurek

An: Manfred Krug, Berlin

16. 9. 1996 [Berlin]

Lieber Manfred,
in dieser schweren Arbeitsphase (ich mache aus Nichts etwas Dürftiges, Du aus dem Dürftigen etwas Vorzeigbares) ist es nicht unwichtig, sich der gegenseitigen Zuneigung zu versichern. Gewiß ist in der Vergangenheit schon allerhand in dieser Richtung geschehen, worauf man zurückgreifen könnte; aber nichts verblaßt so schnell wie Liebesschwüre von gestern. Deshalb schnell hier ein aktuelles Zeichen von Hingebung.
Dein Jurek

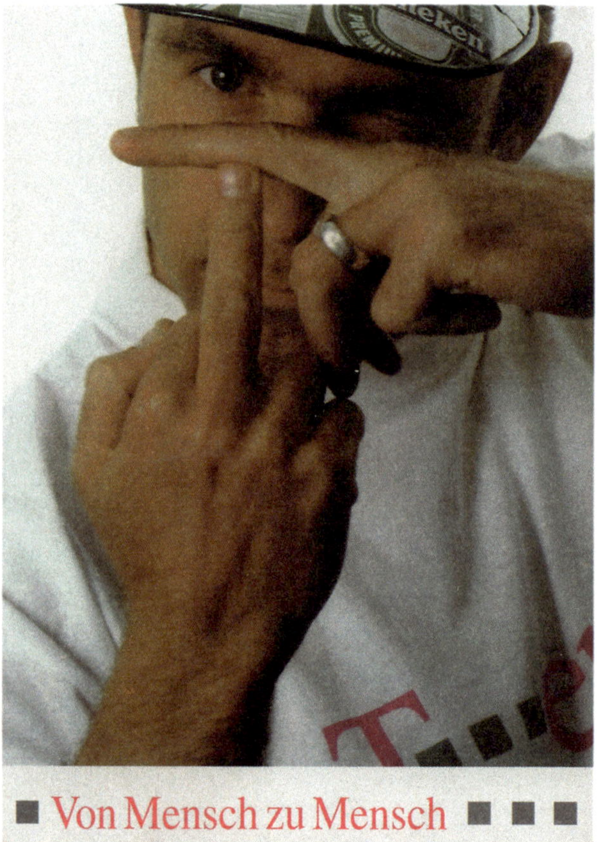

An: Max Neumann, Rügge

16. 9. 1996 [Berlin]

Einziger Max,
wie geht es so in Rügge? Ist die
rechte Seite des großen Schuppens immer
noch so höllisch eifersüchtig auf die linke?
Weht immer noch dieser würzige Duft von
der Küste her übers Land? Verschweigt
die Fleischersfrau immer noch schamhaft,
daß die frischen Mittwochs-Hühner
direkt aus dem Schlachthof in Kiel
kommen? Du siehst – so kurze Zeit
erst fort und schon so viele Fragen.
Herzinniglichst
Dein Jurek

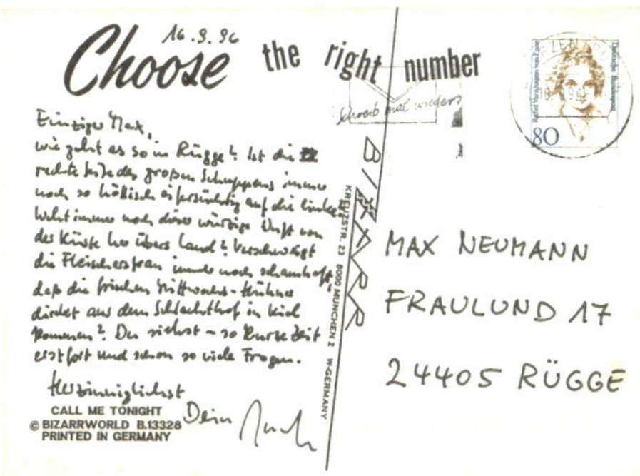

An: Max Neumann, Rügge

23. 9. 1996 [Berlin]

Lieber Max,
ich bringe es einfach nicht übers Herz, Dich da oben im winterlichen Norden ohne ein Zeichen der Anteilnahme zu lassen, während wir hier im Süden uns in all der Pracht wälzen. Halte aus, irgendwann, Du wirst es erleben, wird es umgekehrt sein.
Dein Jurek
P.s.: Ich kenne keine bessere Methode, mit Neid fertig zu werden, als ihm den Anstrich von Mitleid zu geben.
J.

An: Kerstin Bark, Amsterdam

Berlin, 26. 9. 1996

Liebe Kerstin,
wie ich höre, fährst Du in wenigen Tagen nach Goražde, um dort eine Müllkippe zu begrünen[1]. Laß mich Dir schnell ein paar Ratschläge geben: 1. Sieh Dich vor Kriegsverbrechern vor; 2. Komm nicht auf die Idee, etwas zu essen; 3. Dasselbe gilt fürs Trinken; 4. Falls Du ein Kopftuch hast, nimm es mit – die Moslems sind schwer im Kommen; 5. Falls es dort keine Umweltschutzgruppe gibt – bau keine auf; 6. Sag Thilo[2], er soll nicht so oft anrufen.
Mach alles richtig und sei umarmt
Dein Jurek

1 Kerstin Bark ist Umweltberaterin.
2 Thilo Bode, damals Geschäftsführer der Umweltorganisation Greenpeace International in Amsterdam und Lebensgefährte von Kerstin Bark.

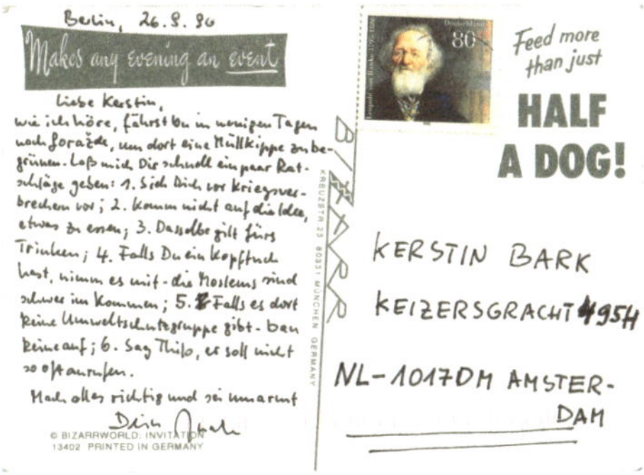
Berlin, 26. 8. 96
Makes any evening an event
Liebe Kerstin,
wie ich höre, fährst Du in wenigen Tagen nach Goražde, um dort eine Müllkippe zu begrünen. Laß mich Dir schnell ein paar Ratschläge geben: 1. Sieh Dich vor Kriegsverbrechern vor; 2. Komm nicht auf die Idee, etwas zu essen; 3. Dasselbe gilt fürs Trinken; 4. Falls Du ein Kopftuch hast, nimm es mit - die Moslems sind schwer im Kommen; 5. Falls es dort keine Umweltschutzgruppe gibt - bau keine auf; 6. Sag Thilo, er soll nicht so oft anrufen.
Mach alles richtig und sei umarmt
Dein Jurek
© BIZARRWORLD INVITATION
13402 PRINTED IN GERMANY
Feed more than just
HALF A DOG!
KERSTIN BARK
KEIZERSGRACHT 954
NL-1017DM AMSTERDAM

An: Johnny Becker, Sieseby

26. 9. 1996 [Berlin]

Du alte Leseratte,
hast Du schon je auf einer einzigen Postkarte ein solches Durcheinander gesehen? Ein Telefon, Sterne, ein flatterndes Segel, eine Sonne, ein abgenagter Fisch, eine Sanduhr und was nicht alles! Ich glaube, der Maler hatte ein bißchen viel Phantasie. Einen Regenwurm sehe ich auch noch. Und Du
Dein Paps

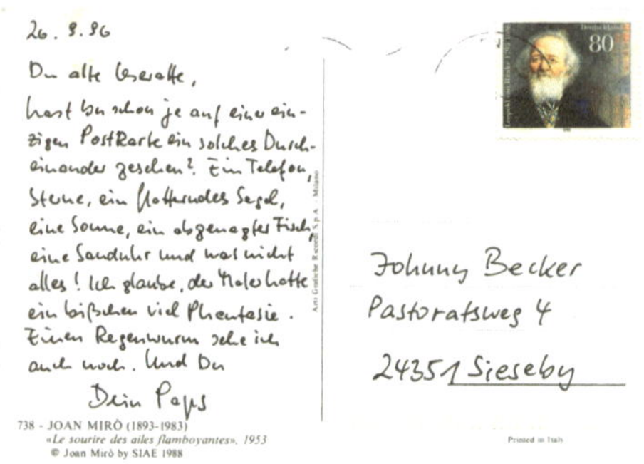
26. 9. 96
Du alte Leseratte,
hast Du schon je auf einer einzigen Postkarte ein solches Durcheinander gesehen? Ein Telefon, Sterne, ein flatterndes Segel, eine Sonne, ein abgenagter Fisch, eine Sanduhr und was nicht alles! Ich glaube, der Maler hatte ein bißchen viel Phantasie. Einen Regenwurm sehe ich auch noch. Und Du
Dein Paps

An: Christine Becker, Sieseby

26. 9. 1997[1] [Berlin]

Du verlorene Liebesmüh',
jedesmal, wenn ich mich frage, wie es mit uns beiden weitergehen soll, komme ich zu der Antwort: Na, fast so wie bisher! Auf den ersten Blick erscheint das plausibel und auch zufriedenstellend. Aber dann muß ich erkennen, daß ich keine Ahnung habe, was sich hinter dem Wort ›fast‹ verbirgt. Ist es nur eine Floskel, oder steckt eine ganze Welt dahinter? Sag es mir schnell, sonst antworte ich mir beim nächstenmal: Na, so wie bisher!
Dein ins Grübeln, aber vor allem
in Dich vernarrter J

1 Die Karte trägt das Datum »26. 9. 97«, ist aber dem Jahr 1996 zuzuordnen.

LIFE Alfred Eisenstaedt Ice Skating Waiter II, St. Moritz, 1932

26. 9. 97

Du verlorene Liebesmüh',
jedesmal, wenn ich mich frage, wie es mit uns beiden weitergehen soll, komme ich zu der Antwort: Na, fast so wie bisher! Auf den ersten Blick erscheint das plausibel und auch zufriedenstellend. Aber dann muß ich erkennen, daß ich keine Ahnung habe, was sich hinter dem Wort 'fast' verbirgt. Ist es nur eine Floskel, oder steckt eine ganze Welt dahinter? Sag es mir schnell, sonst antworte ich mir beim nächstenmal: Na, so wie bisher!
Dein ins Grübeln, aber vor allem in Dich vernarrter J

Christine Becker
Pastoratsweg 4
24351 Sieseby

An: Manfred Krug, Berlin

29. 9. 1996 [Sieseby]

Lieber Manfred,
schon wieder sind wir, all Deiner Aufmerksamkeit zum Trotz, in die Sonne entwischt, für eine volle Woche nach Sieseby. Johnny durchstreift die Gegend auf der Suche nach Kindern, denen er seinen Keuchhusten anhängen könnte, Christine bereitet sich mit Radfahren, Einkäufen und verschiedener Lektüre aufs Leben vor, und ich bin damit beschäftigt, für Liebling[1] eine neue Freundin aufzutreiben. Du magst das für ein Kinderspiel halten, aber ich kenne ihn besser als Du: Kaum lernt ihn eine näher kennen, schon schlägt sie die Hände überm Kopf zusammen und flüchtet.
Mit Liebesgrüßen
Jurek

1 Rechtsanwalt Robert Liebling, Hauptcharakter der Fernsehserie *Liebling Kreuzberg*, dargestellt von Manfred Krug.

An: Christine Becker, Sieseby

29. 9. 1996 [Siesby]

Du billige Ausrede,
also was sagen denn nun Deine Freundinnen: »Du merkst gar nicht, wie gut Du's mit ihm hast« oder »Wie hältst Du es bloß mit ihm aus«? Meint die eine das und die andere das? Oder meinen sie mal das und mal das?
Ich würde gern die Sache mit ihnen diskutieren, denn ich halte es nicht für ausgeschlossen, daß beide Ansichten zutreffen, auch wenn sie auf den ersten Blick unvereinbar scheinen. Merkwürdig ist nur, daß keine Deiner Freundinnen Dir bisher eine sehr naheliegende dritte Frage gestellt zu haben scheint: Womit hast Du so einen verdient?
Dein um seine menschliche Würde
kämpfender J

An: Karin Graf, Berlin

8. 10. 1996 [Berlin]

Liebe Karin,
kannst Du Dir vorstellen, wieviel Selbstbeherrschung dazugehört, auf die Felix-Veranstaltung[1] zu verzichten und damit auf Deine Gegenwart? Aber es muß sein, ich bereite mich mental auf eine Asienreise[2] vor, nach deren Ende ich Dir als neuer Mensch und noch glühenderer Verehrer gegenüberzutreten hoffe (obwohl ich mir Letzteres kaum vorzustellen vermag).
Inniglichst
Jurek

1 Die Verleihung des europäischen Filmpreises, der damals unter dem Namen Felix bekannt war.
2 Eine vom Goethe-Institut geplante Reise nach Zentralasien. J. B. konnte die Reise nicht antreten.

An: Christine Becker, Berlin

13. 10. 1996 [Berlin]

Du runde Sache,
diese Karte solltest Du eigentlich aus Usbekistan kriegen. Nun bin ich nicht gefahren, aber es wäre ja nicht in Ordnung, wenn Dir dadurch ein Kartennachteil erwächst. Also sende ich sie Dir aus der Nähe, mit nicht weniger Liebe, nur mit geringerem Porto.
Dein zur Zeit verhinderter
Weltreisender
J

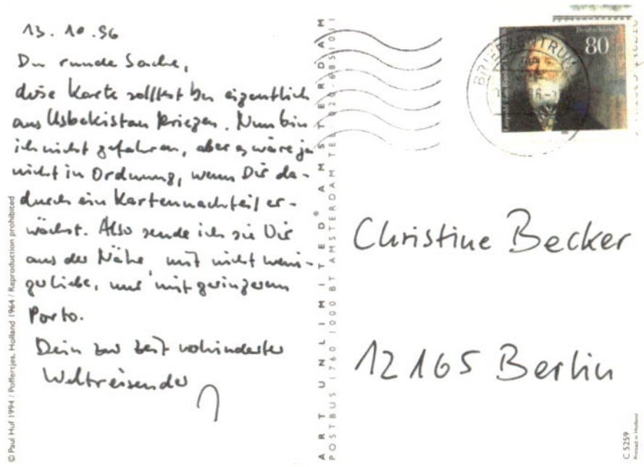

An: Christine Becker, Berlin

25.10.1996 [Berlin]

Du fauler Zauber,
endlich ist es so weit – ich habe einen neuen, wenn auch nicht ganz legalen Weg der Postbeförderung gefunden![1] Es geht schneller so, zuverlässiger, unmittelbarer, allerdings kommt es am Ende doch recht teuer. Aber das kann ja wohl kein Hinderungsgrund sein, über den Umweg Deines sekundenlangen Lächeln etwas Freude in mein ergrauendes Leben zu hieven.
Dein ich weiß nicht was
J

1 J.B. hatte eine sogenannte Kinderpost erworben, um sich mitunter den Weg zum Briefkasten außer Haus ersparen zu können. Die Postkarten an Frau und Kind beklebte er von nun an mit Miniatur-Briefmarken, stempelte sie mit dem Kinderpoststempel ab und warf sie in den Hausbriefkasten vor der Wohnungstür.

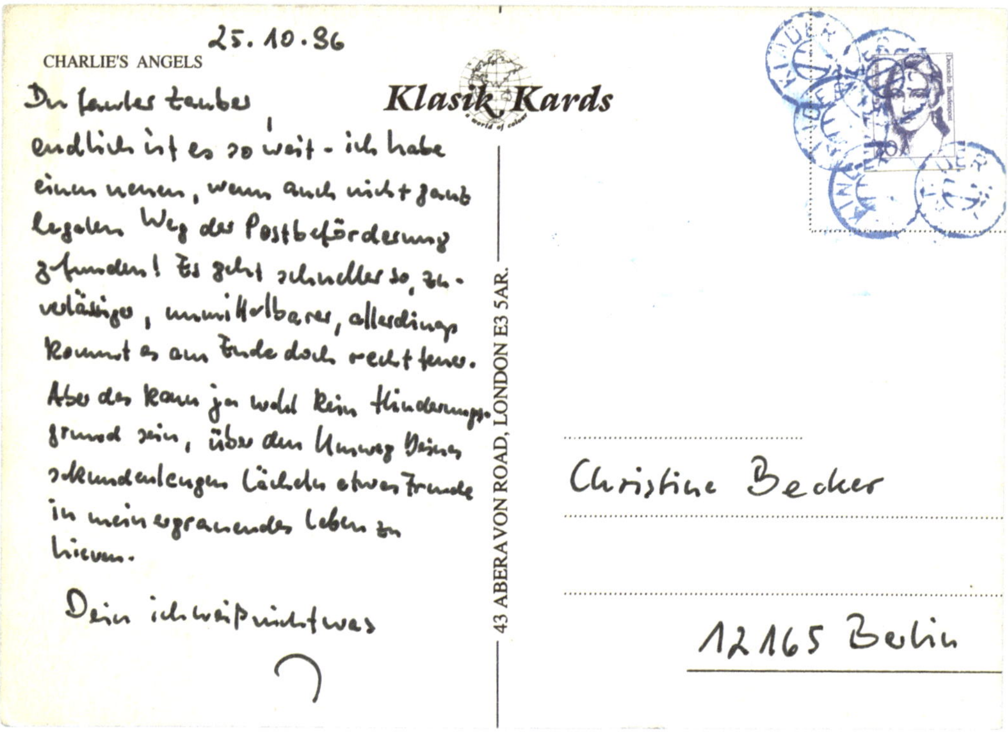

An: Christine, Berlin

27. 10. 1996 [Berlin]

Du schreiendes Unrecht,
da Du recht nachlässig die
Nachrichten verfolgst, will ich Dich
kurz über einige neue Entwicklungen informieren:
Zum Vogel des Jahres wurde soeben
der Buntspecht gewählt. Pflanze des
Jahres wurde die Silberdistel (und
wieder mal nicht der Huflattich!!)
Krankheit des Jahres ist das Pfeiffersche Drüsenfieber (dicht gefolgt vom
Malignen Melanom). Monat des Jahres
wurde der März (! ?) und Steuer des
Jahres der Solidaritätszuschlag.
D i D v J

Serie „Tedesco"
T 14 Immer an den Nachbarn denken!
© Dieter Becher
Foto: G. Kölling
27. 10. 96
Du schreiendes Unrecht,
da Du recht nachlässig die
Nachrichten verfolgst, will ich Dich
kurz über einige neue Entwicklun-
gen informieren:
Zum Vogel des Jahres wurde soeben
der Buntspecht gewählt. Pflanze des
Jahres wurde die Silberdistel (und
wieder mal nicht der Huflattich!!)
Krankheit des Jahres ist das Pfeiffer-
sche Drüsenfieber (dicht gefolgt vom
Malignen Melanom). Monat des Jahres
wurde der März (!?) und Steuer des
Jahres der Solidaritätszuschlag.
DiDv J
JOKER edition®
Hohenstaufenstr. 65 ☆ D-10781 Berlin
Christine
Berlin

An: Achim Sartorius, München

29.10.1996 [Berlin]

Lieber Achim,
Deine Überzeugung, derzufolge
Künstler über eine Energie verfügen,
die alles besiegt, ist mir schon lange
zu eigen. So habe ich zum Beispiel nach
einwöchiger Ehe mit Christine geglaubt,
daß ich den Schwierigkeiten dieser vor-
eiligen Verbindung nie und nimmer
standhalten könnte. Dann besann ich
mich auf mein Künstler-Sein, und Du
siehst, heute, nach 14 Jahren: Es ist
vollbracht.
Oder nimm die Wiedervereinigung:
Wäre ein solches Ereignis ohne unsere
Energieform der dritten Art zu überste-
hen gewesen?
Die überschwenglichsten
Grüße
Dein Jurek

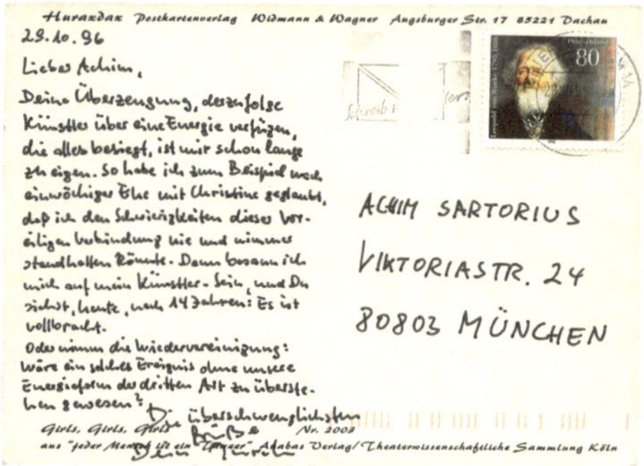

Huraxdax Postkartenverlag Widmann & Wagner Augsburger Str. 17 85221 Dachau

29.10.96

Lieber Achim,
Deine Überzeugung, derzufolge
Künstler über eine Energie verfügen,
die alles besiegt, ist mir schon lange
zu eigen. So habe ich zum Beispiel nach
einwöchiger Ehe mit Christine geglaubt,
daß ich den Schwierigkeiten dieser vor-
eiligen Verbindung nie und nimmer
standhalten könnte. Dann besann ich
mich auf mein Künstler-Sein, und Du
siehst, heute, nach 14 Jahren: Es ist
vollbracht.
Oder nimm die Wiedervereinigung:
Wäre ein solches Ereignis ohne unsere
Energieform der dritten Art zu überste-
hen gewesen?
Die überschwenglichsten
Grüße

ACHIM SARTORIUS
VIKTORIASTR. 24
80803 MÜNCHEN

Girls, Girls, Girls Nr. 2008
aus "Jeder Mensch ist ein Tänzer" Anabas Verlag/Theaterwissenschaftliche Sammlung Köln

An: Max Neumann, Rügge

7. 11. 1996 [Berlin]

Lieber Max,
heute früh hatte ich einen Einfall, der vielversprechend schien. Ich grundierte also das Papier, rührte die Wörter an und legte los mit der Arbeit. Nach vier Stunden war nicht nur nichts von der ursprünglichen Grandezza der Sache übrig, sondern ich meinte, erkannt zu haben, daß es sich überhaupt nicht um einen Einfall gehandelt hatte. Und nun bin ich doch Snob genug, dies als erfolgreichen Arbeitstag anzusehen. Ja, man muß die Feste feiern, wie sie fallen.
Sei umarmt
Dein Jurek

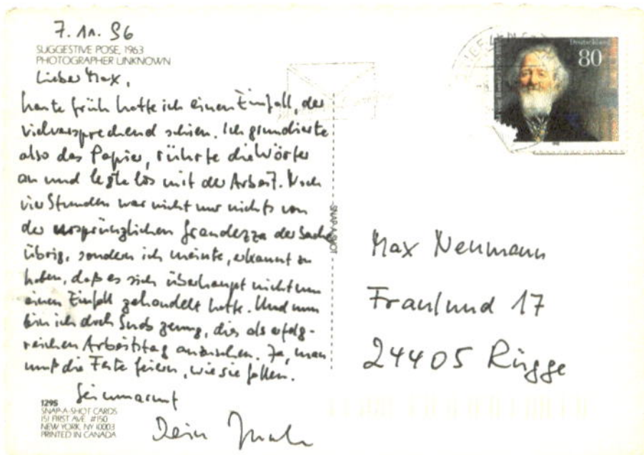
7. 11. 96
SUGGESTIVE POSE, 1963
PHOTOGRAPHER UNKNOWN
Lieber Max,
heute früh hatte ich einen Einfall, der vielversprechend schien. Ich grundierte also das Papier, rührte die Wörter an und legte los mit der Arbeit. Nach vier Stunden war nicht nur nichts von der ursprünglichen Grandezza der Sache übrig, sondern ich meinte, erkannt zu haben, daß es sich überhaupt nicht um einen Einfall gehandelt hatte. Und nun bin ich doch Snob genug, dies als erfolgreichen Arbeitstag anzusehen. Ja, man muß die Feste feiern, wie sie fallen.
Sei umarmt
Dein Jurek

Max Neumann
Fraulund 17
24405 Rügge

1295
SNAP-A-SHOT CARDS
151 FIRST AVE #150
NEW YORK, NY 10003
PRINTED IN CANADA

An: Christine Becker, Berlin

15. 11. 1996 [Berlin]

Du bedingter Vorsatz,
die letzten Tage war mir furchtbar schlecht, so daß ich absolut nicht hätte arbeiten können. Allerdings hatte ich in dieser Zeit auch nicht den kleinsten Einfall, so daß nichts verloren gegangen ist. Seit zwei Tagen aber sprudeln die Einfälle nur so, und zum Glück ist mir plötzlich auch nicht mehr schlecht. Man muß immer wieder staunen, wie praktisch und weise die Welt eingerichtet ist. Ich würde seltsame Erklärungen dafür finden, wenn ich nicht fürchten müßte, mich noch auf meine alten Tage zum Gespött zu machen.
Dein Agnostiker J

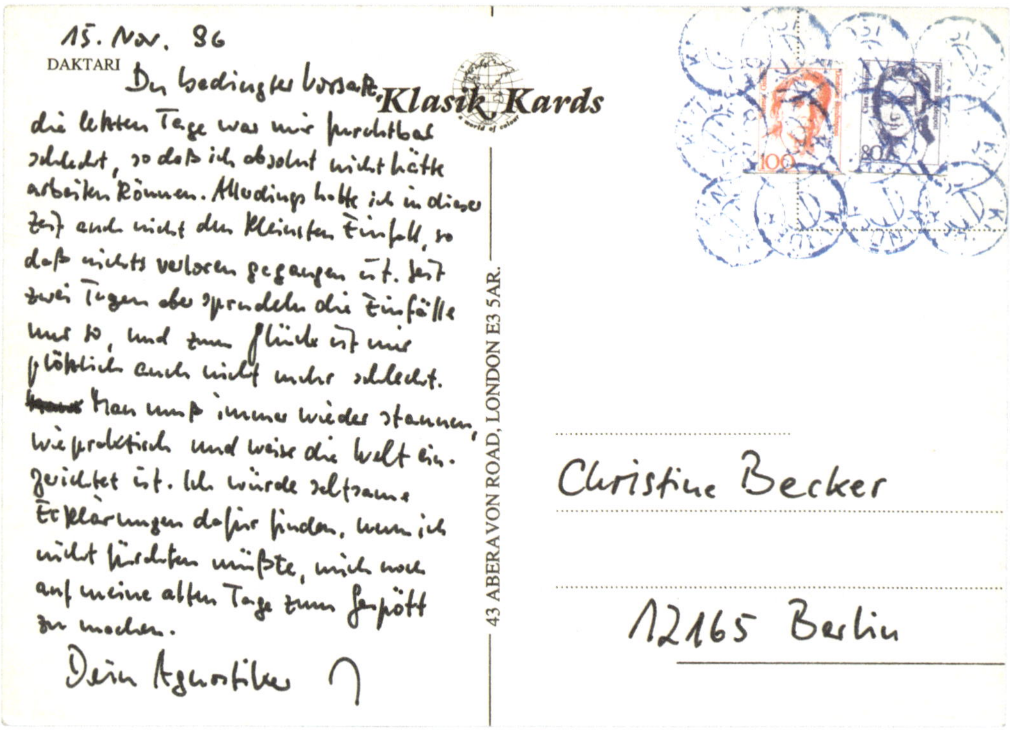
15. Nov. 96
DAKTARI
Du bedingter Vorsatz, die letzten Tage war mir furchtbar schlecht, so daß ich absolut nicht hätte arbeiten können. Allerdings hatte ich in dieser Zeit auch nicht den kleinsten Einfall, so daß nichts verloren gegangen ist. Seit zwei Tagen aber sprudeln die Einfälle nur so, und zum Glück ist mir plötzlich auch nicht mehr schlecht. Man muß immer wieder staunen, wie praktisch und weise die Welt eingerichtet ist. Ich würde seltsame Erklärungen dafür finden, wenn ich nicht fürchten müßte, mich noch auf meine alten Tage zum Gespött zu machen.
Dein Agnostiker J
Klasik Kards
43 ABERAVON ROAD, LONDON E3 5AR.
Christine Becker
12165 Berlin

An: Christine Becker, Berlin

22. 11. 1996 [Berlin]

Du gezielte Indiskretion,
darf ich Dir, nur kurz und sozusagen
als Gedächtnisstütze, die Geschichte unserer
Beziehung erzählen:
Wir lernten uns während, wodurch
mein Leben einen neuen. Ich schlug Dir
vor, und zu meinem Glück. Die erste
Zeit war ein wenig, aber das änderte
sich bald. Nach drei Jahren fragte ich
Dich, und nach einigem Zögern. Und
dann, endlich, bescherte uns das
Schicksal. Seitdem leben wir alles in
allem, und wenn nicht kürzlich diese
dumme Sache.
In Liebe Jurek

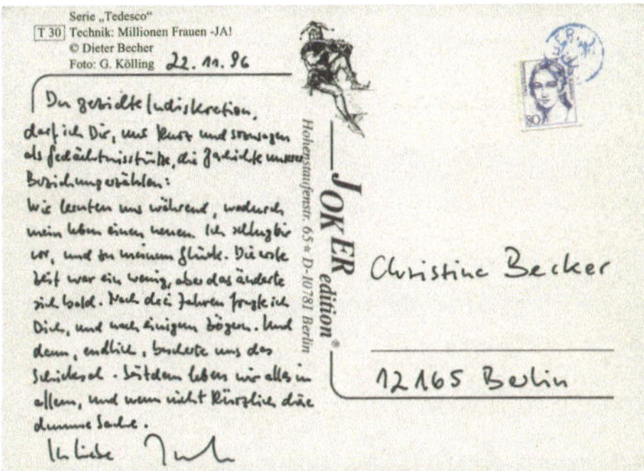

An: Achim Sartorius, München

23. 11. 1996 [Berlin]

Lieber Achim,
vielleicht interessiert Dich ein Blick auf meinen Lebenslauf, an dem ich gerade schreibe:
Ich wurde am, in, als einziges. Mein Vater war, meine Mutter. Bei Kriegsausbruch kam ich, wo ich bis zum. Nach Ende des blieb mein Vater mit mir, was ich bis heute nicht. Er hätte doch auch. Jedenfalls ging ich zur und wurde ein halbwegs normales. Das änderte sich, als ich den Beruf eines. Wenn ich auf mein bisheriges zurückblicke, dann muß ich leider sagen.
In Liebe
Dein Jurek

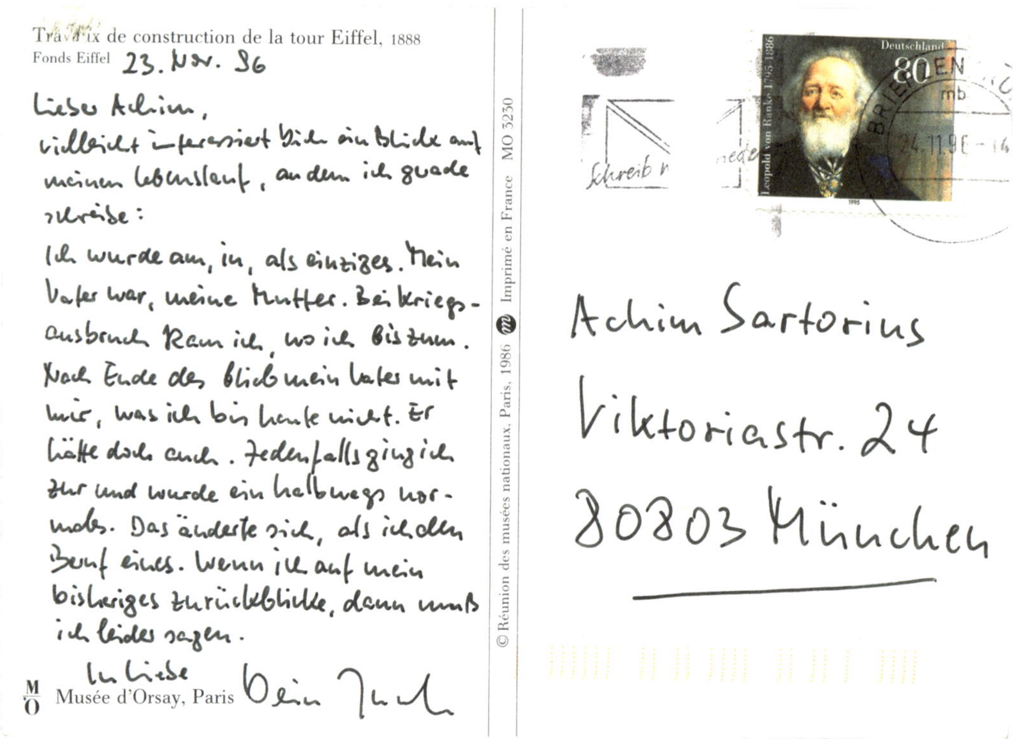
Travaux de construction de la tour Eiffel, 1888
Fonds Eiffel 23. Nov. 96

Liebe Achim,
vielleicht interessiert Dich ein Blick auf meinen Lebenslauf, an dem ich gerade schreibe:
Ich wurde am, in, als einziges. Mein Vater war, meine Mutter. Bei Kriegsausbruch kam ich, wo ich bis zum. Nach Ende des blieb mein Vater mit mir, was ich bis heute nicht. Er hätte doch auch. Jedenfalls ging ich zur und wurde ein halbwegs normales. Das änderte sich, als ich den Beruf eines. Wenn ich auf mein bisheriges zurückblicke, dann muß ich leider sagen.
In Liebe
Dein Jurek

M O Musée d'Orsay, Paris

© Réunion des musées nationaux, Paris, 1986 Imprimé en France MO 3230

Achim Sartorius
Viktoriastr. 24
80803 München

An: Christine Becker, Berlin

25. 11. 1996 [Berlin]

Du kosmische Strahlung,

Holaho und Holahi,
hoch die Chemotherapie!
Die macht Laune, die macht Spaß,
und sie bringt auch manchmal was.

Macht die Metastasen kleiner.
Ach, der Prof, das ist mir einer!
Hat die Augen überall:
Chemo, Blutbild, Ultraschall

Als wär man bei der Bundeswehr,
gibt man sich gern für alles her.
Mal hilft es und mal geht's daneben.
Na ja, so ist die Chemo eben.

Dein Lieblingspatient J

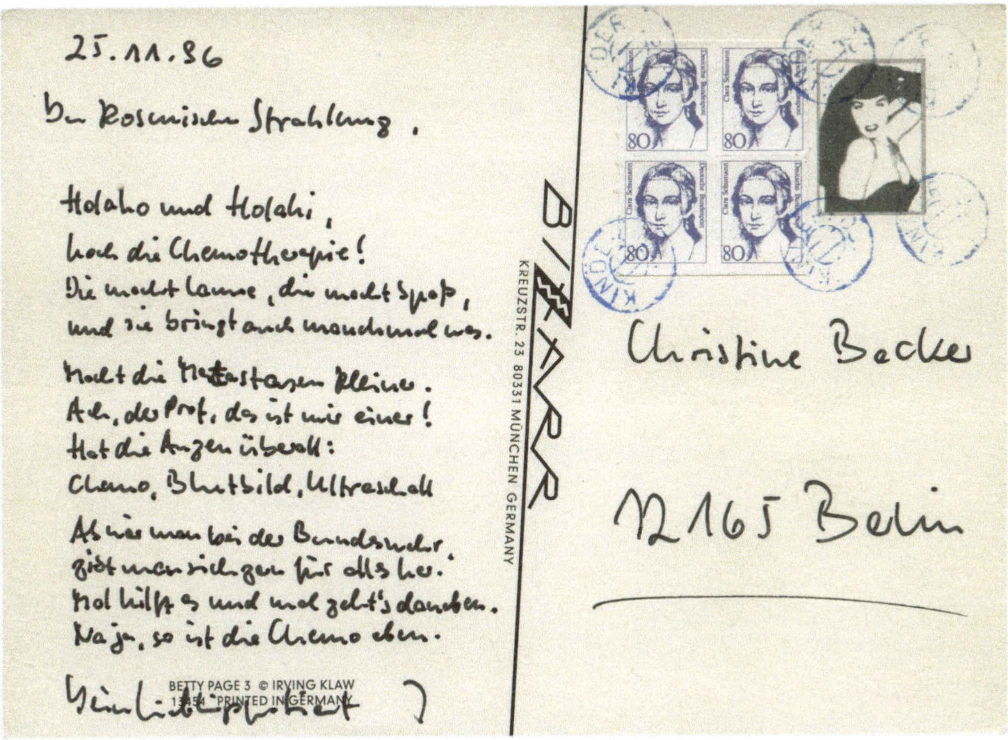
25.11.96

Du kosmische Strahlung,

Holaho und Holahi,
hoch die Chemotherapie!
Die macht Laune, die macht Spaß,
und sie bringt auch manchmal was.

Macht die Metastasen kleiner.
Ach, der Prof, das ist mir einer!
Hat die Augen überall:
Chemo, Blutbild, Ultraschall

Als wär man bei der Bundeswehr,
gibt man sich gern für alles her.
Mal hilft es und mal geht's daneben.
Na ja, so ist die Chemo eben.

Dein Lieblingspatient J

Christine Becker

12165 Berlin

An: Christine Becker, Berlin

3. 12. 1996 [Berlin]

Du geballte Ladung,
ich bin alt genug, um mit der Hauptlüge meines Lebens Schluß zu machen: So gut wie alle meine bisherigen Arbeiten sind geklaut. ›Jakob‹ ist ohne ›Pankraz der Schmoller‹ von Keller nicht zu denken; ›Der Boxer‹ ist nichts anderes als eine Version von ›Meine Tante, deine Tante‹, Autor hab ich vergessen; ›Amanda‹ ist nichts anderes als ›Die lustigen Weiber von Windsor‹. Und selbst ›Liebling‹ ist gestohlen; der Grundeinfall stammt aus dem Jahresbericht der VG Wort von 1984. Oder war es eine Überweisung der VG Wort?
Jedenfalls ist mir nach diesem Geständnis leichter ums Herz, richte über mich mit Nachtschicht.
Dein J

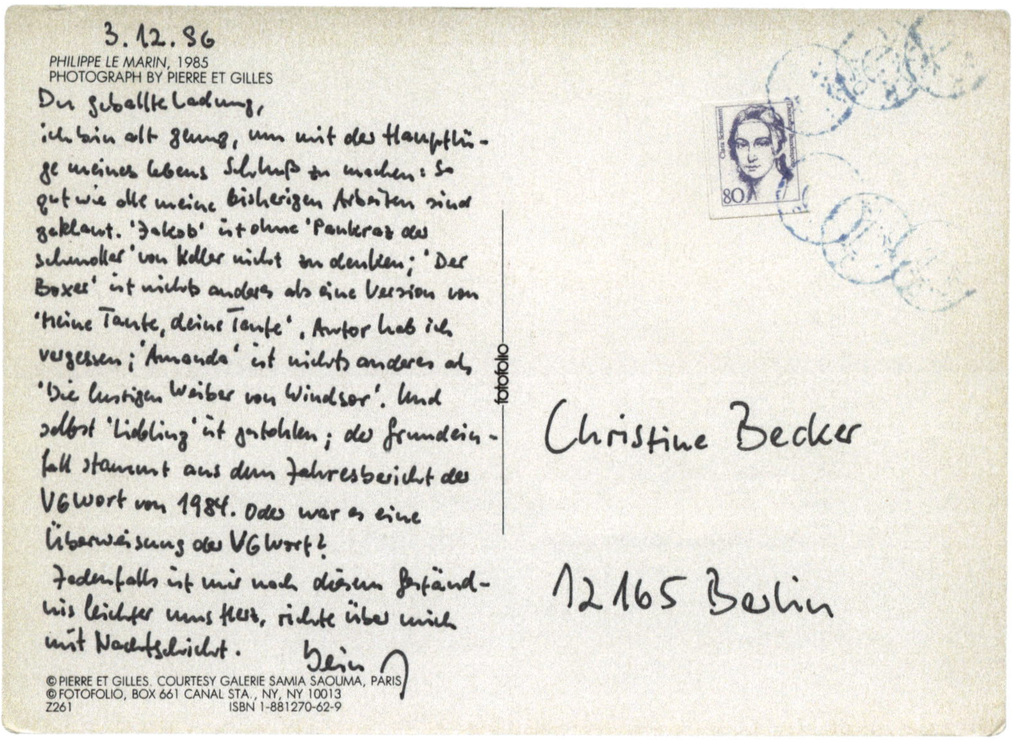

3.12.96

PHILIPPE LE MARIN, 1985
PHOTOGRAPH BY PIERRE ET GILLES

Du geballte Ladung,
ich bin alt genug, um mit der Hauptlü-
ge meines Lebens Schluß zu machen: So
gut wie alle meine bisherigen Arbeiten sind
geklaut. 'Jakob' ist ohne 'Pankraz der
Schmoller' von Keller nicht zu denken; 'Der
Boxer' ist nichts anderes als eine Version von
'Meine Tante, deine Tante', Autor hab ich
vergessen; 'Amanda' ist nichts anderes als
'Die lustigen Weiber von Windsor'. Und
selbst 'Liebling' ist gestohlen; der Grundein-
fall stammt aus dem Jahresbericht der
VG Wort von 1984. Oder war es eine
Überweisung der VG Wort?
Jedenfalls ist mir nach diesem Geständ-
nis leichter ums Herz, richte über mich
mit Nachtschicht. Dein J

fotofolio

Christine Becker

12165 Berlin

© PIERRE ET GILLES. COURTESY GALERIE SAMIA SAOUMA, PARIS
© FOTOFOLIO, BOX 661 CANAL STA., NY, NY 10013
Z261 ISBN 1-881270-62-9

An: Christine Becker, Berlin

11. 12. 1996 [Berlin]

Du gesegnete Mahlzeit,
kürzlich ist mir meine Gute Fee
erschienen und hat um ein paar
Tage Urlaub gebeten. Ich habe das
abgelehnt, ich brauchte sie gerade jetzt
recht nötig, habe ich gesagt.
Aber sie war so uneinsichtig
und störrisch, daß ich sie
gefeuert habe (bei Lichte besehen war sie doch,
alles in allem, eine ziemliche Niete). Danach
rief ich in einem Vermittlungsbüro wegen
einer neuen Guten Fee an. Ich erwartete, auf
eine lange Warteliste gesetzt zu werden,
aber es bewarben sich sofort sieben Feen
bei mir. Man glaubt gar nicht, wie leicht
es heutzutage ist, eine Gute Fee zu finden.
Hoffentlich können die Mädels auch
was.
Dein J

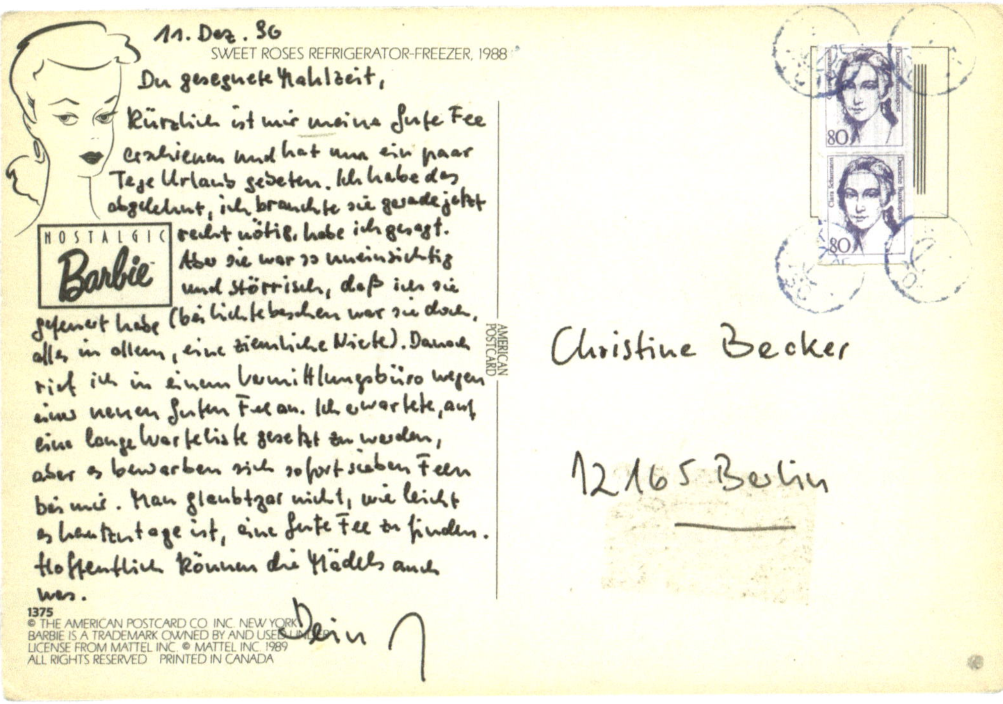
11. Dez. 96
SWEET ROSES REFRIGERATOR-FREEZER, 1988

Du gesegnete Mahlzeit,
kürzlich ist mir meine Gute Fee
erschienen und hat um ein paar
Tage Urlaub gebeten. Ich habe das
abgelehnt, ich brauchte sie gerade jetzt
recht nötig, habe ich gesagt.
Aber sie war so uneinsichtig
und störrisch, daß ich sie
gefeuert habe (bei Lichte besehen war sie doch,
alles in allem, eine ziemliche Niete). Danach
rief ich in einem Vermittlungsbüro wegen
einer neuen Guten Fee an. Ich erwartete, auf
eine lange Warteliste gesetzt zu werden,
aber es bewarben sich sofort sieben Feen
bei mir. Man glaubt gar nicht, wie leicht
es heutzutage ist, eine Gute Fee zu finden.
Hoffentlich können die Mädels auch
was.
Dein J

Christine Becker

12165 Berlin

An: Rieke Becker, Berlin

15. 12. 1996, London[1]

Du Liebe,
man kann dem Rinderwahnsinn[2] hier nicht entkommen. Weil Rindfleisch so billig ist, machen sie daraus einfach alles: Schweinefilet, Brötchen, Schuhsohlen, Stadtpläne. Überall tritt man auf Rindersteaks, und in den Taxis liegen Hamburger zur freien Bedienung. Es hat auch ein psychologischer Umschwung stattgefunden: Ein Steakhaus, das ich von meinem letzten London-Besuch noch kannte, heißt heute BSE-Palace.
Endzeithumor?
In Liebe Jurek + Christine

1 J. B. war auf einer dreitägigen Urlaubsreise in London.
2 Seit 1993 hatte sich in Großbritannien die Rinderseuche BSE ausgebreitet, auch »mad cow disease« (Rinderwahnsinn) genannt.

An: Lonni Becker c/o Borsdorf, Berlin

London, 15. 12. 1996

Ihr Lieben,
ich glaube, Europa und England, das wird nichts. Wenn du einen Taxifahrer auf einen höllischen Umweg aufmerksam machst, den er gerade fährt, murmelt er irgendwas deutschfeindliches vor sich hin. Und der Kellner, den du höflich fragst, ob die Hühnersuppe wirklich nicht aus Rindfleisch ist, redet sofort von einer Verschwörung gegen England. Vermutlich halten die Europa für nichts anderes als den Hort der Maul- und Klauenseuche und wollen doch lieber alleine sein.
Seid umarmt Jurek

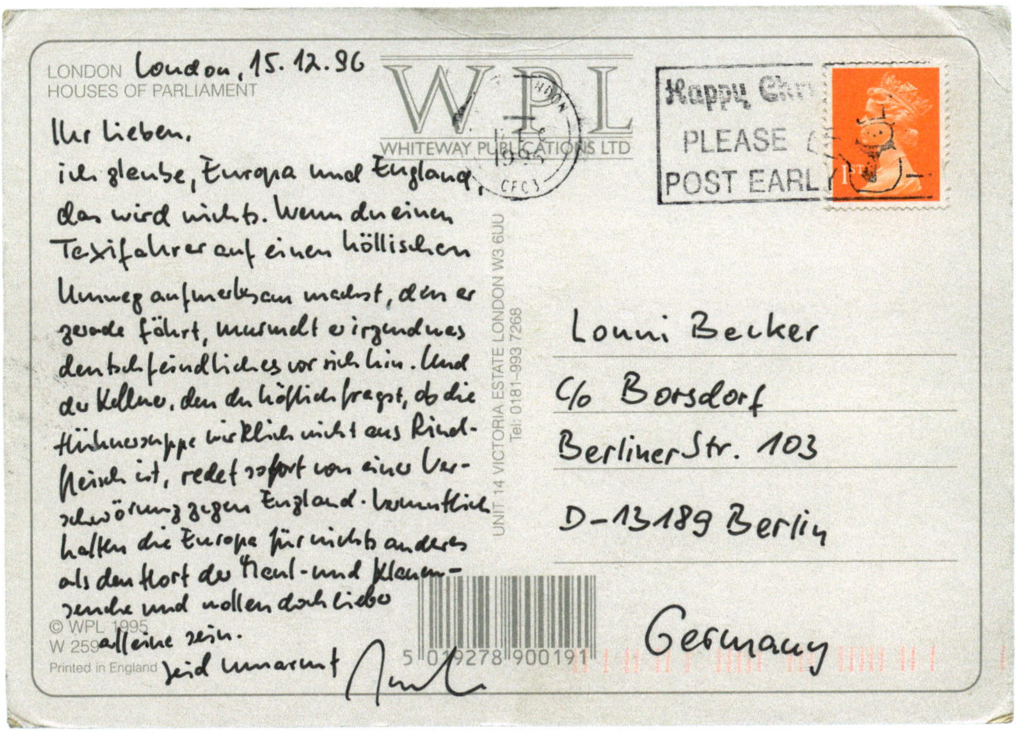

An: Max Neumann, Rügge

22. 12. 1996 [Berlin]

Lieber Max und schöne Sonja,
nun, da ein Jahr zu Ende geht,
wollen wir uns doch auf ein
neues freuen. Ich wünsche Euch
dazu vielerlei: Daß Ihr Euch
nur küßt, wenn Euch danach
ist (ich weiß, wovon ich rede!), daß
Euch Euer Essen immer gelingt,
daß Ihr nie aufhört, stolz auf
Euch zu sein, und schließlich,
daß Boris Becker seinen ersten
Aufschlag verbessert.
Schon gut.
In Liebe
Euer Jurek

An: Christine Becker, Berlin

22. 12. 1996 [Berlin]

Du unerforschlicher Ratschluß,
dies ist eine Weihnachtskarte. Halelujah, hosianah, Knecht Ruprecht, Weihnachtsstern und Heilige Nacht. Ist Dir auch so geschenklich zumute? Wenn unser Kinderauge strahlt und leuchtet, die Hauptarbeit also getan ist, wollen wir uns ein wenig halten und einander wohlgefallen. Ja? Denn das schönste Geschenk ist doch die Besinnung, zumal für solche wie uns, die Besinnungslosen. Sei mir weiter eine Stütze, dann will auch ich mich weiter aufstützen.
Dein Vom Himmel hoch da komm ich …
J

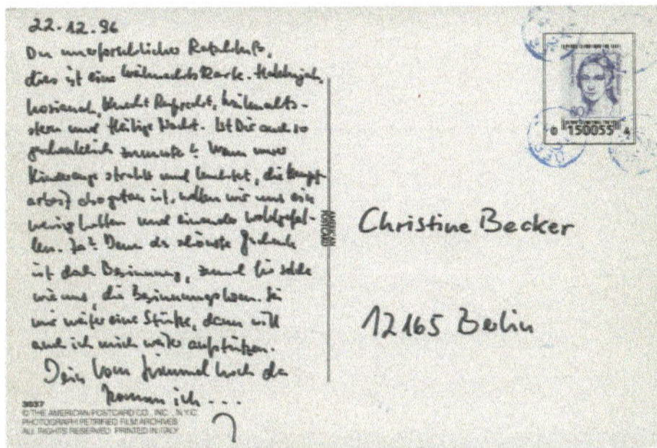

An: Christine Becker, Berlin

8. 1. 1997 [Berlin]

Du betretenes Schweigen,
es hat ja keinen Sinn, länger darüber zu schweigen: Wollen wir unsere Ehe nicht fortsetzen? Ich meine, mit all den Konsequenzen, die eine solche Entscheidung mit sich brächte, mit oben und unten und morgen und übermorgen, mit gelegentlichen Drohungen und Seufzern und tiefen Blicken in die Augen und verschiedenen Griffen, verbotenen und erlaubten, mit Tricks, einfältigen wie raffinierten, mit Ausreden, einleuchtenden wie faulen, mit Päßlichkeiten und Unpäßlichkeiten und Küssen auf den Mund und einem riesigen Vorrat an dieser einzigen Himmelsmacht, die, wie man gelegentlich hört, die Welt verändern kann. Also, ich wäre dafür.
Dein unvergänglicher J

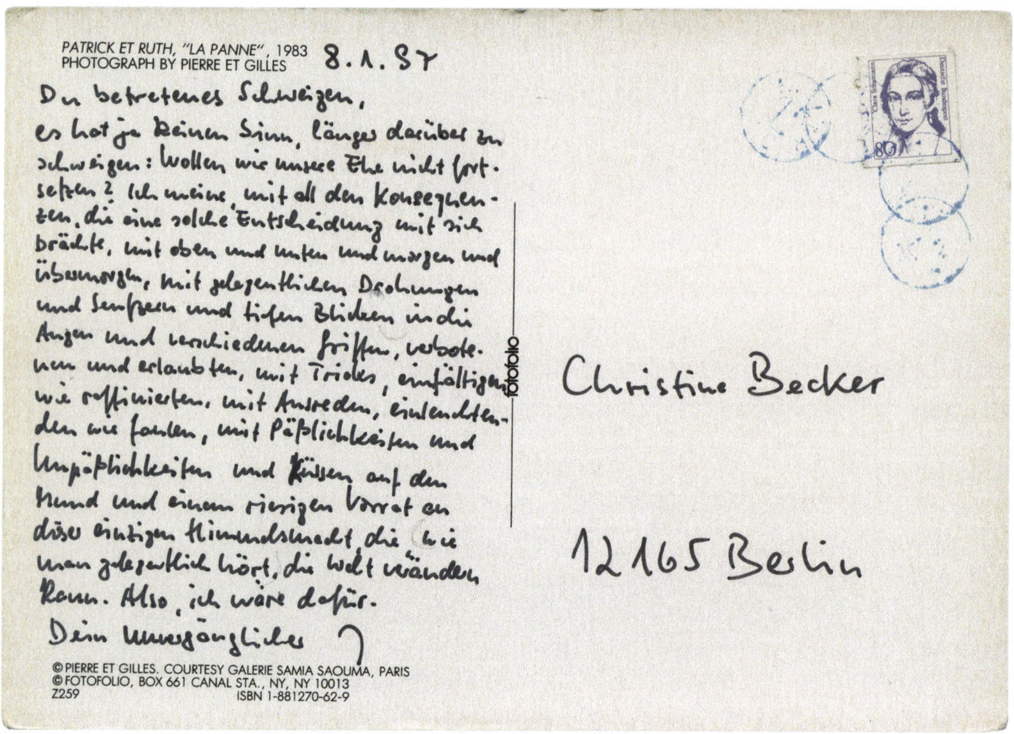
PATRICK ET RUTH, "LA PANNE", 1983
PHOTOGRAPH BY PIERRE ET GILLES
8. 1. 97
Du betretenes Schweigen,
es hat ja keinen Sinn, länger darüber zu schweigen: Wollen wir unsere Ehe nicht fortsetzen? Ich meine, mit all den Konsequenzen, die eine solche Entscheidung mit sich brächte, mit oben und unten und morgen und übermorgen, mit gelegentlichen Drohungen und Seufzern und tiefen Blicken in die Augen und verschiedenen Griffen, verbotenen und erlaubten, mit Tricks, einfältigen wie raffinierten, mit Ausreden, einleuchtenden wie faulen, mit Päßlichkeiten und Unpäßlichkeiten und Küssen auf den Mund und einem riesigen Vorrat an dieser einzigen Himmelsmacht, die wie man gelegentlich hört, die Welt verändern kann. Also, ich wäre dafür.
Dein unvergänglicher J
© PIERRE ET GILLES. COURTESY GALERIE SAMIA SAOUMA, PARIS
© FOTOFOLIO, BOX 661 CANAL STA., NY, NY 10013
Z259 ISBN 1-881270-62-9
fotofolio
Christine Becker
12165 Berlin

An: Johnny Becker, Berlin

15. 1. 1997 [Berlin]

Du alter Wackelpudding,
hast Du eigentlich gewußt, daß
es die Eisenbahn schon viel länger
gibt als das Auto? Und das
Auto länger als das Flugzeug? Und
das Flugzeug länger als die Welt-
raumrakete?
Länger als alle Autos gibt es aber
die Schuhe. Mit denen kommt
man einfach überall hin,
Hauptsache man hat genug
Zeit.
Dein Papi

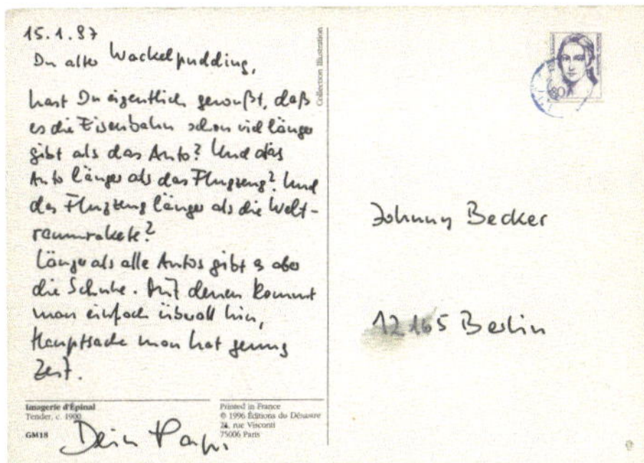

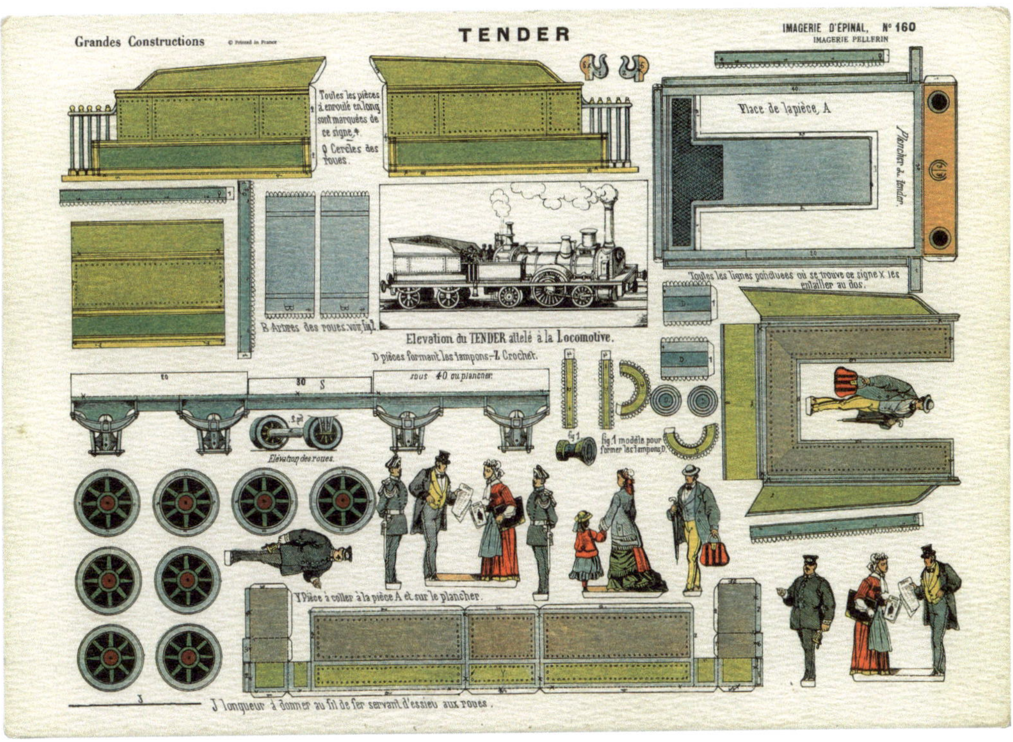

An: Christine Becker, Berlin

15. 1. 1997 [Berlin]

Du schleichende Wirkung,
seit Tagen beschäftigt mich eine fundamentale Frage, deren Beantwortung von beinah existentieller Bedeutung ist. Man weiß: Wes Brot ich eß', des Lied ich sing. Das stimmt, das ist Marxismus, das haut voll rein. Nun esse ich aber, wie Du weißt, seit einiger Zeit kein Brot mehr. Was jetzt?
Dein verunsicherter J
P. s.
Wes Nudelsuppe ich eß', des Lied ich sing, klingt einfach zu blöd.

15.1.97.

Du schleichende Wirkung,
seit Tagen beschäftigt mich eine
fundamentale Frage, deren Beant-
wortung von beinah existentieller
Bedeutung ist. Man weiß: Wes
Brot ich eß', des Lied ich sing. Das
stimmt, das ist Marxismus, das
haut voll rein. Nun esse ich aber,
wie Du weißt, seit einiger Zeit
kein Brot mehr. Was jetzt?

Dein verunsicherter J

P. s.
Wes Nudelsuppe ich eß', des Lied ich
sing, klingt einfach zu blöd.

An: Christine Becker, Berlin

22. I. 1997 [Berlin]

Du offene Rechnung,
ich arbeite gerade an einem neuen Romankonzept, angeregt durch den Kosmos meiner neuen Erfahrungen: Türkische Putzfrau verliebt sich in deutschen Chefarzt. Der wiederum ist hinter einem russlanddeutschen Krankenpfleger her. Doch der arbeitet daran, seine geliebte ukrainische Verlobte von der Krim herzuholen. Schließlich läßt er sich mit dem Chefarzt ein, weil er sich von dessen Beziehungen Hilfe verspricht. Es gelingt ihm auch, das Mädchen herzuholen (Katjuscha); doch als sie von seiner homoerotischen Beziehung erfährt (von der türkischen Putzfrau), beendet sie das Verlöbnis und geht mit ›Ärzte für den Frieden‹ nach Ruanda (sie ist Baggerführerin). Dort lernt sie den Sohn des Chefarztes kennen, und so schließt sich der Kreis des Lebens. Die Geschichte ist wohl noch nicht ganz fertig, aber ich glaube, ich bin auf dem richtigen Weg. D D v J

An: Ottilie Krug, Berlin

30. 1. 1997 [Berlin]

Liebe Ti,
ich habe ein Problem, bei dem mir niemand raten kann. Nachdem ich mit ›Liebling‹ fertig bin, muß ich mich für eins von drei Roman-Projekten entscheiden. Das erste würde mindestens drei Jahre (!) dauern, das zweite etwa zwei, und das dritte kaum mehr als ein halbes, es wäre eine längere Erzählung. Wenn ich der Statistik vertraue, sollte ich mich für das dritte entscheiden; aber wenn ich auf mein Herz höre (also auf Christine), unbedingt für's erste. Das sind Entscheidungen!
In Liebe
Dein Jurek

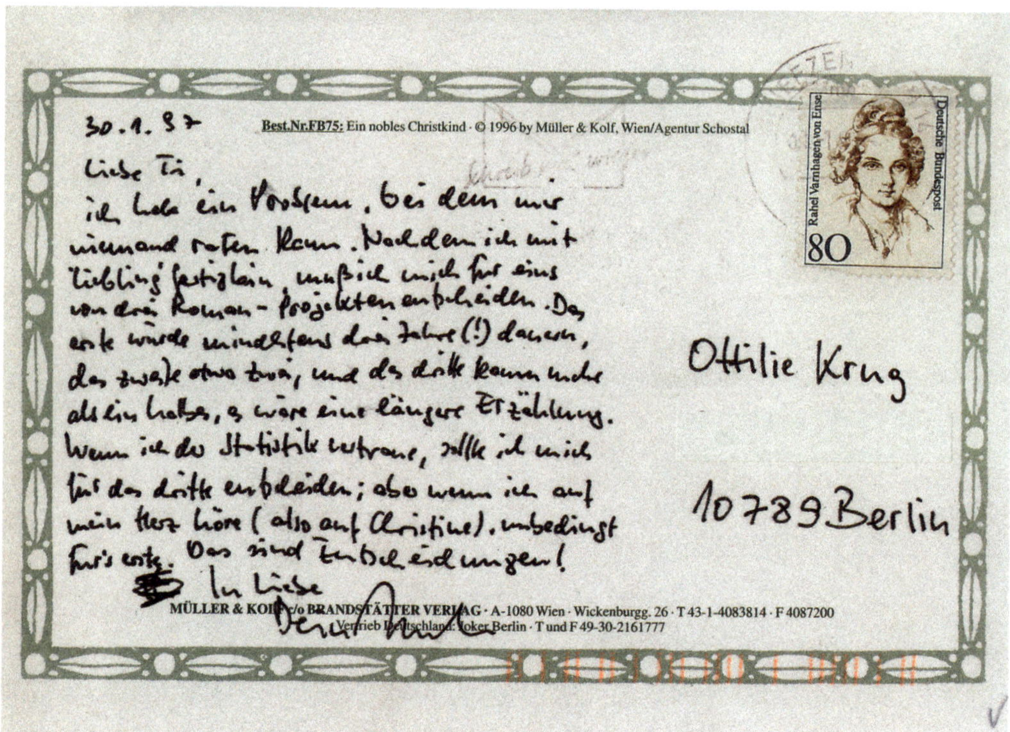
30.1.97
Best.Nr.FB75: Ein nobles Christkind · © 1996 by Müller & Kolf, Wien/Agentur Schostal

Liebe Ti,
ich habe ein Problem, bei dem mir niemand raten kann. Nachdem ich mit Liebling fertig bin, muß ich mich für eins von drei Roman-Projekten entscheiden. Das erste würde mindestens drei Jahre (!) dauern, das zweite etwa zwei, und das dritte kaum mehr als ein halbes, es wäre eine längere Erzählung. Wenn ich der Statistik vertraue, sollte ich mich für das dritte entscheiden; aber wenn ich auf mein Herz höre (also auf Christine), unbedingt für's erste. Das sind Entscheidungen!
In Liebe
Dein Jurek

Rahel Varnhagen von Ense · Deutsche Bundespost · 80

Ottilie Krug

10789 Berlin

MÜLLER & KOLF c/o BRANDSTÄTTER VERLAG · A-1080 Wien · Wickenburgg. 26 · T 43-1-4083814 · F 4087200
Vertrieb Deutschland: Joker Berlin · T und F 49-30-2161777

An: Christine Becker, Berlin

31. 1. 1997 [Berlin]

Du klarer Fall,
wenn man mich fragen würde, ob der Tag, an dem wir uns zum erstenmal begegnet sind, ein besonderer Tag in meinem Leben war, würde jede Faser meines Körpers rufen: Ja, ja, ja! Und zu gern würde ich erläutern, worin das Schicksalhafte dieses Tages lag.
Doch woran immer es liegt – es stellt mir niemand so grundlegende Fragen. Der eine will wissen, warum ich mich so lange nicht melde, der nächste, ob ich Lust auf Nudelsuppe habe, der dritte, wie es mir denn so geht. Oh, sancta simplicitas!
Dein J

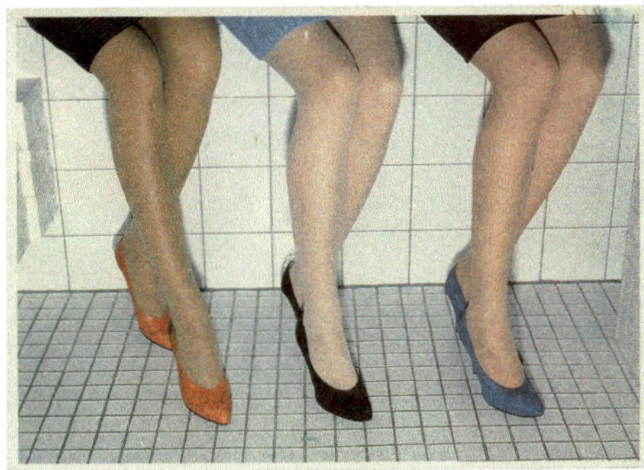

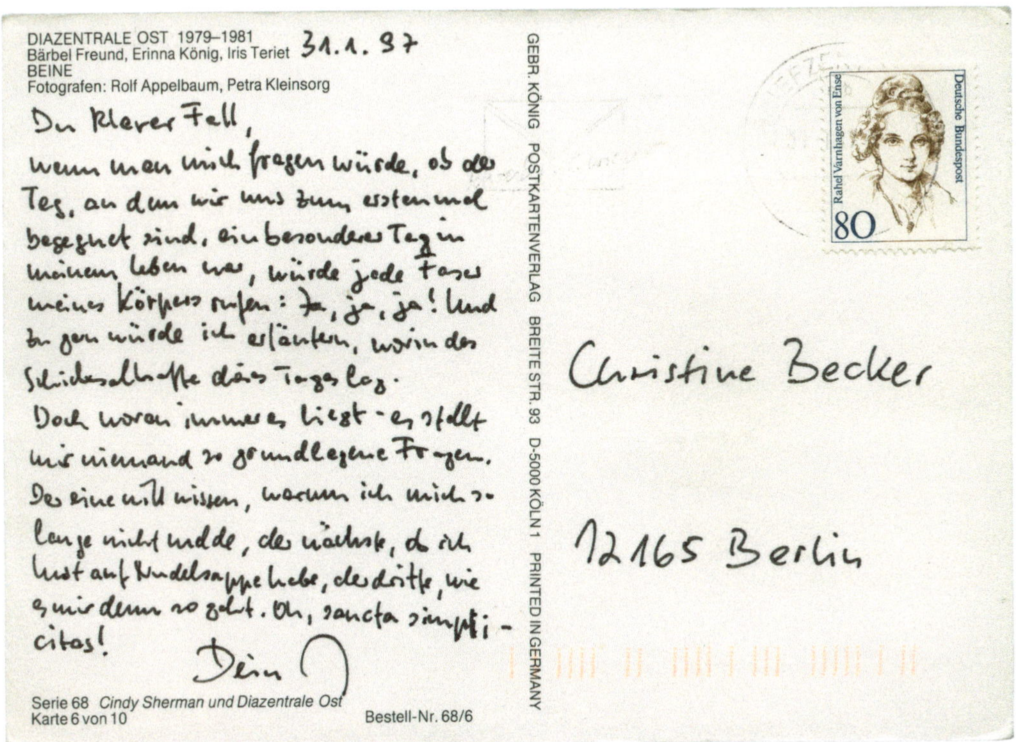
DIAZENTRALE OST 1979–1981
Bärbel Freund, Erinna König, Iris Teriet
BEINE
Fotografen: Rolf Appelbaum, Petra Kleinsorg

31.1.97

Du klarer Fall,
wenn man mich fragen würde, ob der Tag, an dem wir uns zum erstenmal begegnet sind, ein besonderer Tag in meinem Leben war, würde jede Faser meines Körpers rufen: Ja, ja, ja! Und zu gern würde ich erläutern, worin das Schicksalhafte dieses Tages lag.
Doch woran immer es liegt – es stellt mir niemand so grundlegende Fragen. Der eine will wissen, warum ich mich so lange nicht melde, der nächste, ob ich Lust auf Nudelsuppe habe, der dritte, wie es mir denn so geht. Oh, sancta simplicitas!
Dein J

Serie 68 *Cindy Sherman und Diazentrale Ost*
Karte 6 von 10
Bestell-Nr. 68/6

GEBR. KÖNIG POSTKARTENVERLAG BREITE STR. 93 D-5000 KÖLN 1 PRINTED IN GERMANY

Deutsche Bundespost
Rahel Varnhagen von Ense
80

Christine Becker

12165 Berlin

Editorische Notiz

Im Dezember 1977 verließ Jurek Becker mit einem für zunächst zwei Jahre gültigen Visum die DDR, ab Februar 1978 hielt er sich zum ersten Mal für längere Zeit in den USA auf. Diesen Umständen verdankt sich die Tatsache, dass die Postkarte erstmals zum Medium seiner Wahl wurde, um seine beiden Söhne, seine geschiedene Frau und die Freunde mit Nachrichten, und zwar auf unterhaltsame Weise, zu versorgen. Die ersten elf Beispiele – insgesamt neunhundertfünfzig Karten sind überliefert – dokumentieren diese Phase.

Nach der Rückkehr im Juli 1978 nahm Jurek Becker in West-Berlin seinen Wohnsitz wie die Mehrzahl seiner Freunde. Sein bis 1989 ausgedehntes Visum ermöglichte es ihm darüber hinaus, Freunde und Familie in Ost-Berlin zu besuchen, Kontaktaufnahme auf dem Postweg verlor daher an Bedeutung. Die vergleichsweise wenigen Postkarten aus der Zeit zwischen 1978 und 1986 verdanken ihre Entstehung also hauptsächlich Urlaubsreisen. Erst im Jahr 1986 begann Jurek Becker, Postkarten auch am heimischen Schreibtisch zu konzipieren und innerhalb Berlins zu versenden.

Seit Jurek Beckers zweitem längeren Aufenthalt in den USA, im Herbst und Winter 1987, spielte die Postkarte eine große und zunehmend größere Rolle. Während die Übermittlung reiner Informationen in den Hintergrund trat, nahmen sie vielmehr im Lauf der Jahre mehr und mehr und fast ausschließlich unterhaltenden Charakter an. Wer diese Form der Kommunikation zu schätzen wusste, wurde immer häufiger zum Subjekt und Objekt von Karten. Dennoch blieb der Adressatenkreis, verglichen mit jenem der Briefempfänger, eher klein.

Die neunhundertfünfzig erhaltenen Postkarten waren zu einem Großteil adressiert an die Freunde Ottilie und Manfred Krug (über zweihundert)[1], an den Sohn Jonathan (etwa einhundertzwanzig)[2] und etwa vierhundert an die Herausgeberin. Familienmitglieder und Freunde stellten ihre Postkarten für diese Publikation im Original, in Ausnahmefällen in Kopie zur Verfügung.

In den frühen Neunziger Jahren entwarf Jurek Becker zunächst Konzepte für die Postkartentexte, ein Vorgehen, wie es auch bei allen anderen Formen des täglichen Schreibprozesses üblich war. Die für solche Vorformulierungen genutzten Schulhefte fanden sich in seinem Nachlass und gaben

1 Manfred Krug veröffentlichte die Postkarten an sich selbst und seine Frau Ottilie 1997 unter dem Titel: *Jurek Beckers Neuigkeiten an Manfred Krug und Otti.*

2 Jurek Becker hat die Postkarten an den jüngsten Sohn selbst aufbewahrt. In seinem Nachlass fand sich ein Album mit sämtlichen Postkarten an Jonathan, die im Jahr 2004 veröffentlicht wurden unter dem Titel: *Lieber Johnny. Jurek Beckers Postkarten an seinen Sohn Jonathan.*

Hinweise auf Empfänger und Texte der Postkarten. Da sich nicht zu jedem Konzept die dazugehörige Postkarte eruieren ließ, muss ein guter Teil der Postkarten an die Freunde als verloren gelten.

Jeder Postkarte in diesem Buch ist eine eigene Seite gewidmet. Die erste Textzeile repräsentiert das Adressfeld. Sie gibt den Namen der Empfängerin, des Empfängers in der vom Autor gewählten Form wieder wie auch die Stadt. Auf die Angabe von Straße und Land wurde verzichtet, es sei denn, die Karte ging nach Ost-Berlin – in diesem Fall findet sich das Länderkürzel »DDR« in der ersten Zeile. Die zweite Zeile enthält Angaben zum Datum und zum Ort, an dem die Postkarte geschrieben oder von dem aus sie abgesendet wurde. Insbesondere die frühen Postkarten tragen kein Datum. In diesem Fall ist das angegebene Datum das des Poststempels (sofern es zu entziffern war) und wurde in eckige Klammern gesetzt. Fehlende Daten konnten in einigen Fällen auch mit Hilfe von Kalendern, in denen Jurek Becker seine Reisen notiert hat, ergänzt werden.

Ähnliches gilt für die Ortsangabe. Diese (vergleichsweise wenige Originalpostkarten enthalten eine derartige Angabe) wurden entweder entsprechend dem Poststempel oder auf Grundlage von Kalendereintragungen ergänzt und in eckige Klammern gesetzt. Die Datumsangaben sind vereinheitlicht, der Monat grundsätzlich als Ziffer, die Jahreszahl einheitlich vollständig angegeben.

Der Postkartentext wurde diplomatisch transkribiert, das heißt in diesem Fall, dass die Zeilenumbrüche wiedergegeben werden, die Transkription buchstabengetreu erfolgte, Anpassungen an die heutige Rechtschreibung unterblieben, offensichtliche Fehlschreibungen stillschweigend korrigiert wurden. Zeilenabstände fanden zugunsten eines einheitlichen Druckbildes nur in Ausnahmefällen Berücksichtigung, eingerückte Zeilen wurden einheitlich an den linken Rand gerückt.

Grüße und Kommentare der Herausgeberin auf gemeinsam unterschriebenen Postkarten wurden zugunsten eindeutiger Autorschaft nicht wiedergegeben.

Der Text, der die Motive erläutert, entfiel aus Platzgründen, ebenso Angaben zur Herkunft der Postkarte. Jurek Becker widmete dieser Seite große Aufmerksamkeit, bevorzugte dabei Darstellungen, die für sich genommen Komik erzeugten oder diesen Effekt dem Text auf der Rückseite verdankten. Die Wichtigkeit des Motivs für Jurek Becker zeigt sich darin, dass er häufig einen Kartenvorrat mit auf die Reise nahm, um nicht auf das Angebot vor Ort angewiesen zu sein. Auf die Wiedergabe der Bildseite wurde deshalb nur dann verzichtet, wenn die Karte ausschließlich als Kopie vorlag.

Christine Becker
Berlin, im Februar 2018